D0792844

ADVANCE PRAISE FOR

Visions and Visionaries
in Contemporary Austrian Literature and Film

"As Austria once again occupies a central geographical location in the new Europe, it has become the indicative seismographic site for recording cultural change and transformation. This volume superbly reflects the relevance of Austrian culture in the new Europe, documenting the attempt of its various arts—film, visual and literary—to articulate the exciting changes in the making. Sections on utopian cyberspace and histories of exile, persecution and colonialism point both to future and past legacies that intersect in the present of Austria's multicultural and globally oriented society. This book can be strongly recommended for scholars and laymen alike trying to stay on top of current developments in Europe's newly configured cultural landscape."

—*Matthias Konzett, Associate Professor of German, Yale University*

"This collection of essays provides anyone interested in Austrian culture with a spectrum of critical responses to the rich and diverse artistic output of contemporary Austrian writers and filmmakers. In their analysis of narrative, dramatic, poetic, and visual works, the scholars gathered here examine literary and cinematographic mediation of significant aesthetic, philosophical, social, historical, and political issues. Readers are offered a variety of approaches to texts/films, clustered around a focus on innovation in form and a focus on topic/contents. The essays situate Austria's cultural production within a national as well as international context and also direct the reader towards developments in literary cyberspace. The volume is another sign of the lively presence of Austrian Studies!"

—*Maria-Regina Kecht, Associate Professor of German, Rice University*

WITHDRAWN
UTSA LIBRARIES

WITHDRAWN
UTSA LIBRARIES

*Visions and Visionaries
in Contemporary Austrian
Literature and Film*

Austrian Culture

Margarete Lamb-Faffelberger
General Editor

Vol. 34

PETER LANG
New York • Washington, D.C./Baltimore • Bern
Frankfurt am Main • Berlin • Brussels • Vienna • Oxford

Visions and Visionaries in Contemporary Austrian Literature and Film

EDITED AND INTRODUCED BY

Margarete Lamb-Faffelberger
& Pamela S. Saur

PETER LANG
New York • Washington, D.C./Baltimore • Bern
Frankfurt am Main • Berlin • Brussels • Vienna • Oxford

Library of Congress Cataloging-in-Publication Data

Conference on Austrian Literature and Culture (2001: Lafayette College)
Visions and visionaries in contemporary Austrian literature and film /
edited by Margarete Lamb-Faffelberger, Pamela S. Saur.
p. cm. — (Austrian culture ; v. 34)
Selected papers from the Conference on Austrian Literature and Culture
held in Oct. 2001 at Lafayette College.
Includes bibliographical references and index.
1. Austrian literature—20th century—History and criticism.
2. Motion pictures—Austria—History. 3. Austria—Intellectual life.
I. Lamb-Faffelberger, Margarete. II. Saur, Pamela S. III. Title. IV. Series.
PT3818.C66 820.9'994'0904—dc21 2003003552
ISBN 0-8204-6156-3
ISSN 1054-058X

Bibliographic information published by **Die Deutsche Bibliothek**.
Die Deutsche Bibliothek lists this publication in the "Deutsche
Nationalbibliografie"; detailed bibliographic data is available
on the Internet at http://dnb.ddb.de/.

Library
University of Texas
at San Antonio

Cover design by Dutton & Sherman Design

The paper in this book meets the guidelines for permanence and durability
of the Committee on Production Guidelines for Book Longevity
of the Council of Library Resources.

© 2004 Peter Lang Publishing, Inc., New York
275 Seventh Avenue, 28th Floor, New York, NY 10001
www.peterlangusa.com

All rights reserved.
Reprint or reproduction, even partially, in all forms such as microfilm,
xerography, microfiche, microcard, and offset strictly prohibited.

Printed in the United States of America

Contents

PART III VISIONS OF FORM

PART IV VISIONS OF CONTENT

In Memoriam Harry Zohn, Nov. 21, 1923–June 3, 2001

The editors of this book would like to express their sorrow over the death of Professor Harry Zohn of Newton, Massachusetts on June 3, 2001. He was a great scholar, teacher, and friend, and we are grateful for his many contributions to the study of Austrian literature. A native of Vienna, Harry Zohn fled Austria in 1938 and emigrated to the United States in 1940. He received a B.A. from Suffolk University and graduate degrees from Clark University and from Harvard University, where he earned his Ph.D. From 1951 until 1996 Harry Zohn was a faculty member at Brandeis University. He held an honorary doctorate from Suffolk University and served on its Board of Trustees. During his distinguished career, he published over forty books and several hundred scholarly articles, earned many national and international honors, and mentored legions of students and junior colleagues in their studies. He wrote on numerous authors and subjects but will be particularly remembered as a gifted translator and a leading authority on Karl Kraus, Stefan Zweig, and Austrian-Jewish issues. In addition, Professor Zohn founded Peter Lang's Austrian Culture Series and served as its first General Editor for fifteen years. He is survived by his wife, Judith, and children, Steven and Marjorie. In accordance with his wishes, memorial donations can be sent to the "Harry Zohn Scholarship Fund" at Suffolk University.

Acknowledgments

Many people and institutions assisted us in creating this volume, and we wish to acknowledge and thank them for their support. First and foremost, we want to express our gratitude to the contributors to this volume for the opportunity to work with them. We are especially grateful to Evelyn Schlag and Gerhard Kofler for their permission to publish their poems. Our appreciation also goes to our colleagues who freely and generously gave their time and expertise during the review process, providing us with valuable commentary and advice. Hence, we say thank you to Liz Ametsbichler, Craig Decker, Nancy Erickson, Maria Regina Kecht, Matthias Konzett, Jürgen Koppensteiner, Kirsten Krick-Aigner, Dagmar Lorenz, Jennifer Michaels, Paul Schlueter, Anne Ulmer, Jacqueline Vansant, and Karl Webb. In addition, we want to recognize Briana Niblick '05, Excel Scholar at Lafayette College, for her dedication to the project and her most able assistance with the editing work.

Furthermore, several organizations and institutions have been instrumental in bringing this volume to completion. We are indebted to the Department of Foreign Languages and Literatures, the Provost's Office, and the Committee on Research at Lafayette College as well as to the Austrian Cultural Forum in New York City, and the Bundeskanzleramt in Vienna for making the 2001 Conference on Austrian Literature and Culture happen, where the groundwork for this volume was laid. We also would like to express our gratitude to Dr. Stephen A. Doblin, Executive Vice President for Academic Affairs, to Sallye Sheppeard, Chair of the Department of English and Foreign Languages, to Brenda Nichols, Dean of the College of Arts and Sciences, and Jerry Bradley, Dean of Graduate Studies and Research at Lamar University for their support.

I.

Introduction

MARGARETE

LAMB-FAFFELBERGER

The Conference, MALCA, and Beyond

The nature of dialogue itself, and the rules by which it is conducted, construct the interior architecture of the borderline. For within the borderline are other borderlines. There are as many of them as there are individualities seeking to assert the differences that make them 'other' and yet impel most of them to negotiate together some form of common ground, that which constitutes a community and a culture.

(LEBBEUS WOODS, ARCHITECT)

Everything Is Different

Thirty-five scholars from four continents and eleven countries planned to attend the three-day conference on Austrian literature and culture in mid-October 2001 at Lafayette College. And then, there was September 11th: The world witnessed a terrorist act of unimaginable magnitude. New York City's skyline was changed forever, and so were the lives of many in the US and abroad. Americans took comfort and solace in the numerous expressions of solidarity that were pouring in from around the world. While everyone was nearly numb with grief, the US leaders told us: "This is war." Oh, it was so true: The sites of the ruins resembled war zones with piles of twisted metal and heaps of debris. The smell of fire and decay crept from the rubble. Yet, *Ground Zero* soon became *Ground Hero* (Cardinal Egan). From the ashes of death and destruction rose the spirit of determination to overcome this tragedy. Many Americans answered the call to raise the flag. Unfortunately, not everyone understood the display of the national symbol as a sign of compassion and sorrow for the people who lost their lives at the hands of the terrorists. For some it meant a call for vengeance and retribution.

As the media informed us about the rising tide of violence against Arab-Americans due to ignorance and racism, intolerance and hatred, we realized that now, more than ever, a positive dialog had to start. We, the organizers of the conference, became determined not to succumb to panic and despair. On the contrary, we felt that we had to come together to celebrate the dignity and sanctity of human life.

The conference's theme of "Visions and Visionaries in Contemporary Austrian Literature and Film" had become, in our opinion, particularly appropriate and thought-provoking. As scholars of Austrian literature and culture, we have long come to understand that Austrian writers have a distinctive relationship to their nation, Austria's Second Republic, and the country's fascist past. Austrian writers cannot evade writing about their country. They create stories about human frailties and strength, about strife and triumph, about suffering and joy, about dreams and nightmares. Yet, the country has a stronghold on its writers (and filmmakers), and they wrestle with it. They love it and hate it; they reject it and leave it, only to observe it from the distance; they take it apart and put it back together again: Each image is different, singular, unique. Austrian literature since 1945 has reflected the writers' love-hate relationship to their country.

Austrian writers "bauen Phantasieräume auf, erschaffen sich eine Welt, die anders ist als das Land, das sie hervorgebracht hat. Und all ihre Phantasien reagieren auf dieses Österreich, vergrößern es ins Unheimliche, verschönern es ins Friedliche, verniedlichen es ins Spaßige."[1] The conference's intent was to examine trends and trendsetters of visions that manifest themselves in form and content, e.g. spaces of utopia or dystopia, visions of a postmodern Austrian society, and notions of identity and myth. We were grateful to the large number of colleagues from the US and abroad who braved the worrisome and taxing circumstances and traveled to Lafayette College (which lies eighty minutes west of Manhattan). Our heartfelt thanks go out to those who came and shared their research and insights and thus, contributed to the success of the 2001 Austrian Conference. In fact, everyone seemed to take pleasure in the congenial atmosphere and relish the chance to meet old friends and make new ones, even though the motto "everything is different since September 11th" was broadcast continuously over radio and TV waves. Moreover, our colleagues offered a wealth of interesting papers and stimulating discussions, e.g. on

Ingeborg Bachmann, Thomas Bernhard, Lillian Faschinger, Peter Handke, Josef Haslinger, Gert Jonke, Michael Köhlmeier, Margret Kreidl, Anna Mitgutsch, Christoph Ransmayr, Elisabeth Reichart, Gerhard Roth, Johannes Mario Simmel, Marlene Streeruwitz, Werner Schwab, as well as presentations on films by Michael Haneke, Xaver Schwarzenberger, and the transgender filmmaker Hans Scheirl. Also, the writers Gerhard Kofler, Elisabeth Reichart, and Evelyn Schlag read from their work.

The Way We Think Is the Way We Work

Even though Austrian Studies is by and large not sufficiently integrated in American German programs, the large number of conference participants confirms the continuous interest in Austrian literature and culture studies and its importance for American Germanistics. Many scholars and teachers have worked tirelessly since World War II to give voice to Austrian literature and film in the United States. Their "labor of love" has built bridges between the two countries and thus secured a dynamic intellectual and intercultural exchange.[2] In Spring 2001, Austrian Studies in American Germanistics entered a new phase with the founding of the international organization MALCA (Modern Austrian Literature and Culture Association): Subscribers to the journal *Modern Austrian Literature* (MAL) are members of the new association; MALCA's annual conferences are organized by a member of the association and held annually either in the US or Canada. At both the ACTFL and MLA conferences sessions are organized by the MALCA research committee. The "Call for Papers" is published in *Modern Austrian Literature*. MALCA's first board meeting was held during the Lafayette conference.[3]

These recent initiatives for the advancement of Austrian Studies within American Germanistics are exciting. However, our positions as teachers and scholars in German and foreign language departments across the country are still vulnerable despite the concerted efforts to reexamine and restructure our programs during the past decade.[4] In the era after September 11th, it is more pressing than ever that we continue to engage in consciousness-raising and make aware of the need to learn about and to learn from the Other because ignorance breeds fear, and fear causes intolerance, and intolerance produces violence, terror, and death.

Since September 11th no one doubts that we live in the age of "globalization," where events that occur anywhere on the globe can affect us dramatically. In our "global village" it is vital to focus on becoming responsible, skilled, and effective "global citizens." True, the term "globalization" has acquired considerable emotive force. However, we realize that due to the evolution in information transfer (Internet) and transport (airplane), the phenomenon of "globalization" is inevitable and irreversible. The future for our students as members of the "global village" will be demanding.

As teachers and scholars of languages and literatures, we have participated in our students' preparation to become effective "global citizens." We provide our students with ample opportunity to immerse themselves in different cultures—the mere consumption of artifacts, *Bildungstourismus* alone will never suffice—, so that they can gain new insights and recognize their own prejudices. We engage them in discussions that do not trivialize differences but reflect on what makes other peoples' cultural traits valuable to them. We lead them towards making a commitment to value the Other and to accept their own cultural marginality. As a result they will grow to understand a given situation not only from their point of view but also from that of the Other. Hence, the study of foreign languages—as well as cultures, histories, and literatures contained within—provides our students with the opportunity to learn about themselves. Sander Gilman's statement remains valid: "Teaching language is not 'merely' skills transfer...Teaching language is teaching culture and teaching culture is teaching history and teaching history is teaching literature."[5]

Crossing cultural borders, illuminating inter- as well as intranational and cultural social dependencies, and transcending disciplinary boundaries bring enriching intercultural dynamics to our teaching and to our research. In fact, the way we think is the way we approach our subject matter, the way we reason is the way we conduct research: "Denkstile sind auch Arbeitsstile" (Martin Krusche, www.kultur.at). It is, therefore, important that Austrian Studies and MALCA move toward inclusiveness and define new parameters across disciplines, since interdisciplinary accomplishments in teaching and research are, in fact, intercultural achievements.

Postmodernity and Beyond

Communication and intercultural exchange have taken on new meaning since the Internet and the Worldwide Web have become modes of information transfer. Effortlessly we navigate in cyberspace and move from the present to the past and back. "As all places of history and events around the globe become equidistant, we lose/they lose their sense of specificity and dissolve into a now that can be stored, retrieved, and changed."[6] However, digital technology and its effects go far beyond those of accessibility and convenience: "Technologies are not mere exterior aids but also interior transformations of consiousness."[7] The Internet has dramatically changed the way realities are constructed and perceived. The unrestrained export and import of music, texts, and images have moved artistic expression from the periphery towards the center, thus overlapping and blending together counter-culture with mainstream art. This has caused the dissolution of what Andreas Huyssen calls "the great divide" between the elite and popular culture.[8]

Netzwerkkultur beinhaltet all die prägenden Momente der Moderne und Postmoderne, verstärkt und vollendet sie—die Technisierung der Sinne, die Umgestaltung von Raum und Zeit, die Auflösung des Meisterwerks gerade im Moment, als es am meisten gilt. Was zum revolutionären Kulturwandel führt, sind aber nicht die Maschinen, sondern deren Benützer—das Publikum, das seinen Rang einfordert.[9]

The virtual realities in cyberspace together with the deconstruction of meta-narratives, the fragmentation of truth, and the commodification of art constitute postmodern conditions of culture.

In a polemic published in *Austria Kultur*, Christoph Thun-Hohenstein, director of New York's Austrian Cultural Forum, asks "Who's afraid of art in the age of 'd-production'?" and discusses the wide-ranging possibilities of online and offline aspects for the creation and distribution of contemporary art.[10] During the conference, the utilization of the Internet for narrative techniques and authorship, as well as for the perception of public space and the reception process played a major role. We set up several computers in an adjacent room and invited conference participants to join Martin Krusche in the *kühle Extrazimmer*. He encouraged everyone to engage in conversation whereby a narrative would be created, since—according to Krusche—the notion of "narrative" refers to a basic human need, namely to interact with others and to express ideas and feelings by "sharing myths, sharing experience, sharing perspectives in an artistic as well as an everyday manner."[11]

Furthermore, in his "Kunst mischt sich ein" presentation Krusche introduced the Internet salon *house* (http://salon-house.net). This web-based project is the brainchild of Walter Grond and Martin Krusche, two Austrian writers, and the scholar Klaus Zeyringer. In 1995, Grond met the Bosnian writer Dzevad Karahasan. Grond tells the story:

[Karahasan] brachte mich nach Sarajewo und lebte mir vor, was der "Dialog der Kulturen" bedeuten kann. Und ich begriff, daß die Debatte um den Kulturwandel entlang der technologischen Entwicklung—Internet, Sound, [usw.], neue Mixtechniken, Samplen, Redundanz und Konvergenz der Medien—mit einer Entwicklung parallel geht, die die Begegnung der Kulturen betrifft. Interdisziplinarität und Intermedialität haben ihr Gegenüber in der Interkulturalität—im einen betrifft es den weltweiten Transport von Zeichen, im anderen den von Menschen und ihren Gewohnheiten.[12]

The *house-salon* is thus conceived as a multi-layered communication platform that features a collage of images and texts, artistic expression and polemics. It asks for feedback and allows the visitor to engage in direct conversation with the authors. A link connects the *house-salon* to <www.kultur.at/3house> where the Internet user can access a number of "rooms" and their essay contents. These rooms are currently occupied by the following writers: Friedrich Achleitner, Walter Grond, Dzevad Karahasan, Martin Krusche, Elisabeth List, Beat Mazenauer, Marlene Streeruwitz, Peter Weibel, and Klaus Zeyringer.

house-salon.net was founded on New Year's Eve 1999; it has undergone two previous structural changes, and is currently available in its third form. The home pages of the earlier versions are archived to preserve its history and easily accessible. Walter Grond's novel *Old Danube House* (published in 2000 at Haymon Verlag,) with its questions *über das fremde und die peripherie* functions as the foundation for the *house-salon* onto which the complex hypertext is constructed. In this virtual space a multitude of projects meet each other; they are all linked to each other and create multifarious narratives.

> Die Grundkonzeption von house-salon.net ist das künstlerisch, wissenschaftlich, politisch gespeiste Impuls-Netzwerk, das tendenziell alle Welten zu verbinden vermag, zugleich ernsthaft und spielerisch—in einer weiter geführten Strategie des Story-Telling zur Erkennung, Vermittlung und womöglich Meisterung von Problemen: eine Öffnung im Weiter-Schreiben, Weiter-Ab-Bilden, Weiter-Denken.
>
> (Grond, http://house-salon.net/)

Two intriguing and stimulating features are *Die Poetik der Grenze* by the Bosnian writer Dzevad Karahasan and *TRANSLATIONEN*. Walter Grond explains:

> [Dzevad] Karahasan's Poetik der Grenze...[ist] sozusagen unser Theoriengenerator, der sich mit den Mitteln der Salonpraxis nährt—ein Feld, wo Theorie und Praxis, wenn nicht eins werden, dann doch in andauernder wechselseitiger Bespiegelung funktionieren. Eine Poetik der Grenze beginnt den Dialog der Kulturen...Die babylonische Sprachenverwirrung ist in diesem Haus erwünscht.
>
> (Grond, http://house-salon.net/)

At the "entrance" to the "room" *TRANSLATIONEN* (also accessible under [languages], Klaus Zeyringer questions the myth that the pre-Babylonian time, when everyone spoke the same language, was ideal. Zeyringer opposes that notion and argues that mankind missed out on "unzählige Denkmöglichkeiten und Weltenanschauungen."

> Fremdes und Peripherie-Vorstellungen stecken in Erfahrungen von Sprachenvielfalt. Ein Sprachenkanon, der nicht zuletzt gesellschaftliche Mächte repräsentiert und sie auch legitimieren kann, vermag sich vor allem auf die Rezeption auszuwirken und ästhetisch-künstlerische Peripherien zu erzeugen...Wer Vielfalt gegen Einfalt stellt, wer Eigenes in Fremdes / Fremdes in Eigenes einbeziehen will, braucht Translation.
>
> (Grond, http://house-salon.net/lang/index.htm)

The *house-salon*'s embrace of anti-canonical inclusiveness is striking. It stands in contrast to common postmodern thought that, focusing on aesthetics and philosophical matters, concentrates on the fragmentary properties of our pluralist societies. The *house-salon*'s open-ended, polymorphous design signifies inclusion.

Even though postmodernism made visible the economic, political, gender, and colonizing hegemony inherent in western (American and European) "objectivity" and "universality," postmodern theory took little notice of its cultural and social implications. Yet the postmodern 'self'—fractured, hybrid, protean, multifaceted—has been navigating fluid cultural territories for quite some time: "Unsere Identitäten erfahren längst durch Migration vieler Menschen und die weltweite Zirkulation kultureller Zeichen ihre Veränderung" (Grond 25). The "third world"—formerly colonized, marginalized, and disenfranchised—has disturbed the long-standing hierarchy of power by penetrating the West with its literature, its immigrants, its languages, foods, fashions, and films.

> Was bisher als Dritte Welt ausgegrenzt war, nimmt heute inmitten des Eigenen Platz... Längst bereichern die Geschichten vom Überlebenskampf der Migranten, von Ihren Auseinandersetzungen mit der Gemeinschaft, der Natur und allem, was sie sich nicht erklären können, unsere Literatur. Dichtung im deutschen Sprachraum bedeutet inzwischen auch die von Dzevad Karahasan oder Kuma Ndumbe III, von Feridun Zaimogly, Radek Knapp oder Irena Vrkljan. (Grond 19)

In the past few years, several conferences on post-postmodernity took place in the United States. The current debate, while denying the existence of a universal human nature, acknowledges universality in the possibility of cross-cultural understanding and advocates crossing. The cross-cultural experience provides opportunities for rethinking how one can understand everything "as a kind of crossing that is always ready for more crossing."[13] The project *house-salon*, located in cyberspace, divided up into rooms linked to sub-rooms, filled with texts and text fragments, images and fractured visions, multi-lingual and multi-cultural, and accessible to anyone who surfs the Internet may well be considered a significant contribution to post-postmodernism. It is an example of how inter- and intracultural communication can be structured and conducted in our post-September 11th and post-Iraq-war era because it sheds light onto the fascinating and wide-ranging interrelations of our diverse cultures.

Ernestine Schlant states that successful societies in the post-postmodern future will be societies of "inclusiveness and instantaneity, composed of fragments that reconstitute in fluid, constantly shifting patterns, with individual members arranged in eclectic assemblages of bits and bytes of multipurpose functions, operating under the impact of derealization, even as derealization absorbs all domains...The global village does not grant escape routes" (Schlant 29).

Lafayette College

Notes

1. Anton Thuswaldner, ed. *Österreichisches Lesebuch* (München, Zürich: Piper, 2000) 9.
2. *Leben mit österreichischer Literatur. Begegnung mit aus Österreich stammenden amerikanischen*

Germanisten 1938/1988, ed. Dokumentationsstelle für neuere österreichische Literatur und der österreichischen Gesellschaft für Literatur (Wien: Zirkular) 1990.

3. http://flan.csusb.edu/austria/MAL.htm

4. *Germanistics under Construction. Intercultural and Interdisciplinary Prospects*, eds. Jörg Roche and Thomas Salumets (München: Iudicium, 1996).

5. Sander L. Gilman, "The near future at the Millennium," *Germanistics under Construction.* 11.

6. Ernestine Schlant, "Postmodernism on Both Sides of the Atlantic," *After Postmodernism*, ed. Willy Riemer (Riverside: Ariadne, 2000) 28.

7. Walter Ong, *Orality and Literacy: The Technologizing of the Word.* (London: Methuen, 1982) 82.

8. *Postmoderne: Zeichen eines kulturellen Wandels*, Andreas Huyssen und Klaus R. Scherpe, Hg. (Reinbek bei Hamburg: Rowohlt, 1997).

9. Walter Grond, *Der Erzähler und der Cyberspace* (Innsbruck: Haymon, 1999) 40.

10. Christoph Thun-Hohenstein, "Who's afraid of art in the age of 'd-production'?" *AUSTRIA KULTUR* (New York, May/June 2001).

11. Martin Krusche, http://www.kultur.at/kunst/base1/core.htm

12. Walter Grond, http://house-salon.net/verlag/reportagen/schreibnetz/set/1.htm

13. Conference entitled "After Postmodernism." University of Chicago. [The conference was November 14–16, 1997]. http://www.focusing.org/conferencereport.html

PAMELA S. SAUR AND

MARGARETE

LAMB-FAFFELBERGER

About This Volume

From the collective visions of poets and scholars contributing to this volume a broad and dynamic portrait of present-day Austrian literature and cultural activity emerges. Novels, plays, and poems by contemporary authors and filmmakers address a wide range of social and political issues of contemporary Austria and its ties to America, to Africa, and to other cultures in our global society. Coming to terms with its fascist past continues to preoccupy writers and filmmakers, since it remains a salient aspect of the social and political landscape. During the past decade, artistic experimentation in prose and on stage has reached new and exciting levels of engagement. Furthermore, literary activity is taking place in cyberspace, the postmodern multimedia environment, where it communicates and fosters diverse forms of artistic interaction and collaboration.

This volume entails thirteen scholarly articles in either German or English. They are preceded by the creative work of Evelyn Schlag and Gerhard Kofler, two writers who read from their works at the Lafayette College conference, as well as by the essay "Plugged in: Webgestütztes Literaturgeschehen" by web-author Martin Krusche who offers a future-oriented, perhaps futuristic, context. Both Schlag's poem "Mit Beverley auf Konferenz" and Kofler's opus "Fughe Americane–Amerikanische

Fugen"—21 poems written in Italian and in German as poetic duos—convey dimensions of American and European culture. They also express the poet's personal reflections on the tragedy of September 11th and a country in mourning. For instance, Evelyn Schlag's keen observations pay tribute to a good friend and the seemingly light-hearted daily routines of Easton. Yet the horror of the recent terrorist attacks remains disturbingly palpable. Kofler, who submitted his opus, pays homage to the somber mood in his fugues, "Die Stufen zum Lafayette College" and "New York 11. Oktober 2001."

Martin Krusche, who pioneered connections between literature and the WorldWideWeb, discusses the current use and future potential of the Internet for artistic textual creation. Despite promising benefits, both economic and artistic, Krusche recognizes that the movement is slowed by expenses involved and by many writers' lack of serious interest because they continue to orient themselves toward the printed text. Nevertheless, new technologies are causing economic and political shifts that affect the working conditions of authors. Krusche emphasizes that web sites will not replace but rather complement traditional literary forms. He understands the use of the Internet for writers not as an activity that will isolate them, but rather as a way to connect artists. In fact, he believes that the Internet will foster interaction and communication, will facilitate teams and collaborative efforts, and hence assist in building communities that allow individuals to reach far beyond the boundaries of their own languages and cultures.

Together with Schlag's and Kofler's poetic expressions and Martin Krusche's essay, we are presenting under the heading "Artistic and Critical Views" Klaus Zeyringer's article entitled "Österreichische Literatur 1986–2001." It provides an engaging overview of literary developments and trends for the twelve scholarly essays that follow. Zeyringer's starting point, the year 1986, is considered the "Wende"-year in Austrian history: Kurt Waldheim was elected President despite the scandal about his Nazi-involvement. The year also marks the Freedom Party's move towards the extreme right under Jörg Haider's chairmanship. Zeyringer highlights significant literary works by Thomas Bernhard, Peter Handke, Franz Innerhofer, Josef Winkler, Elisabeth Reichart, Elfriede Jelinek, Michael Köhlmeier, Christoph Ransmayr, Walter Grond, and many others. He presents developments in dramaturgy of the 1990s, notably at the Burgtheater, and discusses conflicts between avant-garde writing and "traditional" story telling, such as Thomas Glavinic's texts. Finally, Zeyringer illustrates the rich diversity and aesthetic quality of contemporary Austrian poetry by such writers as Ferdinand Schmatz, Gerhard Ruiss, and Maja Haderlap.

Under the heading "Visions of Form," six scholarly essays explore various aspects of form and aesthetics in writing and filmmaking. Several studies bring to light aspects of artistic conventions that are altered in innovative ways to block traditional responses. The works analyzed in this section span fifty years of literary and film production in Austria—from H.C. Artmann's early writings of the late 1940s to Margret Kreidl's prose of the late 1990s.

Andrea Bandhauer discusses the pioneering form and style of the successful contemporary writer Margret Kreidl and her 1998 "autobiographisches Experiment" *In allen Einzelheiten: Katalog*. Bandhauer asserts that Kreidl rejects some basic assumptions of autobiography by calling into question the concepts of self and the reliability of memory, even the act of writing one's life story. The scholar explicates the text with references to recent debates about the concepts of tautobiography and notions of the self, the subject, and the author. Kreidl, according to Bandhauer, surpasses other authors who have challenged the conventions of the autobiography through her use of the "Katalog" with its orderly structure. The catalogue preserves the record; it does not invent or create something new. Thus, the act of cataloguing prevents the author from having to reveal her inner self and her personal experiences in the usual manner. By writing about herself through lists, catalogues, fragments, and montages, Kreidl not only reinterprets a traditional genre, but also engages in creative experimental use of language. Bandhauer points to the "Verschwinden eines einheitlichen, historisch genau verorteten Subjekts seit der Moderne und die damit einhergehende Infragestellung einer Autorinstanz auf das autobiographische Schreiben," and explains, "Eine dieser Konsequenzen ist die bewusste Fiktionalisierung der Selbstdarstellung" (79).

Willy Riemer's article deals with issues of violence in the media as depicted in Michael Haneke's *Funny Games* (1997), a film about two serial killers. Even though the film imitates conventions of the thriller genre, it does not exploit violence for entertainment value. On the contrary, Haneke uses a host of effective techniques to distance or alienate the audience. It is his purpose to draw attention to the commodification of media violence as a symptom of the moral degradation of today's audiences. A variety of cinematographic techniques make the viewer aware of the camera and the process of filming, another method of blocking illusion and immersion in fiction, of preventing the spectator from being lulled into passivity. Riemer discusses the construct of the "passive viewer" (101). By stimulating critical thought, by focusing on television presentations of violence within the film, and by using timing, juxtaposition of incongruous elements, and other techniques to make the viewer uncomfortable with violence, Haneke—according to Riemer— "introduces an ethical dimension that is not found in many mainstream films" (101). Haneke's "central agenda" is "to expose the debased moral values in films that show violence for pleasure" (101).

Aesthetic experimentations, which are simultaneously profound and playful, on the questioning, popularization, and technological frontiers of the postmodern age also permeate contemporary Austrian literature and culture. Studies of postmodern elements are found in the articles by Linda C. DeMeritt and Larissa

Cybenko. Issues of modernism versus postmodernism constitute the center of Larissa Cybenko's study of *Die letzte Welt* (1994) by Christoph Ransmayr. The novel, widely regarded as a prototype of postmodernist writing, also entails many representative aspects of modernism, according to Cybenko. She clearly identifies modern and postmodern elements in Ransmayr's novel and asserts that the two frequently overlap. In conclusion, Cybenko states that Ransmayr's modernist utopia transposes into a postmodern anti-utopia (105). DeMeritt discusses Jonke's experimental novel, *Geometrischer Heimatroman* (1969) and asserts that the text's confrontation between formalist language games and realist metaphor is precisely what makes it an early example of postmodern writing. She demonstrates how the book explores the realms of geometry and art in conjunction with societal structure and control in a setting that insinuates the "Heimat"-novel of Austrian tradition. DeMeritt concludes that Jonke's text poses questions about the perception of fiction versus reality through its display of "radical doubt concerning our ability to comprehend and grasp the reality around us, in its skepticism toward the existence of authenticity and unmediated experience, and in its thematization of invention versus reflection versus imagination" (127).

Language games and manipulation of genre expectations also lie at the center of Anita McChesney's analysis of Peter Handke's detective novel *Der Hausierer* (1967). McChesney demonstrates how Handke makes "the reader aware of epic clichés, and through an extreme alienation, disorientation and disorder of the senses he opens up new possibilities for each reading experience" (143). Her theoretical discussions of transtextuality and intertextuality explicate Handke's techniques of montage. She succeeds in explaining how Handke's text calls into question the make-up of fiction and its relationship to reality. His manipulation and decontextualization of traditional components of the detective story deny the reader the expected experience of order and disorder, mystery and solution, formulaic "story" and denouement. McChesney concludes, "Through his transformations, Handke's experiments reveal the significance of linguistic and fictional schemata as the basis for our construction of reality, while at the same time destructuring them" (143).

Marc-Oliver Schuster demonstrates that the early multi-media enthusiast, H.C. Artmann (1921–2000) was a visionary: Artmann's works transcend mere words by using strong visual imagery. On the basis of various theoretical texts and interviews, Schuster analyzes Artmann's four aesthetic principles as "Kleinheit" (153), "Konkretheit" (156), "Arealismus" (158), and "Synchronie" (160). Schuster concludes that Artmann's oeuvre, particularly its rich intertextual aesthetics, and its "Thematisierung von Filmkultur, Visualität und Räumlichkeit" (166) merits further critical attention.

Studies on "Vergangenheitsbewältigung" in this volume—once again—reveal that the process continues to involve complicated discussions over appropriate artistic and aesthetic means to approach the subject matter. The continued attempts by writers, playwrights, and poets to "come to terms" with Austria's fascist past and the horrors of the Holocaust leave little doubt about the complex and haunting aspects of its weighty legacy. Nevertheless, novels, plays, and poems that focus on the past may convey visions for the future, some more strongly than others.

The works discussed in the final section of this volume span a wide range of topics: Addressed are questions of *Heimat* and identity, women, gender and race, colonial and post-colonial discourse, and of course, attempts to cope with the Holocaust and overcome Austria's fascist past. Some of the texts under discussion were written during the reconstruction era of the 1950s and 1960s, others were published during the last two decades. Soma Morgenstern's *Die Blutsäule* dates back to 1952 but did not appear in its original German until the 1990s. What unites these texts and allows us to call them "visions" of content is the fact that they were written to undercut cultural amnesia and historical revisionism. They are clear voices from the past and from the present that speak to posterity.

Various complexities of *Vergangenheitsbewältigung* are central to Carlotta von Maltzan's study. Her essay discusses two texts set in Africa: H.C. Artmann's satiric poem, "afrika geht jetzt zur ruh" (1975), and the unfinished novel *Das Buch Franza* by Ingeborg Bachmann, which was published posthumously in 1978. Her article explicates issues of eurocentricism and exoticism. According to von Maltzan, both authors, in differing ways, use Africa as the surface onto which they project their European values and desires. As von Maltzan demonstrates, Artmann's poem has many laudable aspects. Nevertheless, it evokes platitudes and stereotypes long held by Europeans about the African continent as an exotic and/or idyllic, peaceful world. Using psychoanalytical concepts, she shows how the poem can be read — not as a portrait of Africa but as a portrait of European interest in the exotic, the Other, the unknown, and thus the hidden and dark side of oneself, namely the instinctual, irrational realm of the subconscious. Likewise, Bachmann's character Franza, wife of an abusive Viennese psychiatrist, travels to Egypt to escape her misery. Yet her attempt at self-fulfillment is unsuccessful. Since she is part and parcel of the European patriarchal civilization, she remains its victim. Von Maltzan successfully demonstrates how both texts "create an 'idea of Africa' with the intention to expose and criticize the forms of oppression that resulted from eurocentrism" (184).

Paul Dvorak's essay also highlights the increased interest in multicultural, international, and global issues on the part of writers and literary critics. He offers insights into Peter Henisch's novel *Schwarzer Peter* (2001) that is considered a *Bildungsroman*. With this novel the author continues his quest for "rootedness" (188), personal and national identity. The novel addresses the issues of racism and xenophobia in contemporary Austria. America—in this case, New Orleans and the African-American jazz community—contrasts and interacts with questions of Austrian national identity. Dvorak discusses the novel vis-a-vis the background of

Henisch's life, of current events in Austria, and of other recent literary treatments of Austrian identity. "Long after the demise of Austria-Hungary, the 'Others'—remnants of the once multi-ethnic Austrian society—continue to be mired in their own brand of prejudicial ethnic and social profiling" (192), Dvorak asserts.

Questions of identity are also the subject matter of Christina Guenther's study. She explores "identity, history, and space" in Josef Haslinger's *Vaterspiel* and Anna Mitgutsch's *Haus der Kindheit*, both published in 2000. Both novels trace socio-political developments during the postwar era, including the continuing impact of National Socialism and the Holocaust. They center on family issues, generational conflict, and troubled journeys "home." Neither end in harmony nor reconciliation. Guenther compares the two provocative contemporary versions of the lost-son parable and the authors' utilization of the "poetics of geography" (200); namely, they imbue Austrian and American settings—both contrast Vienna with New York. Furthermore, Guenther analyzes how both authors employ the concepts of "home" and travel and examines their significance—both personal and historical—for the characters. Guenther cleverly demonstrates how the novels show "that only by fully claiming one's cultural and political heritage can one begin to heal what Haslinger calls 'die nie geheilte historische Wunde Österreichs'" (200).

Mary Wauchope's article analyzes Wolfgang Glück's film *38: Vienna Before the Fall* (1986), which received much international acclaim. It is an adaptation of Friedrich Torberg's novel *Auch das war Wien*, written in 1938 and published 41 years later, in 1979. Glück's film focuses on the love story between a non-Jewish Austrian actress and her fiancé, a Jewish writer. The story is set in 1937 Vienna against the backdrop of the ominous events leading up to the *Anschluss*, Austria's annexation into the German Third Reich in March 1938. Wauchope comments that Glück's film illustrates the dire consequences of its characters' inability or unwillingness to react to the changing events of 1937–38. Nevertheless, it stops short of challenging its audience to critically reassess the role of Austrians in bringing about the *Anschluss* (220). Wauchope's criticism is directed at the fact that the film—because it remains true to its source—presents the demise of the independent Austrian state as the real tragedy of the *Anschluß*. Exile and loss of homeland are foregrounded, not fascist terror or genocide. Thus the film avoids facing Austrian Nazism and the persecution of Austrian Jews. Wauchope's close analysis reveals that, contrary to the commonly favorable interpretations, the film reinforces the stereotypes of Austria as the victim of National Socialism, and fails to expose the perpetrators and collaborators.

Erich Hackl's *Abschied von Sidonie* (1989) also deals with the Holocaust. The book is classified as fiction but based on real interviews and massive documentary research. The text is widely credited with bringing to light and encouraging further research of the Nazis' systematic murder of the gypsy population. Jörg Thunecke's critical essay, however, asserts that Hackl—despite his meticulous research into the tragic life of little Sidonie—embellished some findings to inflate "his" story, and, most pathetically, invented the cause of Sidonie's death, thus immorally romanticizing the ruthlessness of the Nazi horror (232). Thunecke's critical essay raises interesting questions about the relationship of fact versus fiction when discussing the Holocaust.

Die Blutsäule by the exile writer Soma Morgenstern (1890–1976), an Austrian Jew from East Galicia, was "ein früher Versuch, sich der Schoa literarisch zu nähern," explains Wynfried Kriegleder (245). His article provides insights into the recent Morgenstern-Renaissance. A number of texts by Morgenstern were published post-humously in the 1990s; and in 2001, the first international symposium on the forgotten author took place at Auburn University. Kriegleder comments that Morgenstern recognized early on that traditional literary forms were inadequate to write about the unspeakable horrors. Hence, he anticipated later debates on the subject (i.e., Adorno). Kriegleder also analyzes the curious form of the text: Morgenstern juxtaposes events from World War II with wonderous and solemn religious material. Problematic for Kriegleder, however, is the fact that the book grants a sense of positive, redemptive value to the Shoah. *Die Blutsäule* bestows the Shoah with meaning and reconciling purpose. Kriegleder clearly identifies the book's dilemma. Nonetheless he defends Morgenstern's viewpoint: "Für jemand wie Soma Morgenstern, ein gläubiger Jude bis zuletzt, war der Versuch einer heilsgeschichtlichen Einordnung des entsetzlichen Geschehens wahrscheinlich die einzige Möglichkeit, einfach 'weiter zu leben'" (246).

Contemporary Austria's literature and films reflect the fact that current issues and questions of national and cultural identity, racism, and xenophobia continue to be intertwined with the ubiquitous matter of Austria's cultural amnesia and historical revisionism. Moreover, innovative experimentations on differing aesthetic platforms present varied and rich visions of form that complement the content of present-day Austrian prose, drama, and poetry. Indeed, Austrian writers and filmmakers have created a wealth of literary and filmic works for the past fifty years. Undoubtedly, Austria's diverse cultural scene will continue to project bold and alluring artistic visions—to our delight as well as provocation.

Lamar University,
Lafayette College

II

Artistic and Critical Views

EVELYN SCHLAG

Mit Beverley auf Konferenz

Kurz vor dem Abflug schrieb ein Freund: Ich werde deinen Schleier hüten.
Bei Bev im kaltgeblasenen Auto halte ich den Schal um meinen Hals
und fürchte dass ich nicht mehr singen kann. Civil rights gehen flöten.
Wer heut abend nichts zu tun hat streut ein bißchen Zucker oder Salz.

Das Stahlwerk Bethlehem soll *themepark* werden. Überhaupt, die Industrie!
Streifenhörnchen hüpfen aus dem Laub. Bevor auch wir noch sterben
suchen wir auf dem Friedhof nach dem Grab der Dichterin H.D.
Wir fahren nüchtern weiter—manchmal glänzt das Tal wie Bourbon.

Dir zuliebe, Bev, verbringen wir die Nächte im Best Western
das bessere Tage sah und fluchen auf die New Economy.
Im Teppich Rauchsignale. Die Oktobersonne hängt in allen Blättern
und seit September ist sie einen Monat älter wie noch nie.

Nach dem Auftritt legen wir die Stimmen wieder in den Samt.
Mit Plastikbecher in der Hand wie beim internen Arzt erzählt
man einem neuen Mann Biografie als Werkgeschichte. Verdammt
gut hört der zu. Mein Schleier schimmert in der Alten Welt.

Glitt nicht gleich neben mir ein Ring vom Ohr und in das Nest
der Hemdentasche? Die Rückfahrt ins Hotel ist So-wie-So-und-So.
Du sagst: My mind is wandering like the wild beasts in the West
und rufst den Navigator auf deinem Autospiegel an. Here we go.

What's this? Samstag Nacht? Live-Music in der Pearly Bar in Easton.
Zwei Gitarren und ein Drummer füllen uns den Kopf mit alten Zeiten.
Zuviele Gläser Char-don-nay. Sind das dort Germanisten?
Ein Assistent aus Kanada erbietet sich mich zu begleiten.

Etwas sehr betrunken schwankt im Himmel der Marquis de Lafayette.
Alleine wär ich falsch gelegen in seinem Arm im Kreisverkehr.
Gegen besseres Wissen gehe ich im small talk neben dem diskreten
jungen Mann in eine Straße die wouldya believe it zum Hotel gehört.

Hi, Bev! Frühstück! Pancake! Muffins! Du schnappst mir ein Selected
vor der Nase weg im Antiquariat, dann müssen wir noch tanken.
Ich fand ihn sehr sympathisch. Ich bin so froh dass dir der Kaffee schmeckte.
Ich bin so froh dass du kein Cabrio fährst. Ich wäre Isadora Duncan.

Fughe Americane— Amerikanische Fugen (2001)

Prima Fuga

essere in fuga essere in macchina
essere in continua fuga embrionale
avere la pianura avere il vuoto
un cielo azzurro coperchio vicino
vasto assieme di granoturco
solitudini veloci e di passaggio
giorni uguali in carne tritata
chiese in un ovunque crepuscolario
notti in transito rumori improvvisi
sogni spezzati e pubblicitari
campi di soia ormai qui di casa
nell'Ohio che ha perso i suoi ippocastani
ma ti dà una fuga di periferia
che è il centro del cuore americano
fuga mite a velocita limitata

Erste Flucht

im auto sein ein wesen auf der flucht
ein sein in dauernder embrionaler flucht
die ebene besitzen und die leere besitzen
ein blauer himmel als naher deckel
weites ensemble von maispflanzen
schnelle einsamkeiten und auf der durchfahrt
gleiche tage in zerhacktem fleisch
kirchen in einem überall des dämmerns
nächte im transit plötzliche geräusche
zerbrochene träume als werbesendung
felder mit soja das hier nun zuhause
in Ohio das die roßkastanien verloren
doch uns eine flucht gibt mit peripherien
die sind das zentrum des amerikanischen herzens
milde flucht im geschwindigkeitslimit

La Barca Dei Muli

facciamo qui finta di tornare indietro
nel tempo che abbiamo rubato agli indiani
su un pezzo di canale reattivato
cos'è lì davanti che tira la barca?
son dei muli mansueti a passo leggero
è tutto turismo questo lembo di storia
che ci copre le notti ritornate infantili
a Grand Rapids si va piano su vecchi proverbi
c'era disagio ma si andava avanti
per arrivare perfino a Cincinnati
ma tutto è finta così pure mi penso
il fiume più grande il vasto lamento
e la voce di Paul Robeson dalla stiva più buia
mi riporta il sudore in un incubo profondo
ma i muli ormai non tirano la corda

Das Maultierboot

wir tun nun so als ob wir zurückkehren
in der zeit die wir den indianern gestohlen
auf einem stück des kanals das reaktiviert ist
was ist das da vorne das hier das boot zieht?
es sind ruhige mulis mit leichtem schritt dort
und alles tourismus in diesem zipfel geschichte
der bedeckt uns die nächte die nun wieder kindlich
in Grand Rapids geht man langsam auf altem sprichwort
es gab unbequemes doch fuhr man weiter
um dann sogar nach Cincinnati zu kommen
doch alles ist spiel und so denke ich nun an
den größten fluß und die weiteste klage
und die stimme Paul Robesons aus der dunkelsten koje
bringt mir den schweiß in den tiefen alptraum
doch die maultiere vorn ziehen nicht mehr am seil nun

Se Crollano Le Torri In Diretta

se il volo è cieco e fuori controllo
se l'unica fuga va verso la morte
se crollano le torri in diretta
se guardi senza vederci dentro
allora sei testimone senza processo
allora sei ombra sotto riflettori
allora sei transito senza meta
allora sei sabbia sotto i venti
se crollano le torri in diretta
se ripeti oggi è l'undici settembre
se giochi sulla data la disperazione
se ricordi i simboli nel deserto lunare
cerchi una terzina infernale di Dante
cerchi un tuo nome di passaggio
cerchi cittadinanza perdendo il pianeta

Wenn Die Türme Stürzen In Direktübertragung

wenn der flug blind ist und außer kontrolle
wenn die einzige flucht da ist zum tod hin
wenn die türme stürzen in direktübertragung
wenn du schaust ohne hinein zu sehen
dann bist du zeuge ohne verhandlung
dann bist du schatten unter reflektoren
dann bist du transit ohne ankunft
dann bist du sand unter den winden
wenn die türme stürzen in direktübertragung
wenn du wiederholst es ist der elfte september
wenn du mit dem datum die verzweiflung ausspielst
wenn du symbole erinnerst in der wüste des mondes
suchst du eine höllische terzine von Dante
suchst du einen namen für dich der vorbeigeht
suchst du staatsbürgerschaft und verlierst den planeten

Paura Al Lago Erie

non trovi sentiero per andare a piedi
solo in macchina raggiungi il gran lago
e così è televisione ogni luogo che cerchi
sul Lago Erie può camminare un sogno
ma tu attorno non metti le tue orme
sei come un indiano e la tua storia non c'entra
puoi solo avere un pezzo di sponda
la centrale nucleare nella coda dell'occhio
vulnerabile prepotenza a fatti compiuti
con la melma radioattiva nascosta per millenni
il cielo è vuoto e non ci vola nessuno
meglio così in questi strani orizzonti
che abbiamo scoperto come l'uovo di Colombo
frantumato ma in piedi chi l'avrebbe pensato
di essere qui a un famosissimo lago

Angst Am Erie-see

du findest keinen weg um zu fuß zu gehen
nur im auto ist der große see zu erreichen
und so ist fernsehen jeder ort den du aufsuchst
auf dem Erie-See kann ein traum wohl gehen
doch du setzt rundherum nicht deine spuren
du bist wie ein indianer und deine geschichte zählt nichts hier
und kannst nur ein stückchen ufer gewinnen
das atomkraftwerk noch in deinem augenwinkel
verwundbare präpotenz die tatsachen vollendet
mit dem radioaktiven schlamm versteckt für milennien
der himmel ist leer und niemand fliegt drin
besser so in diesen seltsamen horizonten
die wir entdeckten wie das ei des Kolumbus
zerbrochen und dennoch aufrecht wer hätte dies gedacht wohl
hier zu sein an einem see der weltberühmt ist

Piccola Italia

piccola Italia ovunque piccola Italia
ti incontro nelle notti aperte dai ricordi
ti porto sull'orlo dei miei orizzonti
sempre sull'orlo il tuo grande canto
col disastro accanto e il crollo dei miti
ma il 60 per cento dei beni culturali del mondo
dice l'UNESCO tu hai dato alla luce
piccola Italia dunque ovunque
anche nel pensiero più ansioso
colpito dalle antiche e nuove incursioni
di barbari nei loro dogmi impazziti
Italia patria e Italia esilio
Italia vecchio e nuovo continente
piccola e grande su tutte le sponde
transitoria perenne immagine di canto

Kleines Italien

kleines Italien überall kleines Italien
ich begegne dir in den nächten geöffnet durch erinnern
ich bringe dich an den rand meiner horizonte
immer am rand ist dein großes singen
mit dem desaster nebenan und dem einsturz der mythen
doch 60 prozent der weltkulturgüter
sagt die UNESCO brachtest ans licht du
kleines Italien überall deshalb
auch im gedanken der am meisten bekümmert
getroffen von alten und neuen überfällen
von barbaren in ihren wahnsinnsdogmen
Italien heimat und Italien exilland
Italien als alter und neuer kontinent auch
klein und groß an allen ufern
vorbeiziehend dauerndes bild des singens

Invettiva Al Greyhound

e ho pensato c'è il greyhound
ma il greyhound qui è raro
ed inoltre anche caro
rosicchiando le tue ore
mentre sento lo schiamazzo
degli uccelli ancor accanto
li invidio per il volo
già lodato da quel santo
che andava senza scarpe
e non vedeva sull'atlante
la lontana California
che anch'io non raggiungo
nessun greyhound che abbaia
sulla grigia teoria
d'un randagio messo a cuccia

Invektive Für Den Greyhound

und ich dachte an den greyhound
doch der greyhound ist hier selten
und er ist zudem auch teuer
wenn er knabbert deine stunden
während ich das lärmen höre
dieser vögel hier daneben
muß ich beneiden sie fürs fliegen
das schon jener heilige lobte
der ganz ohne schuhe herumging
und auf dem atlas nicht erblickte
dieses ferne Kalifornien
das auch ich jetzt nicht erreiche
und kein greyhound schafft's zu bellen
auf der grauen theorie hier
eines streuners der am platz bleibt

Lucrezio, Gillespie & Co.

proseguendo su questa via
così come stanno le cose
le cose pure vanno per questa via
per dire che il De Rerum Natura
è The Way Things Are qui
cose andate e cose da venire
To Be or to Bop ha detto Dizzie
per darci le vertigini con quel ritmo
innovativo ieri nostalgico oggi
dove ci sbattono fuori colla monotonia
in un rimbombo di ritorni alquanto noiosi
così come stanno le cose
e proseguendo su questa via
Lucrezio nell'America del 68
tradotto tra le cose su questa via

Lukrez, Gillespie & Co.

weiter gehend auf diesem weg hier
so wie die dinge nun einmal stehen
gehen auch die dinge diesen weg mit
um zu sagen daß das De Rerum Natura
The Way Things Are hier ist
gegangene dinge und dinge die noch kommen
To Be or to Bop so sagte Dizzie
um uns den schwindel zu geben mit jenem rhythmus
gestern erneuernd und heute nostalgisch
wo sie uns hinauswerfen mit der monotonie nun
zu einem dröhnen in ziemlich fader rückkehr
so wie die dinge nun einmal stehen
und weiter gehend auf diesem weg hier
Lukrez im Amerika des jahrs 68
übersetzt in den dingen die hier auf dem weg sind

Gli Scalini Al Lafayette College
Easton, Pennsylvania

salendo gli scalini al Lafayette College
sono corto di fiato e mi torna in mente
che Shakespeare Proust ed anche Rilke
alla mia età erano gia morti
e Joyce pure e Brecht e Dante
non camparono oltre il sesto decennio
così mi penso nella tradizione
simile al foglio soldato di Ungaretti
mentre gli scoiattoli mi saltano attorno
prendo il giorno e riprendo fiato
sono nato colle sette camice proverbiali
per cambiarmi i sudori dell'ispirazione
e cambio passo per raggiungermi certe mete
che forse ad altri mai appariranno
e trovo in ogni anno il regalo del momento

Die Stufen Zum Lafayette College
Easton, Pennsylvania

wenn ich die stufen hinaufsteig zum Lafayette College
wird kurz mir der atem und ich erinnere mich wieder
daß Shakespeare Proust und eben auch Rilke
in meinem alter schon gestorben waren
und Joyce ebenfalls und Brecht und Dante
hatten das sechste jahrzehnt nicht überstanden
so denke ich mich in die tradition ein
ähnlich dem blatt als soldat Ungarettis*
während die eichhörnchen da um mich springen
nehme ich den tag und komm wieder zu atem
geboren bin ich mit den sieben hemden des sprichworts
um den schweiß mir zu wechseln der inspirationen
und den schritt zu wechseln zu manchen zielen
die anderen vielleicht niemals erscheinen
und so finde in jedem jahr das geschenk des moments ich

---

* Giuseppe Ungaretti: Soldaten// So/wie im Herbst/auf dem Baum/die Blätter

New York 11 Ottobre 2001

pensavo di poterti e doverti ammirare
nel caparbio orgoglio del recente dolore
ed affondare nel vuoto dei grandi affari
passando per la storia di sorrisi d'artificio
ma sotto la tua chioma di grattacieli
ferita sì ma in palpitante accordo
per un ritmo audace di vetro e cemento in arte
mi sono innamorato come m'innamoro a Roma
e ti sento viva ereditaria e nostra
di noi storici e attuali romani d'ogni continente
fra impero e cultura dettato e tolleranza
conto le tue strade sui miei incroci
che vedo nel sole al mare vicino
è un ritorno inaspettato al di là del porto
per sentirmi ancora nel viaggio ispirato

New York 11.Oktober 2001

ich dachte dich bewundern zu können zu müssen
im hartnäckigen stolz deines jüngsten schmerzes
und zu versinken in der leere der großen geschäfte
vorbeigehend an der geschichte künstlichen lächelns
doch unter deiner haartracht von wolkenkratzern
verwundet ja doch in zuckendem einklang
für einen rhythmus gewagt aus glas und betonkunst
habe ich mich verliebt wie ich mich in Rom verliebe
und ich fühl dich lebendig als erbin und als unser
für uns einstige und jetzige römer aller kontinente
zwischen imperium und kultur diktat und toleranz auch
zähle ich deine strassen an meiner kreuzung
die ich sehe in der sonne am meer in der nähe
es ist unerwartete rückkehr jenseits des hafens
um mich zu hören noch in der reise die inspiriert ist

Bob Dylan a Detroit

in macchina di nuovo per andare a Detroit
a sentire Bob Dylan finalmente in concerto
dopo trentasei anni che questa voce
ti è stata incisa sui dischi volanti
attorno al tuo mormorio di base
che il canto cercava in un certo senso
per andare oltre come pure lui ci andava
trentasei anni dunque per essere fiume
e trovarsi in un mare sotto cielo aperto
ma aperto pure per un'altra guerra in corso
per soffiare al vento le nostre radici
d'acqua dolce nel sale del pianto
orizzonte vasto per ricercare un grido
vedendo tutti quegli accendini accesi
in un paese in guerra anche con il fumo

Bob Dylan in Detroit

im auto wieder um nach Detroit zu fahren
um zu hören Bob Dylan endlich im konzert auch
nach sechsunddreißig jahren in denen diese stimme
dir eingeritzt war auf fliegenden scheiben
rundherum um dein murmeln vom grund her
das den gesang auf eine gewisse art sich suchte
um darüber hinaus zu gehen so wie auch er ging
sechsunddreißig jahre um ein fluß zu sein also
und im meer sich zu finden unter offenem himmel
der aber auch offen für einen krieg der wieder in gang ist
um in den wind zu blasen unsere wurzeln
aus süßwasser da im salz der tränen
weiter horizont um den schrei neu zu schaffen
beim anblick all der feuerzeuge die angezündet
in einem land das auch mit dem rauch im krieg ist

Chicago Non Ancora Tradotta

coi capelli grigi ti si aprono le porte
per questo da giovane ti arrabbiavi
cantando "A young man ain't nothing in this world these days"
ma potrei dire che a Chicago ci sono arrivato
scrivendo poesie nei caffè di Vienna
sempre cercando il caffè italiano
ma come si fa penseranno gli altri
più giovani di me e più arrabbiati
a raggiungere Chicago con una poesia
e poi esserci dentro e andarci in giro
sorridendo pure al vento in faccia
che ti dà un aspetto fresco in sala
quando pensi a cose non ancora tradotte
come la vera Chicago col suo vero ritmo
che ti porta a un lago che non rimpiange il mare

Chicago Noch Nicht Übersetzt

mit grauem haar öffnen sich dir die türen
deshalb warst du als junger mann ja zornig
und sangst "A young man ain't nothing in this world these days"
doch könnte ich sagen ich kam nach Chicago
gedichte schreibend im Wiener kaffeehaus
immer suchend den italienischen espresso
aber wie macht man das denken wohl die anderen
die jünger als ich und viel zorniger auch noch
daß man Chicago erreicht mit einem gedicht nur
und dann drinnen zu sein und herum zu gehen
mit einem lächeln sogar für den wind der ins gesicht bläst
und ein frisches aussehen dir im saal gibt
wenn du an das denkst das noch nicht übersetzt ist
wie das echte Chicago mit seinem echten rhythmus
der dich führt zu einem see hin der um das meer hier nicht trauert

Ritmo Felice di Blues

quando il blues ti dà un ritmo felice
e l'architettura dei grattacieli
non ti sembra un'invenzione da grattacapo
quando passi tra i venti senza essere vetro
ma barca in bocca di ricette naviganti
dall'Italia e dal Messico soprattutto
con qualche profumo d'Asia nel naso
allora a Chicago stranamente mite
in un novembre in transito sul tuo calendario
ti accorgi di essere andato lontano
pur essendo vicino ai sorrisi di passaggio
pescati nella moltitudine metropolitana
simile nel mondo ma di che mondo parlo
se dopo la lettura mi parla un'amica
non vista più da trent'anni (che ritmo!)

Glücklicher Rhythmus des Blues

wenn der blues dir den glücklichen rhythmus gibt
und die architektur der wolkenkratzer
dir nicht als erfindung erscheint für kopfzerbrechen
wenn du gehst in den winden ohne glas zu sein
aber boot im mund seeefahrender rezepte
aus Italien und aus Mexiko vor allem
mit manchem duft aus Asien in der nase
dann in Chicago das seltsam mild ist
in einem november in transit auf deinem kalender
erkennst du wie weit du nun gekommen
obwohl du nah bist den vorbeiziehenden lächeln
gefischt aus der metropolen vielzahl
ähnlich in der welt doch von welcher welt red ich
wenn nach der lesung eine freundin mich anspricht
die ich seit dreißig jahren nicht gesehen (oh rhythmus!)

Zorbas a Washington D.C.

tra musei e memoriali rincorriamo lo spazio
in questa simmetria neoimperiale
e di notte illuminate rivediamo le frasi
di Jefferson, Lincoln e F.D. Roosevelt
ma di domenica poi c'è un gran silenzio
nessuno in giro per la vuota capitale del mondo
col suo Capitolio senza le oche
appena verso sera alcuni turisti
si ricordano di far le foto alla Casa Bianca
mentre noi camminiamo in pensieri stranieri
verso un caffè di nome Zorbas
sì proprio quello che diceva «non fa niente»
ed ha sorriso e ballato dinanzi al crollo
non è un omen ma pur sempre un uomo
che ci mostra un contegno in ogni tramonto

Zorbas in Wahington D.C.

zwischen museen und memorials erlaufen den raum wir
in diesen neoimperialen symmetrien
und nachts sehen erleuchtet wir wieder die sätze
von Jefferson, Lincoln und F. D. Roosevelt
doch am sonntag ist dann ein großes schweigen
niemand unterwegs in der leeren welthauptstadt
mit ihrem Capitol ohne die gänse
erst gegen abend erinnern sich ein paar touristen
ihre fotos vor dem Weißen Haus zu machen
während wir nun gehen in fremden gedanken
zu einem café mit namen Zorbas
ja wirklich jener der sagte «das macht nichts»
und der beim zusammenbruch lachte und tanzte
das ist kein omen aber immerhin ein mensch doch
der ein verhalten uns zeigt in jeder dämmerung

Manhattan con le Battute dei Camerieri

camminare a Manhattan a passo vibrante
strizzando l'occhio ai grattacieli
inciampo nel sorriso di una bella gazzella
forte nell'istante della tarda mattina
mi avvio sul Broadway e verso Lindy's
con mia moglie e mio figlio alla gran colazione
fra tutte quelle battute dei camerieri sui poster
inventate forse ma in giro nel mondo
e d'altronde la tua gran meraviglia
l'hai già avuta coi primi passi
vedendo ebrei, afroamericani, italiani e latinos
così quotidiani che già domandavi
come fa Nuova York ad essere cosi viva
con tutti quei film attorno al collo
a rimanere se stessa e in gioco per essere nostra

Manhattan mit den Witzen der Kellner

in Manhattan gehen mit vibrierenden schritten
um dann zuzuzwinkern den wolkenkratzern
und ins lächeln einer schönen gazzelle zu stolpern
im augenblick stark des späten morgens
so gehe ich am Broadway und hin zu Lindy's
mit meiner frau und meinem sohn zum großen frühstück
unter all den witzen der kellner auf postern
erfunden vielleicht doch in der welt in umlauf
und andererseits kam dir das große staunen
bereits hier mit den ersten schritten
als du Juden, Afroamerikaner, Italiener und Latinos
so alltäglich sahst und du dich fragtest
wie schafft es New York so lebendig zu sein
mit all diesen filmen die es am hals hat
und es selbst zu bleiben und im spiel um unser zu sein

Meraviglia al Washington Square

seduto a Nizza in Piazza Garibaldi
naturalmente io ero molto commosso
rivedendolo in terra sua fuori dalla patria
e poi in Messico ogni piazza col suo nome
si trasforma in una baldoria dei Mariachis
sposando così la libertà col turismo
ma mai mi sono visto così concentrato
a guardare la sua statua proprio qui eretta
al Washington Square in zona universitaria
e tutta Greenwich Village mi è meraviglia
Bob Dylan lì c'era e avrà visto il barbuto
che come noi tutti doveva obbedire
ma che sul finire di questo mio viaggio
s'innalza come un segno nel sogno europeo
da riscoprire al di là degli errori di Colombo

Erstaunen am Washington Square

sitzend in Nizza in der Piazza Garibaldi
war natürlich dort sehr gerührt ich
als ich ihn sah in seiner heimat doch außerhalb unseres landes
und dann in Mexiko wird jeder platz mit seinem namen
in einen freudenlärm verwandelt durch die Mariachis
die so die freiheit verheiraten mit dem tourismus
doch niemals sah ich so konzentriert mich
seine statue betrachten die gerade hier errichtet
im Washington Square im universitätsviertel
und ganz Greenwich Village wird mir zum erstaunen
Bob Dylan war dort und er sah wohl den bärtigen
der so wie wir alle gehorchen mußte
doch der nun hier gegen ende meiner reise
sich erhebt wie ein zeichen im europäischen träumen
das wieder zu entdecken hinter den fehlern des Kolumbus

Mangiare al Mare e al Cielo

mangiare qui non è che costi poco
ma a Nuova York tu sei già ben disposto
a pagare di più per non perderti il ritmo
e vai così da *Carmine* in canto
a prendere un piatto che per tutti i tre vi basta
e molto vi si serve qui ovunque
anche il *pastrani* da *Katz' Delicatessen*
dove il tavolo è già pieno di delizie
che or ti fanno ogni odor vagante
giacché per te il mondo è pellegrino
ed ogni terra qui tu paragoni al mare
sotto un cielo in sogni che ti accerchia
e cerchi e trovi e ricerchi il respiro
che agli orizzonti tu poi ritrasmetti
da questo porto ancor vivo di attese

Essen zum Meer und zum Himmel

hier zu essen das kostet nicht wenig
doch in New York da bist du bereit wohl
mehr zu bezahlen um den rhytmus zu halten
und gehst zu *Carmine* hin im singen
um ein gericht zu nehmen das für euch alle drei reicht
und viel serviert man euch nun überall hier
auch das *Pastrani* bei *Katz' Delicatessen*
wo der tisch schon voll mit köstlichkeiten
die nun dir jeden duft vagant verwandeln
wo doch die welt für dich ein pilger
und jedes land willst mit dem meer du vergleichen
unter einem himmel im träumen der umkreist dich
und du suchst und findest und suchst neuerlich atem
den du an die horizonte weiterleitest
von diesem hafen der noch lebendig im erwarten

Ritorno a Massachusetts (17a Fuga)

ecco che sto ritornando a Massachusetts
naturalmente solo con il pensiero
e il sorriso smorzato della canzone
perché Bee Gees e Beach Boys sono solo contorno
e così pure il primo cattolico presidente
(ma anche l'ultimo finora eletto)
che era di lì come l'indipendenza
e il boycottaggio del tè e tutta la storia
di farsi dal nulla la propria carriera
mentre i figli di papà non scherzano mica
così che il critico ora mi può dire
questa è una poesia alquanto convulsa
però non le voglio togliere un verso
giacché già all'ultimo ci devo arrivare
che a Massachusetts mi porta dall'embrione clonato

Rückkehr nach Massachusetts (17. Fuge)

ja so kehr ich zurück nach Massachusetts
natürlich nur und allein in gedanken
und mit dem abgebrochenen lächeln des liedes
da Bee Gees und Beach Boys nur als beilage dienen
und so auch der erste präsident der katholisch
(aber auch der letzte den man gewählt hat)
der wie die unabhängigkeit von dort war
und der teeboykott auch und die ganze story
sich aus dem nichts die eigene karriere zu machen
während die söhne der väter nicht etwa scherzen
so daß der kritiker mir nun kann sagen
dies ist ein gedicht das arg herumzuckt
doch will ich ihm keinen vers jetzt nehmen
da ich ja zum letzten nun schon muß gelangen
der nach Massachusetts führt zum embryo der geklont ist

Ma Perché Qui Ci Sentiamo Così Europei?

ma perché qui ci sentiamo così europei?
se ce lo chiedono dunque chi apre bocca?
chi dice quello che così ovvio gli sembrava?
dopo tutti quei particolari ormai trascorsi
in regionalismi poco affidabili sempre
voremmo dire ci unisce molto
non solo lo sforzo burocratico di troppo
o quella moneta che è senz'altro base
ma non base di lancio delle nostre idee
economiche solo fino a un certo punto
abbiamo più storia e dunque più errori
e possiamo ammettere anche i recenti
che voi qui non vedete così affaccendati
a crearvi le leggi in pena di morte
forse è per voi che così europei ci sentiamo

Aber Warum Fühlen Wir Uns Hier So Europäisch?

aber warum fühlen wir uns hier so europäisch?
wenn sie uns das fragen wer öffnet den mund dann?
wer sagt denn was ihm so offenkundig erschienen?
nach all den details die inzwischen vergangen
in regionalismen denen doch nicht recht zu trauen
möchten wir nun sagen daß uns vieles vereinigt
nicht nur die anstrengung die zu sehr bürokratisch
oder jene währung die ist sicherlich die basis
doch nicht abflugbasis unserer ideen
die ökonomisch bis zu einem gewissen punkt nur
wir haben mehr geschichte und also mehr fehler
und können so auch die neuesten zugeben
die ihr nicht seht in eurer beschäftigung
gesetze euch zu schaffen bei todesstrafe
vielleicht fühlen wegen euch wir uns so europäisch

Elogio della Columbian House

se passi per Waterville viandante europeo
reduce da visite a volte sconcertanti
negli impasti dei fast food accumulati
allora c'è il posto per ritrovarti
a tavola dopo l'incerto naufragio
e nella *Columbian House* il nome sul palato
ti riscopre il vecchio nel nuovo continente
ristorante museo e nuovo ritorno
inizio del viaggio mai compiuto
coll'appettito che torna alle tradizioni
che son l'unica cosa da rinnovare
ogni ricetta un anello nei tuoi libri
aperti in cucine transitorie
isole galeggianti in quel mare
che alla Casa di Colombo pur qui approda

Lob des Columbian House

kommst du nach Waterville wanderer aus Europa
heimkehrer von besuchen die manchmal erschütternd
in den teigen des fast food die angehäuft wurden
dann ist da ein ort um dich wiederzufinden
zu tisch nach dem ungewissen schiffbruch
und im *Columbian House* entdeckt wieder der name
am gaumen dir den alten im neuen kontinent hier
restaurant museum und neue rückkehr
beginn der reise die niemals vollendet
mit dem appetit der zurückkehrt zu traditionen
die das einzige ding sind das zu erneuern
jedes rezept ein ring in deinen büchern
geöffnet in den vorbeiziehenden küchen
schwimmende inseln in jenem meer nun
das zum Haus des Kolumbus doch hier landet

Quando Pur Trovando Non Si Capisce

era un gioco che infine volevamo giocare
e così al penultimo giorno ci siamo andati
non lasciando sconosciuto quel punto sulla carta
abbiamo detto «we are going to Arcadia»
e nei dintorni si sapeva che si parlava
dell'ononimo luogo nel Northwest-Ohio
ma non era facile dire quel «et—ego»
ci siamo avvicinati con alcuni sforzi
leggendo le carte incerte nei dettagli
(e questo solamente ci ricordava la Grecia)
era testarda l'idea e già volevo rinunciare
ma infine ci stavo davanti al cartello
che segnalava l'inizio di un qualchecosa
venuta nella testa di qualche midwestiano
per dire ARCADIA in quel luogo che c'è parso così desolato

Wenn Man Nicht Versteht Obwohl Man Findet

es war ein spiel das wir letztlich spielten
und so gingen am vorletzten tag wir dorthin
und ließen so nicht unbekannt den punkt auf der karte
wir sagten «we are going to Arcadia»
und rundherum wußte man daß wir meinten
jenen gleichnamigen ort in Northwest-Ohio
doch es war nicht einfach «et—ego» zu sagen
wir näherten uns mit einiger mühe
die karten lesend die unsicher im detail sind
(und nur das war für uns griechisches erinnern)
starrköpfig war die idee schon wollte ich verzichten
doch letztlich stand ich dann vor dem schild doch
das den anfang schilderte von irgendetwas
das kam in den sinn irgendeines midwestlers
zu sagen ARKADIEN in jenem ort der uns so desolat schien

Ultima Fuga

canto su un rumore in circolazione
e ripasso sul Loop tra i grattacieli
di una Chicago riaccesa e in trasmissione
sul giro delle mie architetture interiori
che ritoccano Manhattan per uno sguardo umano
a un cielo pur sempre di gran passaggio
senza pronostico sicuro ma d'introduzione
a un grande assieme di frammenti di vita
che portiamo al porto che forse già accende
ad altri i suoi lumi e i suoi ritornelli
mentre rinascono ancora quei lunghi viaggi
dicendoci che la pianura non ha premura
col tredicesimo verso rivinci il paesaggio
di questa tua ultima fuga americana
colle anime ingenue dei bufali e dei poeti

Letzte Fuge

ich singe auf einem lärm der in umlauf
und kehre wieder zum Loop zwischen wolkenkratzern
in einem Chicago das wiederentfacht und auf sendung
in der rundfahrt meiner inneren architekturen
die Manhattan wieder berühren zum menschlichen blick hin
an einem himmel der freilich immer groß vorbeizieht
ohne sichere voraussage als einführung aber
zu einem großen ensemble von lebensfragmenten
die wir hintragen zum hafen der vielleicht schon entzündet
für andere seine lichter und seine refrains auch
während noch wieder entstehen jene langen reisen
die uns sagen die ebene hat es eben nicht eilig
mit dem dreizehnten vers gewinnst du wieder die landschaft
dieser deiner letzten amerikanischen fuge
mit den naiven seelen der büffel und der dichter

Endnote

Gerhard Kofler composed the "tandem" fugues while he was writer-in-residence at Bowling Green State University, Ohio during the academic year 2001–2002. *Fughe Americane-Amerikanische Fugen* is published in this volume for the first time.

MARTIN KRUSCHE

Plugged In: Webgestütztes Literaturgeschehen

D er Maler Franz West (*1947) zitiert auf seiner Website Monsignore Otto Mauer: "Kunst ist das, was einer, der von Kunst Ahnung hat, für Kunst hält."[1] Ist den beiden Herren, renommierte Akteure österreichischen Kunstgeschehens, zu glauben? Das ironische Augenzwinkern Wests läßt sich kaum übersehen. Kunst als Verhandlungssache. Keine "ewigen Werte?" Aber wo wird das verhandelt? Und von wem? Genügt es Ihnen unter sich zu bleiben? Wird diese Publikation auch außerhalb der wissenschaftlichen Welt wahrgenommen? Von wem möchten Sie gelesen und gehört werden? Wer sorgt dafür? Sichtbarkeit!

Otto Mauer (1907–1973) war ein bedeutender österreichischer Förderer und Sammler zeitgenössischer bildender Kunst. Seine Behauptung deutet in vortrefflicher Knappheit an, wie Autorität und exponierte Position beitragen, einer Meinung Gewicht zu geben. Welche Rolle Medienpräsenz dabei spielen mag, muss ich hier wohl niemandem erklären. Ich bin Autor. Und ein früher Akteur der österreichischen Netzkultur-Szene. Daher mein Interesse an solchen Zusammenhängen.

Inszenierung, Selbstinszenierung. Im staatlichen Fernsehen Österreichs klingt das so: "Das Kunstvolk und die Medien der Welt." Diese merkwürdige Formulierung stammt aus "Treffpunkt Kultur," einem einschlägigen TV-Magazin. Das Kunstvolk. Die Medien der Welt. Über solche Zuschreibungen möchte man sofort in einem kühlen Obstgarten meditieren: Kunst, Elitenbildung, soziale Distanz. . . Medienstützung. Der längst übliche Hype im Kulturgeschehen, selbstreferenziell in

die Öffentlichkeit gewuchtet. Gibt es Interesse, solche Selbstüberhöhungen zu-
rückzunehmen? Eine gute Position auf dem Markt scheint nahezulegen, dass man
diese Vorgänge bedient.

Technische Innovationen

Da noch nie eine neue Technologie mit solcher Schubkraft in den Alltag der Menschen gefahren ist wie die Mikrocomputer und deren weltweite Vernetzung, flo-
riert die Legendenbildung um deren Nutzen und Nachteile wie der Regenwald,
wenn's regnet. Ich bestaune dieses Wuchern von Vorstellungen seit Mitte der
1980er Jahre. Zugleich verblüffen mich die scharfen Ungleichzeitigkeiten dessen,
was sich im Kulturbereich an Konsequenzen praktisch zeigt. An Auswirkungen
und auch an manchen Verzögerungen. Immerhin, man fragt nun häufiger, was
denn Literatur und die sogenannten "Neuen Medien" miteinander zu schaffen
hätten. Hypertext sei etwas grundlegend anderes als das herkömmlich lineare Verfahren des Schreibens. Und so weiter und so fort. Dieser Aspekt interessiert mich
wenig. Aus der Ära des linearen Textes sind genug Beispiele bekannt, wie seine spezielle Dimensionalität im Experiment aufgebrochen werden will. Neue Medientypen werden die Experimentierfreude Schreibender weiterhin anregen.

Unsere Werkzeuge verändern unsere Physis. Oder gehen zu Bruch. Ein Beispiel.
Tastaturen halten bei mir nie lange, weil ich jenen Tastenanschlag, den ich auf alten Typenhebel-Schreibmaschinen angenommen hatte, beim Umstieg auf Computer beibehielt. In meiner Nachbarschaft wird behauptet, man würde mich durch
geschlossene Fenster hindurch arbeiten hören. Das Schreiben auf chipgesteuerten
Maschinen verändert die "User." Aber das ist hier nicht mein vorrangiges Thema.

Diese Werkzeuge mögen sich auch auf die Arten des Erzählens auswirken. Es
gibt sehr inspirierte Leute, die der vernetzten EDV neue literarische Gattungen ab-
ringen. Mich beschäftigen vor allem die Auswirkungen der jetzigen Mediensituation auf den Kulturbetrieb. Mich interessiert dieser Betrieb in Wechselwirkung mit
politischen Agenturen. Mit Konsequenzen für die gesamte Gesellschaft. Und welche Rollen Autorinnen, Autoren darin finden wollen, können. Wie sich das struk-
turell auf unsere Arbeit auswirkt. Darauf möchte ich hier eingehen. Aus langjähri-
ger Praxis. Ich befasse mich seit rund einem Jahrzehnt mit den Möglichkeiten, das
kulturelle Geschehen in telematische Situationen hinein zu erweitern. Der Akzent
liegt auf "erweitern." Es geht mir *nicht* um ein Abhauen in die Virtualität, sondern
um eine Extension menschlicher Realitätsvorstellungen. Um neue Möglichkeits-
räume als *Ergänzungen*.

Medienmix

Das meint nicht einen *Switch* in der Mediennutzung, sondern erweiterte Medienkompetenzen der Handelnden. Schließlich ist hier von keiner Ablöse eines Medientyps durch einen anderen die Rede. Eher von einer neuen Gesamt*sicht* und – nutzung der Medien. Medien*konvergenz* ist ein sehr brisantes Thema. Das Ineinandergehen ursprünglich getrennter Medientypen bringt ein beachtliches Veränderungspotential in die Mediensituation.

Erinnern Sie sich noch an die Annahme, Video würde die Kinos ruinieren? So ist es aber nicht gekommen. Eine Videoverleiherin hat mir erzählt: "Neunzig Prozent meiner Kunden sind Jugendliche. Wenn ein Film im Kino toll ist, schauen sie ihn sich auch auf Video an. Und wenn's im Kino keine tollen Filme gibt, holen sie sich bei mir welche." So also entwickeln sich Medientypen mitunter zueinander. Die Fotografie konnte dem Tafelbild nichts anhaben. Weder Comics noch TV haben das Buch beschädigt. Vernetzte EDV wird ihre Vorgängermedien kaum abschaffen. Aber das Setting neu definieren.

Seit meiner Kindheit erlebe ich, wie gängiger Kulturpessimismus sich irrt. Noch nie zuvor in der Menschheitsgeschichte hatten wir so breiten Zugang zu Literatur und anderen Kulturgütern. Auch wenn manche Autoren gerne beklagen, dass sie zu wenig rezipiert würden. Auch wenn manche Kulturhüter immer wieder andere Stoffe vorschlagen als Menschen eigenständig wählen.

Wir sind offenbar geneigt, uns mit komplexen Wechselwirkungen von Medientypen einzurichten. Die Erweiterung und Verdichtung von Kommunikationsmöglichkeiten lädt zu neuen Elitenbildungen ein. Literarität auf der Höhe der Zeit verspricht Vorteile.

Bezahlt werden. Publiziert werden. Gelesen werden. Diese grundlegenden Erwartungen dürften Aktive der Literatur und der Literaturwissenschaft teilen. Was dabei die Sicherheit der Quelle und die Glaubwürdigkeit des Zertifikats angeht, scheint Papier den elektronischen Formen noch überlegen zu sein. Bei der wichtigen Frage "Wo kommt das Geld her?" haben sich bis heute weder Websites noch E-Books als überzeugende Quellen (des Geldes) erwiesen. Wenn man vom Versandgeschäft absieht, in dem konventionelle Bücher verkauft werden. Mail order magic. Allerdings ist das Web ein Reich der "neuen Räume," wo vor allem eines generiert werden kann: Öffentlichkeit. Und das ist es, worauf sich Literatur und Bücher ja ständig beziehen.

Raus aus den Türmen

Wer sich nicht auf ganz besondere Art ausschließlich seinem Werk verpflichtet fühlt, ohne Seitenblick auf Publikum und Ewigkeit, falls es solche Schreibende gibt, wer also mit der eigenen Arbeit wahrgenommen werden möchte, zielt auf Öffentlichkeit. Und muss sich auf Medienanwendung stützen.

Das hieß gerade noch: jene für sich gewinnen, die Zugänge zur Öffentlichkeit regeln. Jene für sich gewinnen, die über ausreichende Mittel verfügen, mediale Umsetzungen zu bezahlen. Bücher herzustellen und effizient zu vertreiben ist ein sehr kostspieliges Geschäft. Die aktuelle Millionenpleite des österreichischen Libro-Konzernes verdankt sich sehr wesentlich einem extrem teuren Internetauftritt mit verfehlten Erwartungen an die Möglichkeiten dieses Weges.

Wie überall, wo Güter gewinnbringend verkauft sein wollen, ist die Ware nie bloß was sie zu sein scheint. Sie ist mit vielfältigem Ballast befrachtet. Prestige. Kontext. Statusfragen.

Wer sich nicht darauf beschränkt Texte zu generieren, sondern auch im Geschäft der Realitätskonstruktion durch Medienanwendung mithalten möchte, hat durch leistungsfähige und preisgünstige Personal Computers, durch die weltweit vernetzte EDV wirksame Werkzeuge in die Hände bekommen. Werkzeuge mit denen sehr gut erprobt werden kann, was in den aktuellen Veränderungsschüben gegenüber dem eingespielten Betrieb alles möglich ist.

Ich habe mir angewöhnt, meine Autorenschaft mit einer bestimmten Position im öffentlichen Raum verknüpft zu sehen. Das ist vermutlich eine etwas antiquierte Haltung. Denn die neue Mediensituation hat begonnen, unsere Vorstellungen von Räumen umzuschreiben. Das vertraute Bild des Privaten und des Öffentlichen taugt nicht mehr, unsere Lage ausreichend zu beschreiben. (Wo *ist* man heute, wenn man in der *Öffentlichkeit* steht?)

Man musste einst das Private verlassen, um über die Welt etwas zu erfahren. Und mochte dorthin zurückkehren, um das Erfahrene zu verarbeiten. Den Griechen des Altertums galten in ihrer Sklavengesellschaft jene, die im Privaten verblieben, als "Idiotes." Nur der im öffentlichen Leben stehende und agierende *Mann* durfte sich als Inhaber des Logos und politisches Wesen verstehen. Im vorigen Jahrhundert wurde von den Frauenbewegungen die "Nichtexistenz im Privaten" mit der Forderung "Das Private ist politisch" als problematisch thematisiert. Über zweieinhalb Jahrtausende sind Debatten um Definitionsmacht und Zugang zum öffentlichen Leben in Texten überliefert.

Nun wird, anläßlich einer globalisierten Wirtschaft und neuer Kommunikationstechnologien, diese Auffassung vom "Politischen" schon als obsolet erklärt. Aber das muss einen nicht beunruhigen, denn es werden ja allemal solche auf Hochglanz polierten Befunde abgegeben—wie ja auch schon das Ende der Geschichte ausgerufen wurde. Oft zeigt sich dann, dass Kontinuitäten sich hartnäckiger halten als jene, die sie abgesagt haben.

Medien und politischer Raum

Buchdruck und Reformation haben diese Raumverhältnisse einst neu konturiert. Medien als breit verfügbare Informationsspeicher und Literarität als weitreichend erwerbbare Fähigkeit. Was für eine aufregende Entwicklung! Bis in die Gegenwart. Florentiner Sekretäre der Renaissance und die französischen Enzyklopädisten der Aufklärung waren sehr anregend, was das mögliche Kräftespiel zwischen Texten und Politik angeht. Von Pietro Aretino, dem angeblich "ersten Journalisten" unserer Kultur, zum sich entblätternden Zeitschriftenwesen des 18. Jahrhunderts machten "Literatti" Erfahrungen, dass Eliten vor allem auch Deutungseliten sein wollen. Und dass sich etwas wie "öffentliche Meinung" konstruieren, über Medienanwendung herstellen läßt. Das bestimmt natürlich auch literarisches Leben. Über all die Jahrhunderte und über Markierungen wie Joseph II., Metternich und Hitler. Die Kontrolle der Medien und der Schreibenden gehörten zur Grundübung von Politik als "Staatskunst." Das läßt sich sogar an Österreichs Gegenwart darstellen.

Definitionshoheit ist ein unverzichtbares Mittel, um politische Räume zu dominieren. Ein Geschäft, an dem sich Schreibende seit jeher beteiligen. Weder der Rassismus und seine Folgen, noch die deutsch-österreichischen Nationalismen mit ihren unseligen Schwerpunkten auf dem "Völkischen" sind ohne die Tatkraft von Dichtern und Journalisten denkbar. Die "Kulturnation" ist ein textgestütztes, medial herbeigeführtes Raumkonstrukt, das über Literatur, Medienanwendung, Öffentlichkeit und Politik allerhand zu denken gibt.

"Schriftstellerinnen und Schriftsteller." Man kann sie in dieser Begrifflichkeit nicht generell fassen. Denn unsere Tätigkeit hat ja kein homogenes Berufsbild. Es ist eher ein Berufs*feld*, das auf einen gemeinsamen Wirkungsraum ausgerichtet bleibt. Wie etwa Maurer, Zimmerleute, Elektriker und Installateure. Sie haben meistens was mit Häusern zu tun. Aber es sind nun mal ganz verschiedene Jobs. Gemeinsamer Nenner ist der Mehrheit von uns das Interesse an Publikationen und Publizität. Ich lasse mir die Ergebnisse künstlerischer Praxis vorzugsweise in zwei Währungen bezahlen. Geld. Und Aufmerksamkeit. Um dieses Geschäft in Gang zu halten, brauche ich Sichtbarkeit. In öffentlichen Räumen.

In Zeiten der Massenmedien war Broadcasting (*ein* Sender / *unzählige* Empfänger) hierzulande eine Empfehlung für eine faschistische Gesellschaft. Diese Erfahrung ist längst nicht abgeebbt: Durchgeschaltete Kontrolle von Verlags- und Zeitschriftenwesen, Kino und Rundfunk. Fernsehen gab es damals bloß in ersten Versuchsanordnungen.

Seilschaften und Türhüter dominieren die Medienlandschaften. Goebbels und was er bewirkt hat können im Rückblick ja leichter beurteilt werden als etwa Silvio Berlusconi oder Ted Turner in der Vorausschau. In welcher und vor allem in wessen medialer Öffentlichkeit können heute diese Herren und ihre Wirkungen kritisch debattiert werden?

Ich hörte eben, dass der deutsche Bundestag sich für das Betriebssystem *Unix* entschieden habe, um nicht in so umfassender Abhängigkeit von *Microsoft* zu stehen. Ich habe in Österreich noch keinen Politiker über solche Zusammenhänge sprechen hören. Die Legende vom "Guten" (was immer "das Gute" sei), das sich ohnehin durchsetzen würde, verschleiert die Mechanismen und Regeln dieser Hierarchien. Die österreichische Kulturpolitik hat sich nicht dahin entwickelt, unter diese historischen Erfahrungen einen all zu verläßlichen Strich zu ziehen.

Definitionsmacht

Vielleicht illustriert gerade die Kontroverse um Martin Walser, Marcel Reich-Ranicki und die FAZ sehr anschaulich, welch enormes Kräftespiel sich an den Pforten zur Öffentlichkeit gelegentlich entfaltet. Ist Walser nun Antisemit oder nicht? Was darf aus einem literarischen Text dafür als Beweis oder Gegenbeweis abgeleitet werden? Wer darf feststellen, *was* was ist? Und was sein *soll?* Das wird ja via Medienanwendung verhandelt und verbreitet. Was wiegen nun die Auffassungen derer, die dort nicht zu Wort kommen? Ich wähle zu diesen Fragen zwei Beispiele aus dem Bundesland, in dem ich lebe: Steiermark. Ein älteres und ein jüngeres.

Das erste Beispiel: 1976 wurde das literarische Leben im Lande mit der Landesausstellung "Literatur in der Steiermark" gewürdigt und in einer gleichnamigen Publikation[2] dokumentiert. Für den darin enthaltenen Beitrag "Schrifttum in der Steiermark in den Jahren 1938—1945" hatte man ausgerechnet Paul Anton Keller engagiert, der betonte, "möglichst ohne Kommentar zu berichten." Keller hatte sich in der beschriebenen Zeit als "Gauobmann der Gruppe Schriftsteller in der Reichsschrifttumskammer" installieren lassen. Wieso durfte ausgerechnet er, als kleiner Wasserträger des verbrecherischen Systems, im Auftrag der steirischen Landesregierung diesen Beitrag verfassen? Türhüter und Seilschaften. Nicht zu vergessen: Zynismus.

Das zweite Beispiel: Nach gewonnener Wahl avisierte Frau Landeshauptmann Waltraud Klasnic: "Ziel der steirischen Kulturpolitik 2000 bis 2005 ist es, das Profil der Steiermark als Kulturland Nummer 1 und als Kulturregion mit einem unverwechselbaren Profil neu zu schärfen." Dazu betonte sie: "Wir wollen bewusst in einer Zeit, in der so viel über die Gefährdungen der Freiheit der Kunst, über die Gefahr der Diffamierung, der Zensur, aber auch der Vereinnahmung und des parteipolitischen Missbrauchs von Kunst und Kultur gesprochen wird, ein klares Bekenntnis dazu ablegen, dass wir es als unsere politische Aufgabe sehen, Kunst und Künstlern ihren Freiraum zu sichern und diesen aktiv weiter zu entwickeln. Das ist ein klares Bekenntnis zum Eigenwert und zur Freiheit von Kunst und Kultur und mit dem Auftrag, die bestmöglichen Rahmenbedingungen für die freie und kreative Entfaltung für Kunst und Kultur zu schaffen."[3]

Das Interessante an dieser Erklärung: So gut sie klingt, sie war weder so gemeint, noch erwartete offenbar irgendjemand, dass sie so gemeint sein *könnte*. Es verhält sich damit wie mit der Werbung für Waschmittel oder Zahncreme. Wenn Sie beim Zuhören "ein gutes Gefühl" haben, ist alles in Ordnung. Niemand prüft oder fordert gar die Einlösung.

Etwa ein Jahr nach diesen Ankündigungen musste die steirische ÖVP (Volkspartei) zugeben, dass sie für die Printfassung ihres kulturpolitischen Programmes[4] das Urheberrecht eines steirischen Autors verletzt hatte. Es waren unberechtigt Passagen aus einem im Web veröffentlichten Text entnommen und in das Programm eingebaut worden. Journalist Werner Krause kolportierte die Rechtfertigung seitens der ÖVP: "Wundersam bleibt auch Wolfmayrs Begründung für die Vereinnahmung des Autors und die getätigten Umformulierungen: 'Der Text ist ein Arbeitstext und kein literarischer...'"[5] Gestylte Makulatur als Glanzstück politischer Prosa? Definitionsmacht.

Dominanzfragen

Zwei Beispiele, die illustrieren sollen, dass herkömmliche Agenturen des kulturellen Lebens zuweilen recht unverfrorene Dominanzhaltungen einnehmen, wo über Medien politische Öffentlichkeit hergestellt wird. Unsere Demokratie stützt sich auf verschiedene Konzepte der Repräsentanz. Wo Kunstschaffende durch ihr Werk repräsentiert werden, durch ihre Arbeit Lebensunterhalt und Arbeitsbedingungen finanziert sehen wollen, fallen sehr praktische Fragen im Zusammenhang mit den vorhin skizzierten Umständen an. (Von den politischen Fragen ganz zu schweigen.) Mit welcher Parteienstellung agieren Schreibende auf solchem Terrain?

Ich will niemandem weismachen, das Internet sei a priori ein Pool für Antworten auf solche Fragen. Aber ich konnte feststellen, dass sich durch konsequente Nutzung der neuen Technologien Erfahrungen sammeln lassen, wie das gegebene Kräftespiel um territoriale Hoheit und Definitionshoheit an mehreren Stellen aufgebrochen werden kann.

Ich weiß von Autoren, die überzeugt sind, das einzig angemessene Geschäft eines Autors sei das Verfassen von Literatur. Um alles andere habe man sich nicht zu kümmern. Soll sein. Erinnern Sie sich, was ich vorhin über Maurer, Zimmerleute, Elektriker und Installateure geschrieben hab'.

Jenseits solcher Positionen mag es Schreibende sehr wohl interessieren, ob sie durch entsprechende Medienkompetenzen und niedrigschwellige Zugänge ihre Parteienstellung im Betrieb verstärken können. Das etablierte Verlagswesen zeigt im Mainstream Eigenheiten des Showgeschäfts. Nebenarme werden ausgedünnt, zugeschüttet. Man muss teilweise besorgniserregende Verträge akzeptieren, um überhaupt noch publizieren zu können.

Beispiel: "2.3 Der Auftragnehmer überträgt der Auftraggeberin die räumlich und inhaltlich unbeschränkten und ausschließlichen Nutzungs- und Verwertungsrechte an eventuell geplanten Publikationen und Websites im Rahmen des vertragsgegenständlichen Projekts für die Dauer des gesetzlichen Urheberrechts *(sic!)*. Die Auftraggeberin ist berechtigt, das vom Auftragnehmer als Herausgeber der Publikationen und Initiator der Websites zusammengestellte Werk in allen Auflagen und Ausgaben und in allen Sprachen zu verbreiten. Ferner überträgt der Auftragnehmer als Herausgeber bzw. Initiator der Publikationen bzw. Websites der Auftraggeberin sämtliche Nebenrechte, insbesondere. . ."6

Sie sehen: Eine Company kann zwar nur das *Nutzungsrecht* verhandeln, möchte aber das *Urheberrecht*, das eigentlich unveräußerlich ist. Eine sehr aufschlußreiche Unschärfe. Denn wir müssen nicht annehmen, dass ein Hausjurist der Company Urheberrecht und Nutzungsrecht ganz zufällig verwechselt hat.

Webpräsenz

Die Erfahrung zeigt: Man muss für ein Gedeihen im Regelbetrieb eine ziemlich dicke Haut haben. Ob nun spezielle Webpräsenz das Zeug hat, den hier beschriebenen Tendenzen wirkungsvoll gegenzusteuern, kann ich vorerst am Horizont nicht ausmachen. Es ist reizvoll, sich in solchen Nischen Medienerfahrungen zu holen, die von sehr viel mehr Autonomie handeln, als sie österreichische Kulturpolitik für ihre primären Akteure vorsieht. Man darf das Web augenblicklich nicht überbewerten. Aber es ist mit Sprüngen seiner Akzeptanz und Nutzung zu rechnen. Wie es etwa 1999 geschehen ist, wo spürbar wurde, welch breiter Schub von Zugängen jener Leute sich vollzog, die man schon im analogen Raum als Publikum abholen konnte.

Da läßt sich einiges quantifizieren. Das sollte Interesse bei jenen wecken, die publizieren möchten. So verzeichnet etwa das von mir betreute kulturelle Terrain im Web Tag für Tag im Durchschnitt 600 User Sessions.7

Das ist ein Publikumsaufkommen, mit dem man arbeiten kann. Das ist weit mehr Aufmerksamkeit, als viele renommierte Leute von ihren Agenturen vermittelt bekommen. Und es ist ein Stück qualifizierter Teilöffentlichkeit, die von der etablierten Politik des Landes nicht ignoriert werden *kann*...wie ich schon herausfinden durfte. Es ersetzt Präsenz in konventionellen Medien nicht. Es ergänzt sie.

Freilich ist solche Art von Webpräsenz mit erheblichen Kosten verbunden! Wenn man selbst keine ausreichenden Vorleistungen zur Betreuung einer Website erbringt. Die Praxis zeigt, dass manche Unbedarfte sehr viel Geld versenken, weil sie sich teure Webpräsenz aufschwatzen lassen, ohne über die laufenden Anforderungen im Bilde zu sein. Denn die gestalterische und technische Umsetzung allein, also bloß online zu sein, bewirkt nichts, macht den Aufwand nicht bezahlt. Es ist nützlich, eine Website prinzipiell als einen zusätzlichen Veranstaltungsort zu begreifen. Man braucht das Rad nicht neu zu erfinden, kann sich auf die Erfahrungen von Leuten mit Praxis stützen.

Meine bevorzugte Grundformel lautet: Content, Kontinuität und Community. Inhalte, Stoffe, reichlich verfügbar, als Grundlage, um Kontinuität in der Bespielung der Website zu gewährleisten. Konsequente Arbeit am Aufbau der Community. So läßt sich ein webgestütztes Terrain wirkungsvoll beleben.

Praxis: Medienfitness

In "bulletin board systems" wie unserer "mBox"[8] war das noch sehr mühsam. Nur wenige, sehr motivierte Leute überstiegen im Kulturbereich die hohen Zugangsschwellen. Als der Zugang zum "world wide web" allgemein erschwinglicher wurde, dauerte es noch viele Jahre, bis Kunstschaffende und potentielles Publikum sich wenigstens grundlegende Fertigkeiten und Access beschafft hatten.

Auf der v@n-site[9] fand ich Ende 1998 rund 70 bis 90 User-Sessions pro Woche schon sehr erfreulich. Voraussetzung für diese Präsenz war mit der Seitenbeschreibungssprache HTML (Hyper Text Markup Language) ausreichend vertraut zu sein, Bildbearbeitung wenigstens grundlegend zu beherrschen, um so eine Website selbst warten zu können. Die Kosten, um das an Professionals zu delegieren, hätte ich mir damals nicht leisten können. Auch heute ist das eine harte Schwelle. Hundert Euro für die Arbeitsstunde abzugeben übersteigt die Möglichkeiten der meisten Autoren.

Als ich 2000 mit Walter Grond begann, das Projekt [house][10] zu realisieren, wurde sehr bald deutlich, dass der Weg ins Web nur dann effizient gegangen werden kann, wenn man sich an einer neuen Vorstellung des "medienfitten Autors" orientiert. Für mich schien das lange Zeit selbstverständlich, es hat sich aber in all den Jahren nicht durchgesetzt. Grond im Jahr 2002: "Inzwischen tritt der Salon in ein neues Stadium. Seit einigen Monaten programmiere ich selbst die HTML-Seiten, auch mit der Absicht, an mir selbst den medienfitten Autor auszutesten."[11] Das ist der Einzelfall.

"[house] über das fremde und die peripherie" ist inzwischen ein autonomer Salon[12], über den Gronds Projektpartner Klaus Zeyringer schreibt: "Die Grundkonzeption von house-salon.net ist das künstlerisch, wissenschaftlich, politisch gespeiste Impuls-Netzwerk, das tendenziell alle Welten zu verbinden vermag, zugleich ernsthaft und spielerisch—in einer weiter geführten Strategie des Story-Telling zur Erkennung, Vermittlung und womöglich Meisterung von Problemen: eine Öffnung im Weiter-Schreiben, Weiter-Ab-Bilden, Weiter-Denken."[13]

Dass Autoren ihren Schwerpunkt bei Printmedien und herkömmlichen Auf-
trittsformen um so eine Dimension erweitern, ist in Österreich rar. Heute, Ende
2002, sehe ich, dass derlei Zugänge unter Schreibenden noch wenig populär sind.
Das Hauptinteresse scheint nach wie vor dem Printbereich zu gelten. Das Web
mindestens parallel dazu im Auge zu haben und dort kontinuierlich Erfahrungen
zu sammeln, ist in hier nicht vorrangig. Ganz zu schweigen von jenem grundlegenden Rüstzeug, das noch in diesem Jahrzehnt unverzichtbar zu einem "medienfitten
Autor" gehören könnte.

Fertigkeiten

Die letzten beiden Jahre lassen keinerlei Annahmen zu, dass die Pflege von "Content, Kontinuität und Community" sich bei Schreibenden als Standard durchsetzen würde. Was bedeutet, weiterhin von Agenturen abhängig zu bleiben, deren
Forderungen an Anteilen am möglichen Gewinn (bei gleichzeitig steigender Ab-
wälzung von unternehmerischen Risiken auf die Autoren) sicher steigen werden.
Aktuell verfügbare Vertragsvorlagen weisen darauf hin. Ich denke, dass man sich
über wachsende Kompetenzen in der medialen Umsetzungsarbeit wird "Standort-
vorteile" verschaffen können.

Obwohl ich selbst sehr am "HTML-Handwerk" hänge, bin ich mit meinem
Partner, dem IT-Fachmann Jürgen Kapeller, zu einer ganz anderen Orientierung
gekommen. Zur Datenbankstützung von Websites, bei denen die Akteure für ihre
laufende Arbeit gerade so viel technisches Know-how brauchen, wie das Erstellen
und Versenden von Email verlangt. Zur Entwicklung eines elektronischen Redak-
tionssystems, das man sich entweder komplett nutzbar machen kann oder über
einzelne Module verwendet.

Kapeller: "Wenn man sich einmal auf das grundsätzliche 'Look & Feel' einer
Publikationsreihe festgelegt hat, dann sollte Publizieren im Netz nicht mehr Fertigkeiten erfordern, als eine Schreibmaschine zu bedienen. Datenbanken lassen die
generierten Inhalte einfach in die Platzhalter von bestehenden Layouts einfließen
und so kann man sich auf seine Kreativkräfte konzentrieren, ohne dass das Ergebnis aussieht wie ein Toilettengekritzel. Und wenn einem das Layout mit der Zeit
nicht mehr so zusagt, wechselt man es einfach aus und alle Inhalte erscheinen ohne
viel Arbeit in einer neuen Aufmachung."[14]

Räume und Sphären

Das sind ja "Neue Räume," die wir nun einrichten, betreuen, beleben. Für mich
Mein kühles Extrazimmer. Etwa so skizzierbar: "Diese inzwischen verfeinerte

Prothetik zur Telepräsenz, ein wenig vom romantischen Plüsch befreit, ist heute zu einer wesentlich cooleren Ortlosigkeit geronnen. Oder auch zur Idee von neuer Örtlichkeit. Utopie im Sinn des Wortes. "'Kein Ort.' Das Nirgendwo als ein Raum, der plötzlich kognitiv betretbar wurde."[15] Was dazu vor allem nötig ist, hab' ich bei meinem Vortrag am Lafayette College schon umrissen: "In all den Jahren, die ich mich damit befasse, das begann 1985, ist *eine* Forderung nicht überholt, sondern sogar noch betont und verstärkt worden: *Simple Solutions!*"[16]

Diese lassen sich aus der Praxis entwickeln, aus jener Medienpraxis, die nicht im Trockendock geprobt werden kann. Wir sind heute von einer "Info-Sphäre" umgeben. Das Internet wird rund um die Uhr bespielt. Jede Website wäre daher angelegt, tagtägliche Updates zu erhalten. Das ist für Leute wie uns natürlich nicht zu schaffen. Aber wöchentliche Updates halte ich für eine unverzichtbare Mindestanforderung. Darauf stützen sich unsere Erfahrungen und Ergebnisse bei www.kultur.at. Das heißt: Kooperationen suchen. Clusterbildung. Jede Absage an "splendid isolation," die einem erträglich wird. Teams schaffen mehr von dem, was Webpräsenz verlangt.

Anwesenheit

Durch all die Jahre zeigt sich: Der Verzicht auf reale soziale Begegnung ist unattraktiv. Selbst wenn Bill Gates das propagiert hat. Der voll verdrahtete Stubenhocker wird wohl Science Fiction bleiben. Beziehungsweise ein Sonderfall á la "Otaku."[17] Die elektronisch und mechanisch aufgerüstete Comic-Figur "Inspektor Gadget" ist kein einladendes Role-Model. Ausschließliche Telepräsenz ist meist nicht verlockend. Das erlebe ich auf persönlicher Ebene. Das ist generell, in kulturellen und politischen Fragen von Bedeutung. Ich lote das zur Zeit als Teil einer "Netzkunzt-Combo" aus. Wobei wir die Schreibweise "Kunzt"[18] bewußt gewählt haben. In einer Stimmung der Selbstironie. Um etwas Distanz zu gegenwärtigen Kunstdiskursen zu halten. Herkömmliche Kunstpraxis ist in dieser Runde jeder und jedem belassen. Aber über die Frage nach "Anwesenheiten und Repräsentationen" tun wir etwas gemeinsam, was in Aktionen Einzelner nicht so ergiebig wäre: "Wir loten aus, welche Wechselwirkungen sich hier zwischen analogem und virtuellem Raum zeigen, auch herbeiführen lassen. Wir sind nicht nur Kunstschaffende. Wir sind politisch anwesende Bürgerinnen und Bürger."[19]

So haben wir ein gemeinsames "Labor," haben "Spielraum," einen weiten Aktionsrahmen und strukturelle Fundamente, die ganz unabhängig von staatlicher Förderung und Wohlwollen des Feuilletons bestehen, wachsen. Diese Ebene, in weitreichender Autonomie daran zu arbeiten, was mit dem Begriff "Netzkultur" gemeint sein könnte, ist für österreichische Verhältnisse eher ungewöhnlich. Ich nenne das "mixed business." Wobei sich Kunstschaffende nicht mehr in die altgewohnte

Bipolarität spannen lassen: *entweder* voll marktfähig *oder* voll subventioniert. Da gibt es ja noch andere Optionen. Wir sehen, dass Politik und Verwaltung damit so ihre Probleme haben. Künstler übrigens auch. Was es für den Kunstbetrieb und speziell für das Feld Literatur bedeutet, werden wir herausfinden.

Ohne gegen klassische Textformen in Büchern gerichtet zu sein, bezieht sich das, was wir zu erzählen haben, aus einem Wechselspiel von Texten und Bildern, auch Tönen, ausgehend von theatralischen Formen, die jedoch nicht im Theater inszeniert sind, sondern im öffentlichen Raum. Diese Arten einer kollaborativen Erzählform, die sich multimedial entfaltet, webgestützt, wird sich vermutlich auf unsere literarischen Verfahrensweisen auswirken. Ich hielte es für völlig verfrüht, dabei nun eine "neue Literaturform" auszurufen. Dafür ist noch Gelegenheit, wenn wir auf diese Ära *zurückblicken* können. Im Augenblick hat diese Summe an neuen Möglichkeiten enorme Anziehungskraft. Da mag das Reflexionsgeschäft seinen Platz haben, doch die Aktionsebene ist sehr einladend. Um es mit Jimi Hendrix in "Purple Haze" zu sagen: "'Xcuse me, while I kiss the sky!"

Gleisdorf

Endnoten

1. Franz West, http://www.franzwest.at/gemeier/gemauer.htm
2. Paul Anton Keller, *Literatur in der Steiermark*, Arbeiten aus der steiermärkischen Landesbibliothek, Bd. 15, Walter Zitzenbacher, Hg. (Graz: Steiermärkische Landesregierung, 1976).
3. Waltraud Klasnic, *Ziel der steirischen Kulturpolitik.* http://www.kultur.at/kunst/suite/conf6/urp/klas01.htm (2000).
4. *Zukunft Kultur Politik. Das kulturpolitische Arbeitsprogramm von Landeshauptmann Waltraud Klasnic und der steirischen Volkspartei* und *ÖVP—ein Urheberrechtsproblem* http://www.kultur.at/kunst/suite/conf6/urp/ (2001).
5. Werner Krause, "Unfrei sei das Wort," *Kleine Zeitung* (Graz, 19. Juni 2001).
6. Rechteeinräumung zu LNAT 03 http://www.kultur.at/van02/stmk/set01/graz2003.htm
7. User Sessions von <http://www.kultur.at/logs/>. Verläufe der User Sessions von http://www.kultur.at/archiv2/logs/
8. Martin Krusche, *mBox* http://www.kultur.at/van01/mbox/
9. Martin Krusche, v@n-site http://www.unplugged.at/van/default.htm
10. Martin Krusche, *[house] über das fremde und die peripherie (ein salon)* Stufe #1 http://www.kultur.at/house.htm (2000).
11. Walter Grond, *Erzählen, Überschreiten, Verknüpfen, Versöhnen* http://house-salon.net/verlag/reportagen/schreibnetz/set/1.htm (2002).
12. *[house] über das fremde und die peripherie (ein salon)* Stufe #3 http://house-salon.net/
13. Klaus Zeyringer, *Ein Wurf kann in allen Gewässern Wellen schlagen* http://house-salon.net/frame/concept/feat.htm (2002).
14. Mündliche Mitteilung von Jürgen Kapeller, http://www.tub.at

15. Martin Krusche, *Das kühle Extrazimmer* http://www.kultur.at/kunst/raum/text01/raum006. htm (2001).

16. Martin Krusche, *Mein kühles Extrazimmer* http://www.kultur.at/kunst/raum/text01/ raum001.htm (2001).

17. Otaku ist ein japanischer Begriff für auf Fetische fixierte Jugendliche, die sich von ihrer Umgebung weitgehend abschotten. Auch für "Cyberpunks," deren Lebensalltag hauptsächlich auf Computer und Telefonnetzwerke bezogen ist.

18. *Netzkunzt,* http://www.kultur.at/kunst/netz/ (2002).

19. Martin Krusche, *Bürger, Wehr und Rausch* http://www.kultur.at/kunst/raum/text01/ raum012.htm

KLAUS ZEYRINGER

Österreichische Literatur
1986–2001

Nach 1945 wollten die Instanzen der Zweiten Republik österreichische Kultur im Dienste der Ausbildung eines nationalen Selbstbewußtseins und auch des Tourismus sehen. Die gesäuberten Kulissen der früheren Austrofaschisten und Nazis schob man als Fassaden der Verdrängung für ein neues Kollektiv vor. Das nationale Selbstverständnis, das in den siebziger Jahren für einen sehr großen Teil der österreichischen Bevölkerung nunmehr positiv besetzt war, sah sich in dieser Zeit zunehmend von den Schriftstellern gekontert. Die Gegenpositionen fanden sich in Metaphern konzentriert. Während in offiziellen und medialen Darstellungen das Land als "Insel der Seligen" firmierte, griff die literarische Imagologie zu Negativen. In den achtziger Jahren konnte der Liedtitel gelten, den Felix Mitterer 1987 seinem Stück über diejenigen gab, die in der Nazizeit "ihre Pflicht erfüllt" hatten und danach selbst die Opfer sein wollten: Kein schöner Land. Die poetischen Bilder ließen erkennen, dass eine vorgeblich gesicherte Identität auf dem schwankenden Grund allgemeiner Doppelbödigkeit stehen mochte.

Bundeskanzler Bruno Kreisky hatte 1970 eine neue Kulturpolitik in Aussicht gestellt und die Intellektuellen angesprochen, die "Jugend, die sich mit ganzer Respektlosigkeit gegen das Bestehende, das Etablierte wendet:" Man möge "ein Stück Weges" gemeinsam gehen. Aus diesen damaligen "Respektlosen" wurden die Etablierten von heute, die ihre ursprüngliche Position des "Widerstandes" bisweilen nur mehr als Pose inszenieren. Ab Ende der siebziger Jahre mehrten sich die kritischen Stimmen. Sie verwiesen auf die falschen Fassaden, nämlich auf einen von politischen Eliten beherrschten sozialkonservativen Grundkonsens, und auf eine "Republik der Skandale." Vor allem eine dieser Affären—die Auseinandersetzung um einen Kraftwerksbau in der Donau-Au bei Hainburg—stärkte die Ökologie-Bewegung: Seit 1986 sind die Grünen im Nationalrat vertreten.

1986 ist eine Zäsur, ein "Wendejahr," das eine Neuformierung der politischen Landschaft einleitete: Kurt Waldheim wurde im Juni in einer "Wir-sind-wir"-Stimmung zum Bundespräsidenten gewählt, nachdem es im massiv polarisierten Wahlkampf in erster Linie um Waldheims Verdrängungs-Erklärung gegangen war, er habe als deutscher Soldat nur seine Pflicht getan. Es folgte das Ende der SPÖ-FPÖ-Koalition, die neuerliche große Koalition unter dem Sozialdemokraten Franz Vranitzky; schließlich auch das Ausscheiden des weltoffenen Wiener Kardinals König aus dem Amt, die Ernennung sehr konservativer Bischöfe. 1986 begann auch der Aufstieg einer sich nicht mehr liberal gebenden FPÖ unter Jörg Haider, dessen extrem rechtspopulistische Politik mit ausländerfeindlichen und antisemitischen Ressentiments arbeitet, eine "bodenständige Kultur" fordert und eine kritische "moderne" Kunst abkanzelt.

Darauf und auf die politisch-gesellschaftlichen Entwicklungen seit 1986—etwa die restriktive "Ausländerpolitik," die Debatten über die "Osterweiterung" der EU nach Österreichs Beitritt zur Europäischen Union 1995, die Position von Kunst und Kultur in Zeiten des Neoliberalismus—reagierten österreichische Schriftsteller sehr intensiv, sowohl bei öffentlichen Auftritten, als auch in ihren literarischen Werken. Die Österreich-Essayistik erlebt mit Peter Turrini, Michael Scharang, Josef Haslinger, Robert Menasse, Karl-Markus Gauß, Antonio Fian, Franz Schuh bis heute geradezu eine Hochkonjunktur.

Derart schienen hinter den Plakaten einer Festspiel- und Operetten-Kultur gebrochene Facetten einer weniger schönen Gesellschaft hervor. Unter dem Titel *auf der insel der seligen* zerstörte Gerhard Jaschke 1986, eben auf Operetten-Titel anspielend, die Klischees:

zwischen pestsäule und riesenrad
wirbt es sich fürs wiener blut
nicht jeder herzinfarkt
ist gleich eine operette aus wien
das land des lächelns ist versunken
der bettelstudent trägt zeitungen aus[1]

Die Phrasen einer "österreichischen Kultur von alters her" können so einfach nicht mehr gelten. "Österreich, mit seiner Vorstellung, die wir davon haben, muss der Wahrheit zum Opfer fallen," hatte Thomas Bernhard 1966 geschrieben.[2]

Ebenfalls 1986 veröffentlichten die zwei bekanntesten österreichischen Schriftsteller der letzten Jahrzehnte einen im jeweiligen Werk gewiss hervorstechenden Roman. Schreibend wiederholt der Ich-Erzähler in Peter Handkes *Die Wiederholung* eine Reise, die ihn 25 Jahre zuvor nach Slowenien geführt hatte, als er den verschollenen Bruder suchte. Während andere von der Destruktion der Natur durch den Menschen, und umgekehrt, berichten, erzählt Handke von der paradiesischen Geborgenheit des Mustergartens, den der Verschwundene angelegt hatte. Der Sucher schaut ihn nur mehr im Traum, da dies Bild der Harmonie von Mensch und Natur seit der Abwesenheit des Schöpfers verwahrlost. In der Wiederholung liegt das Heil; das Ich und die Welt können in einem neuen Verständnis von Schrift und Sprache auch neu erstehen. So mündet der Roman in eine Beschwörung der Erzählung als Hoffnung der Menschheit: "Erzählung, nichts Weltlicheres als du, nichts Gerechteres, mein Allerheiligstes."[3] Eine elegische Rekonstruktion der Welt erscheint bei Handke im poetischen Blick möglich. Die Epiphanie der Ursprünglichkeit feiert Handke auch 1994 in dem dicken Roman *Mein Jahr in der Niemandsbucht*, wo von der "Märchenhaftigkeit als der höchsten der Wirklichkeiten" die Rede ist.[4] Märchen bedeute, so Handke: "Es geht mit rechten Dingen zu. Und Märchen heißt: Am tiefsten vorgedrungen in die Welt sein."[5] Mit "rechten Dingen" geht es allerdings in dieser *Niemandsbucht* nicht immer zu. Gegen Schluss des Romanes nämlich muss ein "Binnenblitzkrieg" in Deutschland als notwendiges Durchgangsstadium zur "neuen Welt" herhalten. Handkes Serbienbuch von 1996 *Eine winterliche Reise zu den Flüssen Donau, Save, Morawa und Drina* verstärkt den Verdacht, dass mit den Epiphanien eine Rückkehr zu einer Ursprünglicheits-Fassade verbunden ist. Dem Seher bedeutet die Armut (der anderen) ein Märchen aus seligen Zeiten.

Bei Thomas Bernhard zerfällt die Welt—um in großer literarischer Komposition in ihren Wider-Sprüchen anders zu erstehen. Der Roman *Auslöschung. Ein Zerfall* beruht auf einer Poesie der Kollision aus der Persperktive des Franz-Josef Murau und dessen "Herkunfts-Komplexes." Er hat das heimatliche Schloss Wolfsegg verlassen, um fernab der verhassten Familien-Umgebung in Rom zu leben. Hier erhält er die Nachricht vom tödlichen Unfall seiner Eltern und seines Bruders, nimmt in Wolfsegg am Begräbnis teil und verschenkt schließlich den Besitz an die Israelitische Kultusgemeinde. Dies ist die äußere Handlung eines langen inneren Monologes, der im ersten und im letzten Satz von der Er-Erzähler-Klammer als der Bericht "Auslöschung" bezeichnet ist, den Murau nach seiner Rückkehr aus Wolfsegg geschrieben hat, bevor er in Rom stirbt. Die Intention des Murau-Textes ist es, "alles auszulöschen, was ich unter Wolfsegg verstehe."[6] Gerade dadurch aber werden Wolfsegg und die römische Gegen-Welt nachvollziehbar, erstehen in komplexer Spiegelung Bilder einer Totalität, die auch Gegen-Sätze eingebaut hat. Ein bipolares Gedankensystem spielt den Kontrast germanisch-romanisch und die Trennung Kopf-Körper in den Vordergrund; es stößt immer wieder mit anderen, ebenso absolut vorgebrachten, zusammen. In der Mitte von Thomas Bernhards Roman findet sich die Dekonstruktion konzentriert: "Denken heißt scheitern, dachte ich."[7] Die Welten-Bilder in diesem Bezugssystem können Vorstellungen umspringen lassen. "Meine Übertreibungskunst," lautet eine vielzitierte Stelle, "habe ich so weit geschult, dass ich mich ohne weiteres den größten Übertreibungskünstler, der mir bekannt ist, nennen kann."[8] Im Lichte dieser langen Passage erscheint der ganze Text relativiert, im Lachen gebrochen, um später wieder ins Tragische zurückgeführt zu werden. Hier ist eine Perspektive der Weltkomödie als Welttragödie als Weltkomödie fixiert.

Im selben Jahr 1986 erschien auch, von den deutschen Großkritikern und Literarhistorikern bislang unbemerkt, ein Band von Heimrad Bäcker, gewiss ein "Hauptwerk der konkreten Poesie:" *nachschrift*—1997 folgte *nachschrift 2*. Das "System Nachschrift" stellt Heimrad Bäcker der Anschauung entgegen, dass beim Schreiben über den Holocaust dem Übermaß an Leid kein Wort gerecht werde, dass Auschwitz nicht formulierbar sei, weil dies Fakten, die sich humanen Modi entziehen, wieder humanisiere. Die adäquate Sprache ist für Heimrad Bäcker genau jene des Schreckens: Es sind dies Listen, Eintragungen, Verbote, Daten, Protokolle, Briefe, Todeszahlen, Befehle, Aussagen vor Gericht. Alle diese in *nachschrift* angeordneten Fragmente, aus denen das System des Ganzen schaut, sind im Anhang sorgfältig nachgewiesen. In dem formalen Prinzip, in dem auch die Fläche der Buchseite zum konstitutiven Element des Textes wird, erreicht das Dokument eine neue Wirksamkeit. Auf einer Seite steht einzig, ganz oben: "ich bin am zweiten juni zwölf jahre alt geworden und lebe vorläufig noch"[9]—unter den Wörtern "vorläufig noch" ist das Blatt weiß. Auf der Gegenseite steht wieder nur ein Satz (aus einem Fernschreiben der Gestapo Brünn, Oktober 1939), als Endpunkt des "vorläufig noch", mit zwei Fernschreib-Kreuzen am Anfang und am Schluss: "++wann kommt hauptsturmführer eichmann mal wieder hieher++" So ersteht das totale Vernichtungswerk in erschütternder Deutlichkeit. Die Isolierung der Sätze und Zeichen entzieht der systematischen Unmenschlichkeit ihre administrative Tarnung. Die "logistische Herausforderung," als die der Holocaust den Mördern erscheint, wird bloßgestellt; ein einziger Satz aus einer Verordnung kann den Ausdruck "Schreibtischtäter" konkretisieren: "wenn der blockschreiber irrtümlicherweise eine nummer mit dem vermerk *verstorben* versieht, kann solch ein fehler später einfach durch die exekution des nummernträgers korrigiert werden."[10] In den Schriftzeichen des Systemes Auschwitz sind dessen Ideologie und Mechanik eingelagert; Heimrad Bäcker hat sie zur Kenntlichkeit aufgebrochen. Die Fakten erweisen sich, gerade in diesem literarischen "System Nachschrift," als enthumanisierte Modi der Bestialität.

Eine landschaftliche und gesellschaftliche Topographie, die das Verdrängen der faschistischen Vergangenheit und ein verdecktes Fortführen totalitärer Strukturen anzeigt, grundierte in den sechziger, siebziger Jahren beispielsweise die Werke von Ingeborg Bachmann, Hans Lebert, Gerhard Fritsch, Helmut Qualtinger. Mit Franz Innerhofer, Josef Winkler u.a. war in den siebziger Jahren ein literarisches "Ich"-Sagen gegen die Väter und die patriarchalische Gesellschaft lauter geworden. In den achtziger Jahren verstärkte es sich zu einer breiten Besichtigung Österreichs. Als der Waldheim des Vergessens zum Staatsoberhaupt gewählt wurde und eine intensive Debatte über die republiktragende "Opfer-Theorie" begann, traten die totalitären Vergangenheiten auch vehementer in den literarischen Vordergrund.

Dabei wurden die Schleusen der Erinnerung auffallend oft von Frauen geöffnet, von Autorinnen und weiblichen Figuren in den Texten. In Elisabeth Reicharts Roman *Februarschatten* von 1984 versuchen die Wörter der Tochter die Sprache des Verdrängens aufzubrechen. In stockendem Duktus ersteht die "Mühlviertler Hasenjagd"—im Februar 1944 waren fast 500 Häftlinge aus dem KZ Mauthausen geflohen, fast alle wurden unter aktiver Mithilfe der Mühlviertler Bevölkerung ermordet. Und in *Komm über den See* konfrontiert Reichart 1988 die Vergangenheit des Widerstandes von Frauen mit der unbewältigten Gegenwart. Leitmotivisch heißt es: "Vor jeder Erinnerung das Wissen: Alle Sätze in dieses Gestern können nur Brücken zu Inseln sein."[11]

Diese Literatur ging auch auf die Rolle der Mütter als Vermittlerinnen der Normen ein, auf deren Macht die Töchter bei ihrer Identitätssuche treffen. Elfriede Jelinek zeigt 1983 in dem Roman *Die Klavierspielerin* die Mutter als allgegenwärtige Instanz, als "Inquisitor und Erschießungskommando in einer Person." Sie weiß die Phrasen auf ihrer Seite, zu ihrer fast vierzigjährigen Tochter sagt sie: "Du glaubst wohl, ich erfahre nicht, wo du gewesen bist, Erika. Ein Kind steht seiner Mutter unaufgefordert Antwort."[12] Nach dem Eigennamen setzt direkt die Neutralisierung an: "Erika. Ein Kind." Die sexuelle Aggression ist bei Jelinek auch jene der männlichen Sprache. Wie in *Lust* (1989) liefert sie in dem 1995 publizierten Roman *Die Kinder der Toten* ein Vokabular der Zerstörung. Hier ist das Terrain des Romanes, der Sprache und des Körpers weiter ausgedehnt, indem eine Grenze, jene des Todes, aufgehoben wird. In der steirischen Pension "Alpenrose" kommen Lebende und Untote zusammen; in diversen Tiefenschichten erscheint das tiefe Österreich als Spuk, in dem Vergewaltigung, Mord und Kannibalismus herrschen, als unheimliches Zwischenreich. Die Erinnerung an die Toten der Nazi-Verbrechen ist dabei ein Leitmotiv, das auch am Ende steht. Das literarische Programm gründet auf einer "Liaison dangereuse" der Sprachebenen, einem Gleiten zwischen den Etagen der Sprache und des Bewusstseins. Auf der gleichen Technik beruht auch Jelineks fulminanter—wohl ihr bester—Prosaband *Oh Wildnis, oh Schutz vor ihr* (1985), der die Heimat-Kulisse und die Fassaden des Verdrängens wendet.

Ein weiblicher Widerstands-Roman gegen die österreichischen Realitäten des Vergessens war, zu Unrecht weniger beachtet, schon 1980 erschienen: *Der weibliche Name des Widerstands* von Marie-Thérèse Kerschbaumer webt ein vielmaschiges Reflexions-Netz. In den sieben Berichten über Frauen, die von den Nazis ermordet wurden, hält Kerschbaumer Distanz zu den zahlreichen Texten einer "Aufarbeitungs-Literatur," indem sie das historische Thema in den Prozess des Erzählens stellt, in den auch die Lebenssituation der schreibenden Frau eingeht. So liegt diese Prosa ständig auf mindestens zwei Ebenen, Vergangenheit und Gegenwart, auf; und so ersteht eine umfassende Geschichte der Opfer, der Unterdrückten.

Thomas Bernhard hat mit dem Ordnungs-Bild des Habsburgischen Mythos gebrochen—andere Mythen wurden seit Anfang der achtziger Jahre weitergeschrieben, häufig bei der Metamorphose ansetzend. Diese Nachschriften tragen freilich unterschiedliche Handschriften: Für Michael Köhlmeiers *Telemach* (1995) ist die Odyssee das Trivialprogramm einer utilitaristischen Ästhetik; in Inge Merkels *Eine ganz gewöhnliche Ehe* (1987) ist sie eine andauernde Beziehungs-Geschichte; in dem großangelegten Projekt *Grond Absolut Homer* (1995) ersteht sie als Travestie und als Konzeptkunst-Experiment neu. In Christoph Ransmayrs *Die letzte Welt* (1988) ist Ovid postmodern gebrochen. Hier tritt der Römer Cotta auf der Suche nach Ovid und seinem Metamorphosen-Manuskript eine Reise ans Ende der Welt sowie in den Raum des Textes selbst an. Auch hier sucht wie in Handkes *Wiederholung* ein Nach-Reisender einen Verschollenen und entdeckt dessen Schriftzeichen im Stein (bei Handke muss es die Wand einer Kapelle sein). Ransmayr aber verbindet antiken und modernen Mythos, Ovids und Hollywoods Metamorphosen: Der zentrale Ovid-Satz "Keinem bleibt seine Gestalt" findet sich gegen den postmodernen Spiegel gehalten, der bei einer Rede im römischen Stadion durchaus ein Bündel Mikrophone zulässt. Nachdem Cotta in der Schwarzmeerstadt Tomi an Land gegangen ist, dringen zunehmend Ovids Figuren in wechselnder Gestalt in den Text, zerfällt und verfinstert sich die Welt immer mehr. Auch im Mythos, dem ebenfalls nicht seine Gestalt bleibt, ist ein Zusammenhalt nicht mehr ohne weiteres gewährleistet. Er ist zu erschreiben.

Und er ist zu dekonstruieren. Den Ovid-Ransmayr-Satz "Keinem bleibt seine Gestalt" verwendet Werner Kofler als "Literaturbauteil," ironisch gebrochen, in seiner Hohen Schule der Anspielung des Bandes *Hotel Mordschein* (1989). Der Ich-Erzähler beobachtet sich selbst von einem Hotelzimmer aus im gegenüberliegenden Literaturhaus und vermerkt seine eigene Verwandlung: "Meinem geübten Auge konnte mit Fortdauer der Beobachtung nicht entgehen, dass ich drüben ein anderer geworden war."[13] Aber auch Rimbauds Satz, der eine Grundlage von europäischer Moderne und Avantgarde geliefert hat, wird umgedreht: "Ich ein anderer, dachte ich, das wäre noch hinzunehmen, das war mein Beruf; doch wenn der andere nun ich wäre, sich aller meiner Vorzüge bediente, das wäre schrecklich."[14] Der gespaltenen Identität entspricht die gebrochene Narration: Auch der Text "ist ein anderer," ist teils Zitat, literarisches Legosteinchen, ein Geflecht von Verweisen. Die Prosa von Werner Kofler ist ein wütender Reigen der Möglichkeit, Wirklichkeiten auszuspielen. Im Band *Herbst, Freiheit* (1994) ruft ein Ich-Erzähler plötzlich im Thomas-Bernhard-Duktus aus: "die Wirklichkeit: erfunden, erstunken und erlogen, mehr noch: *erstunken und erlogen durch und durch!*"[15] Der Text ist ein verwirrendes Stimmenspiel zwischen der Negationsklammer des ersten und des letzten Wortes ("Ich." "Nein."). Die "Wahrheit," der Österreich—wie Bernhard 1966 meinte—zum Opfer fallen sollte, lässt sich kaum fixieren. Derart geht Kofler dem Anspruch, dass Kunst die Realität kontern müsse, konsequent nach. Den Stumpfsinn—etwa aus dem Boulevardblatt *Kronenzeitung*—und die skandalösen Zustände seiner näheren und weiteren Umgebung setzt er einem verbalen Amoklauf aus.

In der Anspielungs-Poesie von Werner Kofler sei das öffentliche Leben Österreichs und sein politisches Modell für zukünftiges Gelächter aufbewahrt,[16] meint Franz Haas, der andererseits österreichischer Gegenwartsdichtung ihren Solipsismus vorwirft.[17] Einen Ausweg aus dieser "Geschlossenheit," in der die Abhängigkeits-Verhältnisse zwischen den Kritikern und den Kritisierten enger sind, als sie oft dargestellt werden, bilden Reisen in andere Welten. Der Roman *Finis terrae* von Raoul Schrott und das große Projekt *Grond Absolut Homer*, beide 1995 erschienen, gehören gewiss zu den interessantesten Werken der letzten zwei Jahrzehnte: In beiden Fällen liegt Österreich abseits der Routen.

Schrotts Reisen an Welten-Enden, *Finis terrae*, fügen diverse Erzähl- und Zeitebenen zu einem kunstvollen literarischen System zwischen Fremdem und Eigenem, zwischen dem Anfang und dem Ende einer Welt, einer Kultur, des Lebens. Der Autor präsentiert sich in romantischer Manier als Herausgeber von vier Heften aus dem Nachlass des Archäologen Ludwig Höhnel. Das erste ist eine Übersetzung des Logbuches des Pytheas von Massalia, "eines griechischen Navigators und Astronomen, der im vierten Jahrhundert vor unserer Zeitrechnung als erster den Norden Europas entdeckt hat."[18] Seine Schriften hätten bis ins Mittelalter einen außergewöhnlichen Einfluss gehabt, einige Teile seien über Umwege bis in utopische Reiseromane und in Bürgers *Münchhausen* gelangt. Damit stellt Schrott eine Ahnenreihe auf, vor deren Hintergrund sein Roman im Zwischenreich von Lüge und Wahrheit situiert ist. Geschickt schafft er ein narratives und ein kosmisches System, in dem die Weltrahmen von verschiedenen Blickpunkten aus abgesteckt sind.

Ein ganzes Produktions- und Reflexionssystem umfasst *Grond Absolut Homer*. Ausgehend von den Debatten über den aktuellen Literaturbetrieb und vom "Porträt des Künstlers als der in die Jahre gekommene Rebell" entwickelte Walter Grond die Vorstellung einer neuen Odyssee als eine Art poetischer Staffellauf.

Angelehnt an Konzepte von Andy Warhol und Joseph Beuys entstand ein Projekt aus zwei Teilen: einem Veranstaltungs-Betrieb in Graz und einem Reise-Betrieb, der einen kollektiven Roman schuf, eine von 21 Autorinnen und Autoren geschriebene Odyssee-Travestie. Sie setzt bei der modernen Odyssee von James Joyce und in Triest an, führt in doppelten Erzähl-Bewegungen durch Europa und durch die Welt: Kirke wohnt bei den Lofoten, die Sirenen sitzen in Brasilien etc., während der Telemach-Erzähler im Text-Teil von Walter Grond selbst Europa als Museum des Grauens des 20. Jahrhunderts entdeckt. Damit liefert er zugleich einen Beweggrund für alle anderen Reisen, auf denen wiederum die Scherben Europas in der ganzen Welt gefunden werden.

"Alles ist anders," das ist ein zentraler Satz der österreichischen Literatur der neunziger Jahre, ebenso wie "Aber das stimmte nicht." Der "Widerstand" der Texte hängt an einer gesellschaftlich-politischen Krise des Selbst und des Realitätsbezuges. Im Vordergrund stehen Konzeptionen, die eine Subversivität der Kunst nicht missen möchten, steht—besonders seit der Bildung der aktuellen ÖVP-FPÖ-Regierung—eine geistesgeschichtliche Tradition, die in der Ästhetik einen Ersatz für Moral liefert und die dichterische Sprache als die Sprache der besseren Menschen annimmt.

Mitte der neunziger Jahre schienen literarische Welten ohne "Risse" kaum mehr auf. Auch die theatralischen Ausfälle arbeiteten mit grellen Bruchstücken. Als symbolische Ordnungsstätte einer österreichischen Dramen-Produktion und auch der Rezeption der achtziger Jahre können das *Burgtheater* und der *Heldenplatz* stehen. Die beiden so betitelten Stücke von Jelinek (1985) und Bernhard (1988) haben wegen ihrer einlässlichen Besichtigung einer verdrängten Vergangenheit die Irritation einer breiteren Öffentlichkeit hervorgerufen. Danach war das gängige Konflikt-Potential, das die Bühne anspielen könnte, deutlich geringer bzw. vorhersehbarer geworden, sodass ein "Schocktheater" etwa von Peter Turrini immer stärker auftragen musste.

Ernst Jandl hatte 1979 mit der Sprechoper *Aus der Fremde*, die durchgehend im Konjunktiv steht, Wort-Bilder des Indirekten aus der größten vorstellbaren Distanz geliefert. Die andere Radikalposition nehmen seit Anfang der neunziger Jahre die Dramolette von Antonio Fian und Werner Kofler ein. Sie sind weniger für eine Aufführung als für die Lektüre konzipiert und kommen als Direkt-Übertragung aus der anscheinend größten Alltags- und Öffentlichkeits-Nähe. Sie fixieren Szenen aus der Medien-Wirklichkeit und verfremden Realitäts-Partikel, indem sie sie konfrontieren: Derart beleuchten sie blitzartig die Blößen und Winzigkeiten der Gernegroßen.

Bei Werner Schwab erscheint in radikaler Dramaturgie eine grauenhafte, gebrochene Welt in einem Gerede des Uneigentlichen auf der Bühne. Der Inhalt ist ausgedünnt, die Sprache wird ausgetrieben, von Diskursformen überlagert. Die Beziehungs-Reden stehen auf einem pornographischen Fundament—und dieses tritt bei Marlene Streeruwitz als Teil einer Choreographie des Welt-Zerfalls auf, in *New York. New York.* (1993) wie in Jelineks *Raststätte oder Sie machens alle* (1994) in einem WC konzentriert. Das Stück *New York. New York.* spielt in einer Tourismus- und Unterwelt-Kulisse, nämlich in einem ehemaligen k.u.k.-Pissoir. Der Vorraum dieser Wiener Herren-Toilette ist ein Vorraum zur Vorhölle, in dem das Abwasser der modernen *Letzten Tage der Menschheit* als Nummernrevue abgeschlagen wird. Die Geschichten aus dem Wienerwald, auf die die zentrale Figur der Klofrau namens Horvath verweist, zeigen einen Zusammenprall verschiedener Welten. Situationen werden "gestellt," Bühnen-Realitäten stimmen nicht mehr zusammen und sind mit Ausschnitten aus Film-Tonspuren unterlegt. Der Sprachzertrümmerung entsprechen allerlei Zerfalls-Erscheinungen und Bilder des täglichen Schreckens. Die Klofrau bezeichnet Marlene Streeruwitz als einzige Figur, "die eine eindeutige Identität durchhält;"[19] ansonsten bietet *New York. New York.* eine schillernde Palette von wandelhaften Typen: einen Zuhälter, dessen Namen an einen ehemaligen Innenminister erinnert, einen Universitätsprofessor als manischen Klomuschelzertrümmerer, einen Fremdenführer Sellner mit einer Gruppe Japaner in Trachten-Verkleidung. Sellner erklärt, dass der Kaiser selbst 1910 die Toilette eröffnet habe: "It is told that he pissed in here and said: 'It was very beautiful. I was very pleased.'"[20]—und ein japanischer Chor wiederholt diese Phrase des Kaisers Franz Joseph auf Englisch.

Alles ist falsch, alles ist Pose. Marlene Streeruwitz liefert eine vehemente Absage an österreichische Traditions-Inszenierungen: Der Doppeladler ist ins Pissoir gerutscht. Die Orte symbolhafter Verdichtung sind nicht mehr Heldenplatz und Burgtheater, sondern englisch-amerikanische Namen für eine Gesellschaft des virtuellen Switchens.

Mit etwas Distanz zu den Hochämtern des vorherrschenden Kanon-Konsensus lässt sich seit den achtziger Jahren immer deutlicher erkennen, dass die sogenannte Avantgarde in erster Linie ein Betriebsphänomen ist. "Progressive" Dichtung war seit den sechziger Jahren zur Kritik gegen "das Reaktionäre" gestempelt worden. Mit der erfolgreichen Etablierung freilich steckte nicht selten hinter einem "Diskurs der Kritik" vor allem eine Strategie der Erhaltung symbolischer Macht. So ist etwa die in den siebziger Jahren vollzogene Anerkennung der herausragenden Autoren im Umkreis des Grazer Forum Stadtpark, mit Peter Handke als Aushängeschild und Alfred Kolleritsch als Statthalter, nicht zuletzt auf eine Gruppen-Dynamik zurückzuführen. Diese propagierte die eigene Geschichte als Heilserzählung ihrer Progressivität und ihres "Widerstandes."

Je enger das Kunst-Feld, umso geschlossener kann es einen literarischen Kanon suggerieren. Die derart wirksame Kunstvorstellung ist eine der Selbstverständlichkeit, die sich andauernd aus der eigenen Etablierung heraus selbst einsetzt. Diese tautologische Ästhetik—"wir sind Künstler, also ist Kunst das, was wir Künstler schaffen, also sind wir Künstler"—fungiert in einem Diskurs der Lobpreisung, von dem Pierre Bourdieu gemeint hat, dass er der Analyse äußerst abträglich sei. Kunst ist der Fetisch, der die Gläubigen von den Ungläubigen trennt; der Schöpfer-Prophet und seine Kommentatoren-Jünger handhaben die "doxa." Sie verkündet, wie ich hier nur schematisch Bourdieus Analysen vergröbern kann, eine Lehre, die der gesellschaftlichen Welt eine viel stärkere Welt der künstlerischen Sprache entgegenstellt. Dabei ist das Singuläre in Österreich, dass auch die artistische Pose (etwa von Peter Rosei, Helmut Eisendle, Alfred Kolleritsch) sich als politische Haltung geben kann, wurde doch die anerkannte Literatur als eine "Poetik des Widerstandes" ausgerufen.

Ein in diesem Kanon-Konsens bezeichnendes Phänomen scheint mir Marianne Fritz zu sein. Sie schreibt an einer umfassenden Liquidation der großen österreichischen Legitimations-Erzählung und arbeitet seit *Dessen Sprache du nicht verstehst* (1985) an ihrem "Festungsprojekt," von dem sie schon zehntausende Seiten publiziert hat, 1996 *Naturgemäß I* und 1998 *Naturgemäß II*. Dieses Experiment gegen traditionelle Erzählmuster dreht sich um die Festung Przemysl und eine Zersplitterung von Welten zu Beginn des Ersten Weltkrieges. Die positive Fritz-Rezeption nun zieht immer "Unbeirrbarkeit" und "Besessenheit" als Wertmaßstäbe für Texte heran, die kaum jemand gelesen hat. Sie bedient damit den Mythos des großen Werkes, ja sakralisiert Fritz selbst zum Schreib-Maschine-Mythos: Ein "Marianne-Fritz-Studienkreis" legt nun in Wien ein "Angebot zur Texteroberung" vor—eine Kunst der Hohen Priester braucht Ministranten. Uwe Schütte freilich gab 1999 zu bedenken:

> Warum sieht keiner der apologetischen Fritz-Philologen einen Widerspruch zwischen der stets gepriesenen aufklärerischen Absicht—nämlich eine "Gegengeschichtsschreibung" aus der Perspektive der Benachteiligten und Unterdrückten zu betreiben—mit dem totalitären Endergebnis, das nur einem elitären Kreis von Lesern finanziell und nicht zuletzt auch intellektuell zugänglich ist?[21]

Literatur als Privatmythos, Kunst als Kulturmythos: Die Elite der Kultivierten lässt durch ihre Anerkennung den Künstler existieren, der wiederum an der Existenz dieser Elite mitarbeitet—dieses Zirkelschlüssige und dieses Elitäre sind Gründe dafür, dass sich Kunst so vorzüglich als sakrale Fassade und moralische Instanz einsetzen lässt. Die Diskursmacht manifestiert sich in Staatspreisen und äußert sich in Grenzziehungen: Hinter Musil, Broch etc. dürfe man nicht "zurückgehen" heißt es etwa. Dort will man eine unzulässige Erzählhaltung lauern sehen, die sich allzusehr am Inhaltlichen orientiere, ohne die Brüche der Moderne zu bedenken.

Von formverliebten Vorstellungen, die nicht selten nur posierlich ins Elitistische abheben, distanzieren sich seit ein paar Jahren Autoren einer jüngeren Generation. In dem Roman *Der Soldat und das Schöne* schildert Walter Grond 1998 genau jene Verknüpfungen von Kunst und Macht, und zwar als ein Mosaik von präzise arrangierten Innensichten der tratschenden Intriganten, die den kurzzeitigen Präsidenten eines Künstlerhauses vernichten. Grond geht es darum, aus den Tiefen eines zynischen Kulturbetriebes zu erzählen, also die Realitäten und Absprachen des eigenen Umfeldes darzustellen. In dem Essayband *Der Erzähler und der Cyberspace* erklärt er dann 1999 den literarischen Zugang weder im Formalen oder der Aura, noch im Sehertum oder den Leiden des Künstlers. Der Schriftsteller nach der Avantgarde versuche vielmehr zu beschreiben, "wie die soziale Wirklichkeit unter den neuen Kommunikationsverhältnissen aussieht."[22] Gronds im Sommer 2000 erschienener Roman *Old Danube House* führt eben in Welten der "Mélange," in verschiedene Sphären der Fremdheiten. Der Physikprofessor Johan Nichol trifft in Wien auf die Sehnsüchte seiner jüngeren Frau, auf die Rave-und-Linux-Kultur seiner Studierenden, auf den katholischen Männerbund eines Kollegen, auf einen bosnischen Mentor. Bei einem Kongress in Moskau bekommt er es mit seiner Vergangenheit, mit internationalen Vernetzungen und einer postkommunistischen Stimmung zu tun. Im Internet erfährt er vom mysteriösen Selbstmord eines Physikers aus Sarajevo—und hier, in der Nachkriegsstadt, finden sich verschiedene Spuren und extreme Gegensätze zusammengeführt. Die Themen und Fragestellungen des Romanes wurden übrigens zum Grundgerüst für einen vielschichtigen Hypertext, der in *house*, einem Internet-Salon "über das fremde und die peripherie," in alle Welt weiter-führt <www.kultur.at/3house>.

Die Figur des Physikers verweist auch auf die Rolle der Naturwissenschaften im aktuellen Kulturwandel und implizit auf die Erzählweise. Gegen die gängige Anschauung—"nicht hinter Musil zurück,"—dass brüchig-komplexe Welten eben nur brüchig und komplex erzählt werden könnten, stellt Grond die Beobachtung, dass Naturwissenschaftler angesichts der ungeheuren Komplexität ihrer Forschungsgebiete in einer an Alltagserfahrungen angelehnten Sprache und in eher nüchterner Narration kommunizieren müssen.

Ein Physiker ist auch die Titelfigur in *Mahlers Zeit*, dem 1999 publizierten Roman von Daniel Kehlmann, der eine packende Geschichte hintergründig präsentiert. Im Traum vermeint David Mahler die vier Formeln gefunden zu haben, die die Richtung der Zeit auch umkehren können. Damit beginnt eine Handlung, die mit Rückblenden versetzt ist—das narrative Zurückgehen in die Zeit. Sie führt bis zum Ende des Entdeckers, der die Unausweichlichkeit des Todes zu kontern geglaubt hat. Daniel Kehlmann bezeichnete kürzlich in einem "Gespräch der Dreißigjährigen," in dem übrigens Marianne Fritz Scharlatanerie vorgeworfen wird, die "Leute, die 40 Jahre unverändert den Begriff des Avantgardismus pachten," als altmodische Epigonen. Die Zeit der Dekonstruktion des Erzählens sei vorbei, betont Bettina Balàka, und Thomas Glavinic meint, dass die interessantesten Werke der Weltliteratur "ganz klar erzählte Geschichten" seien: "Auf der ganzen Welt ist Erzählen möglich, nur bei uns war in den letzten 40 Jahren das Erzählen verboten. Man hat ja gesehen, wohin sie gekommen sind. Es hat sie kein Mensch gelesen."[23]

Glavinic wird gelesen. Sein 1998 publizierter Debütroman *Carl Haffners Liebe zum Unentschieden*, der in England zum Buch des Jahres gewählt wurde, bietet die spannende Geschichte einer 1910 in Wien und Berlin ausgetragenen Schachweltmeisterschaft sowie eine präzise Charakterstudie. Das introvertierte Verteidigungsgenie Carl Haffner möchte niemandem zur Last fallen und auf alle Rücksicht nehmen. Nachdem dem Weltmeister Emanuel Lasker ein grober Fehler unterlief, will Haffner nicht dadurch den Sieg erringen und beginnt in der entscheidenden Partie auf Angriff zu spielen. In dieser zugespitzten Situation vermag Glavinic alle narrativen Fäden—Schach und Lebensgeschichte—konsequent zu verknüpfen und derart tiefe Einblicke in psychische Dispositionen zu geben.

Dem Phrasenmarkt der Boulevardmedien stellt Glavinics dieses Jahr vorgelegter Roman *Der Kameramörder* einen Bericht gegenüber. "Ich wurde gebeten, alles aufzuschreiben,"[24] lautet der erste Satz in versuchter Amtlichkeit eines Protokolls. Ein Paar besucht Freunde in der Steiermark; die Gemütlichkeit der Ostertage wird durch die Nachricht von einem—soeben in der Nähe verübten—Doppelmord verdrängt. Ein Mann hat drei Kinder in seine Gewalt gebracht und zwei gezwungen, sich von Waldbäumen in den Tod zu stürzen; das Geschehen, den zynischen Psychoterror hat er gefilmt. Da die Videokassette gefunden, einem deutschen Privatsender zugespielt und von diesem (natürlich mit Werbeunterbrechungen) ausgestrahlt wird, beginnt der Mechanismus der Sensationsmedien mit seinen Folgen: Polizeiaufmarsch, Massenhysterie, Schreckens-Tourismus, Politikerreden. Der Mann, der auf Besuch ist, notiert als anscheinend nüchterner Berichterstatter die Ereignisse mit der scheinbaren Präzision des äußeren Lebens. Dabei bleibt er selbst nicht nur namenlos, sondern—im Gegensatz zu der zunehmend hysterischen Umgebung—auch ohne Emotionen. Er tritt hinter den Sätzen ebensowenig hervor wie der Mörder hinter der Kamera und verstellt wie jener die Stimme. Dieser plausible Duktus des Kleinamtsdeutsch trägt die Erzählung bis zum Schluss, der erkennen lässt, in welche Tiefenschichten diese Prosa führt: "Jeder Mensch ist ein Abgrund." *Der Kameramörder* ist ein spannendes Werk, das illustriert, wie soziale Wirklichkeiten und menschliche Abgründe unter den heutigen Kommunikationsverhältnissen aussehen.

Vom 4. Februar 2000 bis November 2002 bildeten die extrem rechtspopulistische FPÖ und die ÖVP unter Wolfgang Schüssel eine Regierungskoalition. In dieser

politischen Situation werden die medienpräsenten Autoren und SchriftstellerInnen besonders als moralische Instanzen gehandelt, und ihre Texte drehen sich oft um die bekannten Themen. Dieser seit mindestens zwei Jahrzehnten intensive Österreich-Bezug wird nach einer Zeit wohlwollender Aufnahme außerhalb des Landes, besonders in Deutschland, nunmehr dort als Genre abgetan. In den deutschen Rezensionen des Romanes *Gier* von Elfriede Jelinek fand sich im Herbst 2000 eine "kindliche Selbstüberschätzung" kritisiert, mit der "diese Österreicher" dauernd ihren "Müll" abladen würden. Diese Literaten, hieß es in der *Zeit*, würden glauben, weil sie so selbstverliebte Hasser seien, müsse die ganze Welt so böse sein.[25] Die Dichterin ist hier als "typische" Österreicherin gezeichnet, während sie im Lande selbst von der FPÖ als "Österreichfeindin" angegriffen wird.

Wer verallgemeinert einen "Solipsismus" österreichischer Literatur erkennen will, übersieht allerdings die zahlreichen Beispiele einer bemerkenswerten Vielfalt. Feine Zwischentöne findet etwa Gerhard Amanshauser, dessen *Mansardenbuch* (1999) aus kurzer, leicht ironischer Prosa von außergewöhnlicher Präzision besteht. Diese Detail-Beobachtungen und knappen Über-Blicke, aus Amanshausers poetischem Heim über Salzburg, lassen Sprachbilder erstehen, die scheinbar Gewöhnliches neuartig, nüchtern einprägen: "zum siebzigsten Mal geht es jetzt um die Sonne," findet sich ein Geburtstag benannt.[26]

Vor Kulissen der Bedeutsamkeit lässt Lydia Mischkulnig ihren Roman *Hollywood im Winter* (1996) spielen. Es ist ein moderner Ödipus als Künstlertragödie, in der die Textschichten klug poetisch verwoben sind. Der unermesslich reiche Tauschitz, der in der Festung über Salzburg residiert, kauft den Kulturbetrieb. Zugleich inszeniert er die Erziehung seines Sohnes Caesar, der schließlich im *Oedipus Rex*, dem Höhepunkt der Festspiele, die Hauptrolle gibt. Lebenstheater und Theaterleben stehen im Rahmen eines Macht- und Beziehungsspieles. Das Ich befindet sich ständig auf einer Bühne; die Kunst ist in Geld-Inszenierungen zu Diensten; die auserwählten Künstler wohnen zur Belohnung im Turm der Finanzmacht-Festung. Auch die Beziehung zwischen den Eltern Tauschitz und ihren Kindern drehen sich um den Turm, das Potenzsymbol: Sie ist in der zentralen Tauben-Metapher konzentriert. Im Turm beobachtet die kleine Antonia durch einen Türspalt die Mutter, wie sie nackt auf dem Geschlecht des berühmten Regisseurs Berg wippt, während Vater Tauschitz und ein amerikanisches Ehepaar assistieren: "Und Mutter Edith gurrt dazu, hat einen Fremden unter sich."[27] Dieses Gurren wird für Antonia zum Komplex, von dem sie sich nicht zu befreien vermag. Das "Theater hat einen doppelten Boden, Caesar auch,"[28] steht im Anfangsteil des Romanes, und im zweiten Teil stellt sich dann heraus, dass der vorgebliche Sohn des Reichen vom Regisseur Berg gezeugt ist. Nach einem vielschichtigen Theater-Vatermord sticht sich Caesar, der als Oedipus Rex Triumphe feiert, gewissermaßen die Augen der Kunst aus, indem er nach Hollywood geht. Salzburg ist freilich von diesen Inszenierungen nicht weit entfernt.

Die Vielfalt aktueller österreichischer Literatur möchte ich zum Abschluss kurz noch in der Lyrik zeigen (nach dem Tod von Ernst Jandl, des zweifellos hervorragendsten Lyrikers der letzten Jahrzehnte), und zwar anhand von drei sehr unterschiedlichen und—wie ich meine—sehr gelungenen Beispielen. Die Sprache öffne und schließe das Fenster ins Verstehen, erklärt Ferdinand Schmatz 1992 in seinem Buch mit dem programmatischen Titel *Sinn und Sinne*. Dem dichterischen Subjekt obliege es, die modernen Wortfelder zu verschieben, Bilder von Welten sprachlich gleiten zu lassen, auch bei den Ursprungstexten ansetzend. War Schmatz 1995 in *Grond Absolut Homer* einer jener poetischen Odyssee-Nachfahren, so hat er sich für *das grosse babel,n* (1999) die Bibel vorgenommen. Er schafft einige Passagen neu, indem er Rede- und Sinnfiguren verschiebt, reflektiert, ausbaut, zurückstutzt, neu vernetzt und besetzt:

> babel wars und nun, was bleibt, gebrabbel,
> aber gross und weiter wird es fordern,
> zu wetzen den schnabel, sieh und höre:
> das grosse babel,n wird sich fort verschreiben[29]

Hier hat Schmatz die Leitlinien seiner poetischen Strategie konzentriert, mit der er Sprach- und Bewusstseinsräume zwischen Vor-Bildern und Nach-Klängen auszumessen vermag: die Wortbrüche und Wortbrücken, auch in grammatischen Strukturen (z.B. der Beistrich im Titelwort). Mit der Genesis geht auch die Entstehung einer Grammatik, die Erschaffung eines lyrischen Idioms einher: Es drückt die Verzahnungen zwischen Welt und Sprache besonders in leichten Verschiebungen aus (lichtung-richtung, zucht-frucht, hülle-fülle). Auf diesem unsicheren Sprachterrain gelangen Adam und Eva buchstäblich vom Nebel zum Leben.

Während diese Dichtung ihren Reiz aus einem komplexen System des Gleitens von Form, Rede, Sinn zieht, zeichnet sich die Lyrik der slowenisch und deutsch schreibenden Maja Haderlap durch die Eindringlichkeit ihrer knappen und genauen Bilder aus. Ihre *Gedichte. Pesmi. Poems* (1998) öffnen und schließen andere Fenster ins Verstehen, vor allem von Identitäts-Möglichkeiten, von Fremdheiten und Eigenheiten.

> einmal im jahr,
> wenn lesezeichen
> aus meinen büchern fallen[30]

beginnt im Gedicht was war die jährliche Rückkehr in "mein dorf." Die Welt der Lektüre hat der ländlichen die Schärfe, nicht aber ihre Schatten genommen: "auf aufgeschlagenen seiten / vergilben geschichten, die zu legenden werden / und ihre waffen abgelegt haben." Zwischendurch kann das weibliche Ich in die bäuerliche Verkleidung von früher schlüpfen, Namen und "schattengeschichten" ausprobieren. Den "aufgeschlagenen seiten" der 2. Strophe entspricht in der abschließenden 4. die Furche des Steines, "der mich erinnern soll, woher ich kam."[31] Immer wieder lässt Maja Haderlap das Ich Zufluchtsorte, Unterschlupf suchen, Bilder der Spaltung notieren—eine präzise Poesie der Übergänge.

In dem Band *Indikationen*, der im Herbst 2000 erschien, zeigt Gerhard Ruiss, dass immer noch unterschiedliche poetische Routen offen sind—ein Tiefsinnigkeits-Schauturnen in Sachen poetischer Hermetik freilich liegt ihm fern. Die "Indikationen" setzen nicht selten bei jener ins Virtuelle tendierenden "Realpolitik" im aktuellen Österreich an, bei ihren Sprüchen und Behauptungen. In klugen Montagen deckt das politische und künstlerische Gedächtnis des Ohrenzeugen Ruiss die Formelkisten auf. Eine "Anlassdichtung" etwa führt den Satz "Kunst ist Privatsache" aus dem FPÖ-Parteiprogramm weiter, bis zur abschließenden Phrasenkollision:

gesundheit ist privatsache
arbeit ist privatsache
einwanderung ist privatsache
wohlstand ist privatsache
. . .
öffentlichkeit ist privatsache
lawinen sind privatsache
der staat hat nur
für die rahmenbedingungen zu sorgen.[32]

In diversen Stimmlagen bietet Ruiss poetische Gesellschaftsbilder von "privatsachen" wie Medien, Ökonomie, Kunst-Betrieb, Stadtleben, Liebe. Dabei greift er sowohl auf populäre Aussprüche zurück als auch auf eine Aphoristik à la Lichtenberg, liefert er neue dialektale Töne, schafft er ein gelungenes Zusammenspiel von Erich Fried und Ernst Jandl, z.B. das Gedicht zur *jahrhundertsonnenfinsternis*:

im entscheidenden augenblick
war es
finster.[33]

Université Catholique de l'Ouest

Endnoten

1. Gerhard Jaschke, "auf der insel der seligen," *Das zweite Land.* Gerhard Jaschke, Hg. (Wien: herbstpresse o.J.,1986/1987) 22.
2. Thomas Bernhard, "Politische Morgenandacht," *Wort in der Zeit* 1 (1966): 11–12.

3. Peter Handke, *Die Wiederholung* (Frankfurt/M.: Suhrkamp, 1986) 333.

4. Peter Handke, *Mein Jahr in der Niemandsbucht. Ein Märchen aus den neuen Zeiten* (Frankfurt/M.: Suhrkamp, 1994) 316.

5. Ebd. 316.

6. Thomas Bernhard, *Auslöschung. Ein Zerfall* (Frankfurt/M.: Suhrkamp, 1986 = st 1563; 1988) 199.

7. Ebd. 371.

8. Ebd. 611.

9. Heimrad Bäcker, *nachschrift* (Linz, Wien: Droschl 1986) 50–51.

10. Heimrad Bäcker, *nachschrift 2* (Graz, Wien: Droschl, 1997) 124.

11. Elisabeth Reichart, *Komm über den See. Erzählung* (Frankfurt/M.: Fischer Taschenbuch Verlag, 1988 = Collection S. Fischer 57) 7.

12. Elfriede Jelinek, *Die Klavierspielerin. Roman* (Reinbek: Rowohlt, 1983) [zit. N. Donauland-Lizensausg.] 7.

13. Werner Kofler, *Hotel Mordschein. Drei Prosastücke* (Reinbek: Rowohlt, 1989) 83.

14. Ebd. 105.

15. Werner Kofler, *Herbst, Freiheit. Ein Nachstück* (Reinbek: Rowohlt, 1994) 83.

16. Vgl. Franz Haas, "Der austriakische Autismus. Gegenwartsliteratur im Strudel des nationalen Boulevards," *Ambivalenz des kulturellen Erbes. Vielfachcodierung des historischen Gedächtnisses.* M. Csaky, K. Zeyringer, Hg. (Innsbruck, Wien, München: Studien Verlag, 2000 = Paradigma: Zentraleuropa 1) 213–223.

17. Franz Haas, "Lachend zu Tode stürzen. Werner Koflers Prosastück *Der Hirt auf dem Felsen.*" *Die Zeit* 13 (22. März 1991): 14.

18. Raoul Schrott, *Finis terrae. Ein Nachlaß. Roman* (Innsbruck: Haymon, 1995) 11.

19. Marlene Streeruwitz, *New York. New York. Elysian Park. Zwei Stücke* (Frankfurt/M.: Suhrkamp, 1993 = es 1800; NF 800) 8.

20. Ebd. 19.

21. Uwe Schütter, "Der Mythos des großen Werks. Bemerkungen zur Literatur Genie und Größenwahn im Allgemeinen und Marianne Fritz im Besonderen," *Literatur und Kritik* 335/336 (Juli 1999): 48.

22. Walter Grond, *Der Erzähler und der Cyberspace. Essays* (Innsbruck: Haymon, 1999) 118.

23. Thomas Glavinic in einem Gespräch der "Dreißigjährigen," *Literatur und Kritik* 345/346 (Juli 2000): 34.

24. Thomas Glavinic, *Der Kameradmörder* (Berlin: Volk & Welt, 2001) 5.

25. Gabrielle Killert, "Das Buch Xanthippe. Mann nennt es Schmähklutur. Elfriede Jelinek baut ihre ganze Welt wieder einmal auf einen einzigen Stängel," *Die Zeit* 43 (19. Oktober 2000): 21.

26. Gerhard Amanshauser, *Mansardenbuch* (Weitra: Bibliothek der Provinz, 1999) 9.

27. Lydia Mischkulnigg, *Hollywood im Winter. Roman* (Innsbruck: Haymon, 1996) 106–107.

28. Ebd. 14.

29. Ferdinand Schmatz, *das grosse babel,n* (Innsbruck: Haymon, 1999) Buchumschlag Rückseite.

30. Maja Haderlap, "was war," *kolik* (13/2000): 33–36.

31. Ebd. 33.

32. Gerhard Ruiss, *Indikationen* (Wien: edition selene, 2000) 50.

III

Visions of Form

ANDREA BANDHAUER

Margret Kreidls *In allen Einzelheiten. Katalog* als autobiographisches Experiment

M argret Kreidl (*1964) ist als Angehörige der jüngeren Generation österreichischer AutorInnen in den letzten Jahren durch ihre Prosatexte,
Hör- und Theaterstücke bekannt geworden[1] und soll hier anhand einer
Besprechung des Prosatextes *In allen Einzelheiten. Katalog* vorgestellt werden. Dieser *Katalog*, der 1998 im Ritter Verlag erschien,[2] versammelt in sich alle Elemente,
die die Eigenart von Kreidls Texten ausmachen: die spielerische Überschreitung
der Gattungsgrenzen, die extrem verknappte und verformelte Sprache und die dramatische Struktur.

Kreidls Sprachkunstwerken gemeinsam ist die Spannung, die durch die fast
strenge, formelhafte Komposition der Texte einerseits und die dynamische Choreographie der Sprachbewegung andererseits entsteht. Die Autorin bezeichnet
ihre Texte als "Sprachauftritte"[3] und das meint konkret, dass in den Theaterstü-
cken wie auch in den Prosatexten Szenen, Bilder und Sprache dramatisch inszeniert, also in der Aktion und im Dialog vorgeführt werden. Figuren treten auf
und wieder ab, führen Handlungen vor, monologisieren vor sich hin oder sprechen aneinander vorbei. In den Texten wird aufgelöst, was in konventionelleren

Texten Zusammenhänge schafft, also die Handlung, eine psychologisch nachvollziehbare Entwicklung, kurz der narrative Faden. Szenen, Episoden und Bilder werden zu in sich geschlossen erscheinenden Kurztexten montiert und oft ohne ersichtliche kausale Verbindung aneinandergereiht. Was Thomas Trenkler zum Drama *Halbe Halbe* (UA 1993) bemerkt, gilt im Großen und Ganzen für alle Texte: "...radikale Verknappung und elliptische Reduktion,...minimalistische[n] Dialoge, aus Satzteilen und Floskeln montiert, erinnern an einen Lückentext, der jede Menge Rätsel aufgibt."[4]

Kreidl unterwandert nicht nur literarische Formen, sondern auch die Vorstellung einer literarischen Sprache, die authentische Bedeutung herstellt. Ihre Sprachkritik erfolgt vor der Folie von Vorgefundenem, durch die Zitatstruktur der Sprache, die auf die Klischees verweist, an denen wir uns—gezwungenermaßen— orientieren. Zitiert wird aus Kreidls eigenen, früheren Texten und aus der Literatur, aus Ratgeberliteratur, Trivialtexten, Sachbüchern, Katalogen und Zeitungsanzeigen. Texte, meint Kreidl, müssen sprachlich arbeiten und so im Sinne von Sprachkritik "prekäre Inhalte produktiv machen."[5] Die vom Lesen des Eigenen und Fremden aufgenommenen Wörter und Sätze werden innerhalb eines thematischen und formalen Rahmens durch Reihung, Wiederholung und Kontrast, durch Alliteration und Assonanz klanglich und rhythmisch montiert und führen so spielerisch zu neuen, unerwarteten und belustigenden Zusammenhängen und Assoziationsketten. Witz und Ironie sind Hauptmerkmale in Kreidls Gesellschaftskritik und unterstreichen ihren Skeptizismus gegenüber einer Literatur wo Integrität, Authentizität und Identität vorgespiegelt werden.

Der Prosatext *In allen Einzelheiten. Katalog* ist unter anderem deshalb besonders interessant, da hier die formalen Eigenheiten des Textes zu der von Kreidl selbst gewählten Gattungszuordnung des Textes in einem besonderen Spannungsverhältnis stehen: In einem Gespräch mit Lucas Cejpek in der Alten Schmiede in Wien beschreibt Kreidl diesen Text als fiktionalisierte Autobiographie,[6] eine Bezeichnung, die auf Kreidls Verfahren der Grenzübertretungen verweist. Sieht man davon ab, dass die Bezeichnungen "fiktionalisiert" und "autobiographisch" bereits einen Widerspruch bilden, so entspricht ja auch der Katalog nicht der hinlänglichen Form einer Autobiographie. Im Gegenteil, meine nun folgenden Ausführungen werden den Eindruck erwecken, dass es sich in diesem Text um eine Negation des Autobiographischen handelt. So sind die Bezüge zwischen den Texten auf den ersten Blick nicht klar, es gibt keine chronologische Erzählung und keine psychologische Entwicklung eines Ich. Weder das eigene noch ein fiktives Leben werden hier als Prozess beschrieben. Die Leserin oder der Leser wird vielmehr "in allen Einzelheiten" durch einen Katalog aus Wörtern, Sätzen und Bildern geführt: Neben Porträts, Auftritten, Geständnissen und Traumsequenzen des Ich oder verschiedener Frauen werden Kontaktanzeigen, Stillleben, Beschreibungen von Blumenbildern und Skulpturen zu kurzen Texteinheiten montiert, die durch ihre

Formelhaftigkeit vor allem Distanz schaffen, vom schreibenden Ich und von dem, was Leben und "Über-das-Leben-Schreiben" bedeuten könnte.

So treffen vor allem die bekannten, strengen Kriterien nicht zu, die Lejeune für die Gattung der Autobiographie aufgestellt hat:[7] Die Identität von Autorin und Erzählerin wird durch Kreidl selbst in Frage gestellt, indem sie auf die Fiktionalität ihrer "Autobiographie" hinweist. Wie sich zeigen wird, entspricht auch die Kategorie der Erzählerposition nicht derjenigen, die Lejeune in seiner Abhandlung fordert. Zwar wird durch das teilweise Einsetzen der ersten Person im Text immer wieder die Identität zwischen Erzählerin und Hauptfigur suggeriert. Jegliche Form der Selbstdarstellung wird aber durch abrupte Wechsel vom "Ich" zum "Sie," also zur dritten Person, und durch inhaltliche Widersprüchlichkeiten unterwandert. Das Ich bleibt dadurch eine grammatikalische Kategorie, die kein autobiographisches Ich repräsentiert. Denkt man aber an Autobiographie als ein Genre, in dem, wie James Olney in "Autobiography and the Cultural Moment" meint, die Fragen nach dem "Selbst," dem "Leben" und dem "Akt des Schreibens" erst gestellt werden,[8] dann spiegelt Kreidls Text die hauptsächlichen Probleme der modernen "Selberlebensbeschreibung"[9] wider, nämlich die Fragen nach der Authentizität des autobiographischen Ich sowie nach der Echtheit und Zuverlässigkeit von Erinnerung. Insofern hier diese Fragen im Zentrum stehen, trägt, wie Leigh Gilmore das in "The Mark of Autobiography: Postmodernism, Autobiography, and Genre" nennt, dieser Text das "Zeichen der Autobiographie."[10]

Gerade durch die Negation eines authentischen autobiographischen Ich trifft Kreidls Text mitten in diese literaturtheorethischen Diskussionen um das autobiographische Genre. Dort geht es ja in den letzten Jahrzehnten hauptsächlich um die Konsequenzen, die das Verschwinden eines einheitlichen, historisch genau verorteten Subjekts seit der Moderne und die damit einhergehende Infragestellung einer Autorinstanz auf das autobiographische Schreiben haben. Eine dieser Konsequenzen ist die bewusste Fiktionalisierung der Selbstdarstellung, die, wie unter anderen Sandra Frieden in *Autobiography, Self into Form* bereits für deutschsprachige Autobiographien aus den 70er Jahren konstatiert, zum integralen Element der modernen Autobiographie geworden ist.[11] Kreidl geht in *In allen Einzelheiten* meines Erachtens noch einen Schritt weiter, indem sie durch die Präsentation ihrer "fiktionalen Autobiographie" in Form eines Katalogs einen doppelten Widerspruch kreiert. Der Katalog als Ordnungssystem geht ja mit der Annahme einher, ein genaues und wahrheitsgetreues Verzeichnis zu sein und nicht—wie in der Fiktion—zu erfinden, sondern zu inventarisieren. Meine Lektüre von Kreidls Text wird sich an solchen Widersprüchen festmachen und so zu zeigen versuchen, wie gerade die Infragestellung sowohl der autobiographischen als auch der Gattungskategorien für Kreidls Nachdenken über Selbstthematisierung und Fremdthematisierung, Wahrheit und Fiktion sowie Sprache und Erinnerung fruchtbar werden kann.

Bereits die jeweils ersten Texte der fünf Kapitel im Buch sowie der letzte Text, mit den Titelüberschriften "Erstes Bild" bis "Sechstes Bild," thematisieren auf zweierlei Ebenen den Blick in die Vergangenheit, also das Erinnern. Zum Einen sind die Bilder eine Prosafassung von Ausschnitten aus Kreidls Stück *Unter Wasser* (UA 1994), einem dramatisierten Monolog einer Frau. Dieses Wiederaufnehmen und Umarbeiten von Sätzen, Bildern und Szenen aus früheren Texten ist typisch für das Verfahren der Autorin. So verweist Kreidl die LeserInnen immer wieder auf die Archive der Erinnerung, auf das Wiederholbare und Selbstbezügliche des literarischen Werkes. Zum Anderen wird auf der Textebene mit "Erinnerungsbildern" gespielt. So geschieht das zum Beispiel im Text "Erstes Bild" (K 7–9) wo die Ich-Erzählerin in dramatischer zeitlicher Unmittelbarkeit Momentaufnahmen ihrer Beziehung zu einer Frau evoziert. In knapper Sprache führt sie Bilder und Szenen vor, von alltäglichen Abläufen: "Sie hält Tasse und Untertasse in den Händen. Sie trinkt nicht." (K 7), bis zu bedeutsamen Szenen, die Tragisches anzukündigen scheinen, um dann aber abrupt ins Banale abzustürzen: "Sie steht auf. Sie fällt hin. Sie steht hinter dem Tisch. Sie stützt sich mit den Fingern auf die Tischplatte. Sie hält den Kopf gesenkt. Sie schreit. Zucker." (K 9). Die Frau wird in ihren Gesten und Handlungen erinnert, ihr Gesicht, ihr Körper und ihre Kleidung sind als fragmentarische und auch widersprüchliche Porträts im Gedächtnis haften geblieben. Sie erscheint manchmal jung und schön: "Sie steht auf. Sie geht hinaus. Sie ist eine Schönheit." (K 7), manchmal nicht: "Sie hat Falten um die Lippen. Sie spreizt die Hände. Sie zieht das Kleid hoch. Sie hat dicke Beine." (K 8). Das Begehren scheint auf beiden Seiten vorhanden, große Gefühle werden angesprochen:

> Da ist sie. Ich bin glücklich. Sie öffnet die Handtasche. Sie seufzt...Ich bin gerührt. Sie zittert. Sie läßt mich die Bluse angreifen. Ich bin sehr bewegt. Sie seufzt. Sie schaut mich an. Sie lächelt. Sie ist bewegt. (K 8)

Diese Gefühlsaufschwünge werden aber immer wieder durch nebensächliche, oft befremdliche Tätigkeiten und Reaktionen buchstäblich abgebremst und laufen so ins Leere: "Sie nimmt meine Hand sie will meinen Arm sehen. Sie schiebt die Ärmel hoch. Sie sieht auf der weißen Haut schwarze Haare. Sie zupft die schwarzen Haare aus." Die "Liebesgeschichte" wird nicht erzählt, sie findet "hinter" und "zwischen" den Wörtern, Sätzen und Szenen statt, in den Brüchen zwischen dem Dramatischen, fast Pathetischen und dem Flachen, Erbärmlichen sowie im "Verwischen" der Grenze zwischen "sie" und "ich." Wer wartet, schreit, seufzt, sich bewegt oder glücklich ist, wer krank ist, sich schminkt, sich wie kleidet, ob das Begehren auf ein Objekt gerichtet ist oder auf sich selbst, ist nie ganz klar.

Dieses "Kippen," wie Kreidl das beschreibt, zwischen Selbst- und Fremdbeschreibung[12] verweist auf das Problem der Instabilität des weiblichen Subjekts, das keinen festen Ort hat. So verschwimmen der Frau die Grenzen zwischen Subjekt und Objekt, zwischen "Ich" und dem "Anderen." Sie ist, wie Irigaray das ausdrückt, "Das Geschlecht, das nicht eins ist."[13] Verdoppelt, oder besser, noch einmal projiziert wird dieser Zustand des "Uneins-Seins" durch die Anwesenheit eines weiblichen Gegenübers, das im "Anderen" das "Gleiche" birgt, als gleichzeitig Subjekt und Objekt des Begehrens ist. Insofern werden in den "Bildern" die Probleme der weiblichen Selbstthematisierung innerhalb des Liebesdiskurses angesprochen.[14]

Der Eindruck der Unklarheit wird noch dadurch verstärkt, dass im Versuch, Vergangenes zu vergegenwärtigen, auch die Erinnerung verschwimmt. Was innerhalb eines gängigen Liebesszenarios als unwesentlich erscheint, wird erinnert, wohingegen das, was als wesentlich gilt, ausgespart wird. Die "verwischten" Grenzen im Text schaffen eine Ungenauigkeit, die das Transitorische des Erinnerns reflektiert. Die Titelüberschrift "Bild" steht so im Widerspruch zur jeweiligen Textstruktur der sechs Texte und spielt mit der Erwartungshaltung der LeserInnen. Das einzelne "Bild" besteht ja hier nicht aus einem visuellen Objekt, das in ein Bild gebannt ist, sondern aus sich überschneidenden, dynamischen Kurzszenen. Im Titel angesprochen und gleichzeitig ad absurdum geführt wird hier also jeweils die Idee einer visuellen Erinnerung, die sich als in sich abgeschlossenes Bild, als erinnertes Porträt der Geliebten präsentiert. Das Gedächtnis produziert aber nicht nur viele einzelne, bruchstückhafte Bildausschnitte, sondern auch sprachliche Sequenzen, Fragmente aus Dialogen und Erinnerungen an Gefühle, also nicht-visuelle Elemente. So kann, was im Titel dieser Texte versprochen wird, nicht eingehalten werden. Insofern führen diese "Bilder," wie Cejpek das formuliert, die Arbeit der Erinnerung vor,[15] und zwar auch durch die ironische Unterwanderung der Idee eines ganzheitlichen, authentischen Ich und durch die Dekonstruktion einer Erinnerungsstruktur, die sich als visuelles Ganzes oder als narratives Kontinuum präsentiert.

Die Titel der folgenden Themenblöcke oder Textbilder, wie "Portraits," "Auftritte," "Geständnisse," "Szenen" und "Träume," die jeweils hinter die sogenannten "Bilder" (Cejpek) geordnet sind, scheinen teilweise direkt auf das Autobiographische des Textes zu verweisen. Die Texte führen zwar verschiedene Selbstthematisierungsvarianten vor, bieten aber keinen Einblick, sondern verstellen vielmehr den Zugang zum Ich. So geschieht das zum Beispiel in einer Serie, wo in der Aneinanderreihung von kurzen Texten zum Thema "Porträt" bis zum letzten, längsten und mit "Selbstportrait" (K 12–13) betitelten Text scheinbar der Wechsel von der Außen- zur Innenperspektive vollzogen wird.

In der Liste "Portraits" (K 10–11) werden Kurzbeschreibungen von Frauen aufgelistet, die dem Muster von Kontaktanzeigen folgen. Kreidl bezeichnet Kontaktanzeigen als "konzentrierte Selbstbeschreibungen"[16] und führt in diesem Text beispielhaft vor, dass beim Beschreiben des Selbst immer der Blick, die Vorstellungen eines "Anderen" eine Rolle spielen. Die Anzeigenliste sieht im Ausschnitt folgendermaßen aus:

Sie ist 49, sehr tierlieb, herzlich, feinfühlig.
Sie ist 30, aktiv, sportlich, tierlieb.
Sie ist 31, blond, schlank, sehr tierlieb.
Sie ist 44, schlank, treu.
Sie ist 46, schlank, schwarzhaarig, selbständig. (K 10)

Gerade die Kontaktanzeige thematisiert ja eine Darstellung des "Selbst," das auf der Suche nach einem "Anderen" ist, nach einem Gegenüber, das interessiert, gewonnen werden muss. In diesem Sinne erfolgt hier die Selbstbeschreibung vor der Folie der Geschlechterrollen, also im Rahmen dessen, was innerhalb gesellschaftlicher Regeln und Konventionen als weiblich definiert und erwünscht ist und wird dadurch zur Fremdbeschreibung. Die Kontaktanzeige wird zu einem Satz verdichtet, mit dem eine Frau etwas über sich aussagen will. Das Begehren, das in Kontaktanzeigen in der Formulierung "...sucht Mann mit bestimmten Eigenschaften" zum Ausdruck gebracht wird, wird hier jedoch ausgespart. Durch diese Leerstelle, also indem der Zweck der Anzeigen fehlt, wird die Absurdität eines Beziehungsmarktes aufgedeckt, der solche Selbstbilder produziert.

Weiter führt die Porträtserie über die beiden Texte "Einfache Portraits" und "Erweiterte Portraits," wo ein Ich lediglich Bruchstücke seines Erscheinungbildes vermittelt, zu einem längeren Text, der mit dem Titel "Selbstportrait" als Kulmination dieser Selbstbeschreibungen erscheint. Hier beschreibt sich ein Ich nach dem Muster der vorhergehenden Porträts; erweitert wird das Selbstporträt durch den Versuch, eine "Lebensgeschichte" zu verfassen.

> Ich presse ein großes, goldgerahmtes Foto an meine Brust. Ich kann mich nicht erinnern. Ich habe mir den Arm zweimal gebrochen und die Kniescheibe zerschlagen. Ich weine. Ich presse die Lippen aufeinander. Ich beiße die Zähne zusammen. Ich kann mich nicht erinnern. (K 13)

Durch die Wiederholung des Satzes "Ich kann mich nicht erinnern" sowie durch das Springen zwischen Vergangenheit und Gegenwart werden in einer Art "Bewusstseinsstrom" auch hier gerade die Brüche innerhalb und zwischen Selbstbild und Biographie offen gelegt, die die Arbeit der Erinnerung kennzeichnen. So entsteht ein Selbstbild, das keines ist, eine Biographie, die keine ist. Vielmehr wird durch, wie Cejpek das beschreibt, "ein Hineinspringen, ein direktes Hineingehen in die Erinnerung"[17] das Dramatische des vergeblichen Versuchs vorgeführt, das Leben eines authentischen Selbst aufzuzeigen.

In der Textserie "Auftritte" wird im Erinnern gar nicht erst auf ein Ich referiert. Zwar besteht in der teilweisen Wiederaufnahme von Sätzen und Bildern—so zum Beispiel dem Bild einer Frau, die ein "großes, goldgerahmtes Bild an ihre Brust presst" (K 27)—durchaus ein Zusammenhang zur Porträtserie, aber diese Auftritte thematisieren ausschließlich den Blick auf die Inszenierungen einer anderen

Frau. Vorlage sind hier Raum- oder Bühnenordnungen, wo sich jeweils eine Frau durch eine genau beschriebene Kulisse bewegt. In Zimmern, die mit Gegenständen aus verschiedenen Stilepochen dekoriert sind, auf einem mediterranen Platz, in palast- oder kirchenähnlichen Räumen, einem Museum oder einer Parkanlage begeht eine Frau verschiedene Handlungen; sie geht, setzt sich oder raucht, sie zieht sich an, aus und schminkt sich. Wie so häufig bei Kreidl, werden die Personen anhand ihrer Gesten und Kleidung beschrieben. Wie eine Kamera konzentriert sich der Blick auf die Konturen der Räume, schwenkt auf Einrichtungsgegenstände, Kleidungsstücke und auf das, was die Frau tut. Kulisse und Person werden so in der Bewegung dramatisiert, werden zu versprachlichten bewegten Bildern.

Von der Selbstthematisierungsvariante "Heiratsanzeige" kommen wir hier also auf die Thematisierung weiblicher Auftritte vor dem Hintergrund von Anspielungen auf Mythen, Märchen, Erzählungen, Filmsequenzen und Handlungen. Im Hinblick auf die Struktur des Gedächtnisses können auch diese "Auftritte" als Selbstthematisierung gesehen werden, und zwar, indem auf Sequenzen der mythischen und historischen Erinnerung angespielt wird, also auf die Tiefenstruktur des kulturellen Gedächtnisses, durch welches das Ich geprägt ist.

Auf eine weitere Tiefenstruktur des Gedächtnisses, diesmal auf die Archive religiöser und moralischer Traditionen, die unser "Gewissen" ausmachen, deutet auch die Serie "Geständnisse" hin. Dieser Titel verweist in der Reminiszenz an die *Confessiones* des Augustinus (um 400) bis zu Rousseaus *Les Confessions* (1782–89) auf die Geschichte der Bekenntnisliteratur und des autobiographischen Schreibens. Durch die Aufteilung der Geständnis-Sätze in zehn kurze, mit "Geständnisse 1" bis "Geständnisse 10" übertitelte Texte entsteht ein Bezug zu den zehn Geboten und zur christlichen Beichte. Was hier aber gestanden wird, bedarf keiner Beichte, kein Gebot wurde übertreten, kaum ein Geheimnis wird aufgedeckt. Die wenigen Geständnisse werden ironisiert, indem sie anhand einer Aufzählung von Sätzen, die einem Ratgeber für positives Denken entnommen scheinen, gleich wieder aufgehoben werden. Auf einem Gerüst von Schlagwörtern aus der Populärpsychologie, wie beispielsweise: "Ich kann Gefühle gut ausdrücken." (Geständnisse 1, K 45), "Ich denke positiv. Ich sage ja." (Geständnisse 4, K 48), "Aber ich habe aus meinen Erfahrungen gelernt." (Geständnisse 5, K 49) und "Ich gehe sehr bewusst mit mir und meinen Gefühlen um." (Geständnisse 6, K 50) entstehen Vorstellungen eines Ich, das sich und sein Verhalten "im Griff" hat und im Großen und Ganzen keiner Beichte bedarf.

Leigh Gilmore definiert die traditionelle Beziehung zwischen Autobiographie und Beichte folgendermaßen:

> The confession's persistence in self-representation and the meaning attributed to that persistence largely structure authority in autobiography. As a mode of truth production the confession in both its oral and its written forms grants the autobiographer a kind of authority derived from the confessor's proximity to "truth."[18]

In Kreidls "Geständnissen" wird hingegen gezeigt, inwiefern auch eine mit der Gewissenserforschung verknüpfte Selbstdarstellung durch konventionelle Wahrheitsdiskurse determiniert ist und gerade dadurch der "Wahrheit" entbehrt. Anhand der Beichtstruktur, die sich ja auch in der psychologischen Praxis widerspiegelt, wird also der Anspruch solcher Bekenntnistraditionen in Frage gestellt, durch Aufdecken von Wahrheiten über das Selbst zu einem authentischen Selbstbild zu kommen.

Nur äußerst selten scheinen Unstimmigkeiten oder Verstimmungen auf, die nicht sofort durch autosuggestives "positive thinking" aufgefangen werden. So gleiten die Floskeln, die Wohlbefinden und psychische Stabilität suggerieren, zum Beispiel am Ende des Textes "Geständnisse 1" ins Gegenteil ab:

Ich bin ruhig, geduldig und zufrieden. Ich bin dankbar. Ich bin müde.
Ich habe Falten um den Mund. Ich bin ungeduldig, ungeduldig.
Ich habe Tränen in den Augen.
Ich weine. Ich weine oft. Ich weine viel.
Ich übertreibe. Ich gehe zu weit.
Ich beherrsche mich nicht. (Geständnisse 1, K 45)

Gerade dadurch aber, dass solche "Ausrutscher" so selten sind, wirken sie umso dramatischer und verweisen auf die Brüchigkeit des glatten und gefälligen Selbstbildes. Trotz dieser kurzen Einschübe mit Aufzählungen negativer Eigenschaften und Gefühle führen die "Geständnisse" aber nicht näher an das Ich im Text heran, auch wenn durch die Wiederholung des Pronomens "ich" am Beginn jedes Satzes und dem dadurch verstärkten Insistieren auf den Akt des Gestehens vordergründig die Form der Beichte eingehalten wird. Die Brüche scheinen zwar auf tiefere psychische Schichten anzuspielen, bleiben aber auf Grund der Struktur dieser Selbstverwirklichungssuada ebenso an der Oberfläche. Hier zeigt Kreidl, dass das Ich auch im Akt des Gestehens nichts Authentisches und "Wahres" aufdeckt, dass das Ich also vor der Folie gesellschaftlich sanktionierter Psychodiskurse Fiktion bleibt.[19]

Ein Eingehen auf die in den Geständnissen nur angedeuteten tieferen Schichten der Psyche suggeriert die Serie mit dem Titel "Träume." Aber wie die Geständnisse, decken auch die Träume nichts auf. Zwar werden hier anhand verdichteter Texte Traumszenen aufgelistet, aber die Traumstruktur ist so verschlüsselt, dass sie gleichfalls ironisiert wirkt. Auf den ersten Blick muten die Traumszenen in ihrer surrealen Struktur durchaus dramatisch und "echt" an, durch ihre Abgeschlossenheit wirken sie aber wie gefrorene Bilder, die in sich selbst bestehen und auf nichts verweisen.

Auch die Titel der Texte "Meine Familie" (K 18–19), "Meine Küche" (K 38–44), "Mein Gesicht" (K 70) und "Mein Garten" (K 96–97) täuschen. Sie erscheinen zwar wie Teileelemente eines Selbstporträts, basieren aber wieder auf bereits

Vorgegebenem und sind wieder Zitat. So wird zum Beispiel im Text "Meine Familie" eine Ansammlung von Familienporträts aufgelistet, die Bildtitel von Paula Moderson-Becker zur Grundlage haben,[20] in "Meine Küche" wird der Einblick in die Privatsphäre durch alphabetisch aufgelistete generelle Informationen zu Beschaffenheit, Gebrauch und Herkunft von Gewürzen, Obst und Gemüse verstellt und die ebenfalls nach dem Alphabet geordnete Aufzählung von Pflanzen und deren Eigenschaften in "Mein Garten" könnte der Form nach einem Botanikbuch entstammen. Wiederum wird hier das Funktionieren des kulturellen Gedächtnisses angesprochen. Erinnerungen werden lediglich auf der Folie musealer, kulinarischer und botanischer Archive, als Ausstellungsraum des Allgemeinwissens konstruiert.

Besonderes deutlich wird die Zitatstruktur bei dem Text "Mein Gesicht," wo unter den Rubriken "Mein natürliches Gesicht," "Mein sexy Gesicht," "Mein kluges Gesicht" und "Mein liebes Gesicht" Schminktipps nach dem Muster von Frauenzeitschriften gegeben werden. So wird hier das Bild des "eigenen" Gesichts ausschließlich auf die gesellschaftliche Wirkung hin gestaltet. Die Gesichtserie veranschaulicht so Kreidls Leitsatz "Es gibt kein privates Gesicht,"[21] mit dem sie im Gespräch mit Lucas Cejpek über *In allen Einzelheiten* auf die Fiktionalität ihrer Autobiographie verweist. Sogar das "natürliche" Gesicht bedarf eines ausgedehnten Schminkrituals und wird damit zu einer Maske der Natürlichkeit stilisiert.

MEIN NATÜRLICHES GESICHT Natürlich heißt nicht frisch aus der Dusche und einfach eincremen. Natürlich, das ist mein Alltagsgesicht. Augenbrauen in Form bürsten, Augenringe abdecken. Transparente Grundierung und pfirsichfarbenes Creme-Rouge auftragen. Lider mit hellem Lidschatten ausmalen. Die Wimpern leicht tuschen. Keinen Lippenstift verwenden, nur die Kontur der Lippen nachzeichnen, nach innen verwischen. Gloss. (K 70)

Die Schminktipps scheinen in diesen Texten einfach aus einem Modejournal kopiert zu sein und werden ohne sprachlich oder formal sichtbare Brüche reproduziert. Gebrochen und subvertiert werden diese Vorlagen und Klischees durch die "situative Ironisierung."[22] "Situativ" meint hier, dass die Ironie erst vor der Folie gesellschaftlicher Normen entsteht, vor der Folie der von Frauenzeitschriften propagierten Bildern des weiblichen Gesichts und dadurch, dass diese Normen durch Aneinanderreihung und Verdichtung katalogisiert werden. Der Katalog als Genre wird hier also zum Stilmittel, der das Komische des zurechtgemachten Gesichts als Maske für bestimmte gesellschaftliche Situationen offen legt.

Was aus konventionellen Zuschreibungen werden kann, wenn man Kategorien verschiebt, wird dann durch die beiden Textserien vorgeführt, die in jedem Kapitel erscheinen und mit "Rosen, männlich" und "Tische, weiblich" übertitelt sind. In diesen Überschriften wird auf die grammatische Kategorie des Geschlechts verwiesen, das hier vertauscht wird. Auf der Inhaltsebene wird durch dieses Vertauschen von "männlich" und "weiblich" wieder mit Klischees gespielt. Rosen sind ja teilweise nach ihren Züchtern und Entdeckern benannt. Diese Namen werden sozusagen beim Wort genommen und bezeichnen im Text Männer, die wie Pflanzen beschrieben werden. Beschaffenheit, Geruch und Eigenschaften werden aufgelistet und ergeben überraschende Porträts.

> Alfred de Dalmas ist klein und rundlich. Er hat große, braune Augen. Seine Wangen sind hellrosa.
> Allan Chandler ist sehr widerstandsfähig. Er hat einen harten Schwanz. Er kommt sehr früh.
> André le Troquer ist 50. Er ist nicht so robust wie andere Männer. Er ist weich. Er hat es gern warm und feucht. Er ist im Herbst am schönsten. (K 15)

Hier wird also mit Verzeichnissen gespielt, indem diese zweckentfremdet werden. Beschreibungsmuster aus der Botanik bilden das vorgegebene Sprachmaterial, das auf den männlichen Körper angewandt wird und dadurch ungewöhnliche Bilder produziert. Durch diese Verschiebung entstehen in der Spannung zwischen Konzept und Zufall unterwartete und zufällige komische Effekte, die die Künstlichkeit gängiger Zuordnungen aufdecken. Die Rosenserie ist einer jener Kurztexte in *In allen Einzelheiten*, die in keinerlei Beziehung zu einer Selbstbeschreibung gebracht werden können. Gerade dadurch aber, dass die Rosenserie in jedem Kapitel vorkommt, wirkt sie innerhalb der Textkomposition wie ein Refrain, der fast programmatisch das Verfahren der Autorin vorführt: das Spiel mit Klassen, Gattungen und Verzeichnissen, deren Grenzen überschritten werden, indem verknüpft wird, was nicht zusammen gehört. Die Darstellung von Realität wird so als ständiges Experiment vorgeführt, das voller Überraschungsmomente steckt.

Ins Verzeichnis aufgenommen wird, was die Autorin während des Schreibens liest. Das Konzept, nach dem sie liest, aufnimmt und ordnet, folgt, wie sie in dem Gespräch mit Cejpek meint, dem Zufall und dem Lustprinzip: "Die verschiedenen Serien sind...beim Lesen und Schreiben entstanden. Zu den Rosen bin ich über den Garten gekommen, über ein Buch über Rosenzucht. Die Eigenschaften der Rosen auf Frauen zu übertragen, das ist ein Cliché. Ich habe Lust gehabt, die Rosen männlich zu schreiben, dass zum Beispiel Männer nach Himbeeren riechen, oder im Herbst am schönsten sind."[23] Durch die Auswahl des Materials, mit dem sie arbeitet, legt sie auch immer ihre jeweiligen Interessen offen. "Von den "Rosen männlich" bin ich zu den "Tischen weiblich" gekommen,"[24] sagt Kreidl, und weist damit auf das Zufallsprinzip hin, dem in ihren Texten eine wichtige Rolle zukommt. Aufgenommen in die Texte wird, wohin der Blick beim Blättern in Büchern, Bildbänden, Zeitschriften und Zeitschriften fällt, und das, was das Interesse der Autorin weckt.

Warum die grammatische Kategorie "weiblich" gerade dem Tisch zugeordnet wird, kann vielleicht mit dem folgenden Hinweis erklärt werden. In einem Artikel in der Wiener Zeitung *Die Presse* schreibt Kreidl, dass ihr Arbeitstisch der Küchentisch sei.[25] Bei den Texten "Tische, weiblich" handelt es sich um eine Beschreibung von Stillleben, also um Beschreibungen eines gedeckten Tisches. So könnte das weibliche Geschlecht der Tische auf die Küche als weiblichen Arbeitsplatz, als "Ort der Frau," verweisen, den Kreidl sozusagen umfunktioniert und zweckentfremdet. Erhärtet wird diese These durch den Einblick in ihre Arbeitsweise, den Kreidl anhand der Tisch-Serie gibt: "Ich habe mich, wie man an den Texten merkt, mit den Stillleben beschäftigt, und auf diesen 'Tischen' die Lektüre sozusagen aufgehäuft, die Exzerpte bearbeitet und wieder bearbeitet—umgeschrieben, weggelassen—bis jeder 'Tisch' für sich gestimmt hat."[26] Verbindet man also die Beschreibung, die Kreidl von ihrer Arbeitsweise und ihrem Arbeitsplatz gibt, so entsteht das Bild der Autorin als "Sammlerin" von Lektüre, die sie am "Ort der Frau," der Küche, zu Texten montiert.

Mit diesem Verfahren des "Aufhäufens," "Bearbeitens" und "Umschreibens" zum "Still-Leben" wird auch das übergeordnete Ordnungsprinzip des gesamten Textes angesprochen, also die Oberflächenstruktur des Textes, wie sie sich—wie zum Beispiel anhand der Titel der "Bilder" oder der "Portraits"—präsentiert: nämlich das Ordnen von Wörtern und Sätzen zu Textbildern, die das Leben in Bildausschnitte und Porträts bannen. Das Leben wird nach "Bildern aus Sprache" kategorisiert, die wie im Museum nach bestimmten Kriterien gehängt und ausgestellt werden. In diesem Sinne werden die Texte in *In allen Einzelheiten* zum Ausstellungskatalog, wo die Ordnungskriterien der "Kuratorin" offen gelegt werden. Besonders transparent wird das in der Serie "Skizzen, Skulpturen" (K 74–80), wo, wie auf Bildtafeln im Museum, Bildtitel und Material aufgelistet werden.

EINE ROSE UND EINE GELBE ROSE
Die Farbe Rot. Die Farbe Gelb. Farbstifte, Papier.

DIE BLAUE VASE
Die Farbe Blau. Farbstift, Transparentpapier. (K 74)

Diese Struktur der Auflistung von vorgegebenem Material zum "Ausstellungskatalog" wird formal im ganzen Buch eingehalten. Neben Texten, die mit autobiographischen Elementen spielen, wird ein Arsenal von Dingen, Pflanzen und Naturelementen ins Verzeichnis aufgenommen und zu Wort-, Satz- und Bilderreihen geordnet. Isoliert betrachtet verweisen diese "Bilder" und "Listen" aus Beschreibungen von Zeichnungen, Skulpturen, Räumen, Möbeln, Kleidern und Speisen, Blumen und Bäumen, Wolkenformationen und Windarten weder auf eine fiktionale Struktur noch auf Autobiographisches. Wie ich im Folgenden ausführen werde, kann aber gerade auch die Katalogstruktur mit Kreidls Begriff des Fiktional-Autobiographischen verbunden werden.

In Cejpeks *16.000 Kilometer. Selbstbeschreibung* (1998), einem Text, der aus den "Wiener Vorlesungen zur Literatur" (1997) hervorgegangen ist, findet man Überlegungen, die sich durchaus auch auf Kreidls Katalog anwenden lassen. Cejpek spricht dort von der "Welt als Aufzählung"[27] und verweist unter anderem auf ein Zitat von Roland Barthes in dessen *Mythen des Alltags*. In seinem Essay über Jules Verne, "Nautilus und Trunkenes Schiff" versteht Barthes dessen literarische Reisen als Bewegungen in einer "möblierten," abgeschlossenen und sicheren Romanwelt, als kindliches und bürgerliches Sich-Einrichten, -Eingrenzen und -Abschließen. "Sich einschließen und einrichten, das ist der existentielle Traum der Kindheit...," schreibt Barthes und meint weiter, dass die Welt für Verne endlich sei, "...voll von zählbaren und sich berührenden Dingen. Der Künstler kann keine andere Aufgabe haben als Kataloge und Inventarien aufstellen."[28]

Auch die Struktur von *In allen Einzelheiten* führt als poetischer Katolog Kreidls "Blick auf die Welt" vor. Das, was Barthes in Bezug auf Verne als kindlich und bürgerlich beschreibt, also das Bauen eingegrenzter, sicherer und verdinglichter Räume, von denen aus man die Welt betrachten und deuten kann—so die Metapher des Schiffes in Barthes' Essay—wird bei Kreidl spielerisch unterwandert, als Spiel mit dem, was sie umgibt, als Spiel mit dem Schauen, Lesen, Aufnehmen, Auswählen, Ordnen und Erzählen, also als Spiel mit dem, was "Ich und Welt" ist. Die Oberflächenstrukur des Textes, also seine Form, spiegelt eine Stabilität der Welt vor, die durch die Instabilität des Ich und durch die Zufälligkeit der Auswahlkriterien immer wieder "ins Schwimmen" gerät.

Die Autorin stellt also in *In allen Einzelheiten* durchaus einen Selbstbezug her, und zwar nicht als Verfasserin einer traditionellen "Selberlebensbeschreibung" sondern als distanzierte Betrachterin, Beobachterin und letztendlich als "Kuratorin" der "Welt als Ausstellung," deren Erscheinungen und Elemente sie nach eigenen Kriterien sammelt und ordnet. Die Distanz der Autorin zum Ich im Text wird dann noch dadurch verstärkt, dass verschiedenartige Ich-Präsentationen, zum Beispiel innerhalb der Geschlechterfrage, populärer Psychodiskurse und der Mode, als Abbilder konventioneller Fremdbilder entlarvt, verdinglicht und ebenfalls als Inventar in den Katalog aufgenommen und eingeordnet werden. Innerhalb dieser "Ordnung der Dinge" oder, besser, "der Wörter" aber entsteht, wie wir aus dem Vorhergehenden immer wieder gesehen haben, Ungereimtes. Dieses "Unreine," wie Kreidl das nennt, findet sowohl auf der inhaltlichen Ebene, wie in den sechs "Bildern," sowie auf der sprachlichen Ebene, wie zum Beispiel durch Bedeutungsverschiebungen in der Rosenserie, immer wieder statt.

In der Serie "Sätze" zum Beispiel, wird die "Weltordnung" anhand von gängigen "Wahrheiten" konstruiert, die nach keinem erkennbaren Prinzip in einer Liste geordnet sind. In dieser Liste erscheinen Sätze, die Tatsachen beschreiben, wie "Fünf Finger sind eine Hand" (K 93) oder "Schokoladezysten sind mit Blut gefüllt" (K 93), Redewendungen, wie "Einmal ist keinmal" (K 93) oder "Wer A sagt muss auch B sagen" (K 94) und Sätze, die dem religiösen oder dem Volksglauben angehören oder bereits überholte "Wahrheiten" aussprechen, wie "Engel haben weiße, kalte Füße" (K 94) oder "Durch Masturbieren verlängern sich die Schamlippen" (K 94). Bei einem Teil dieser Sätze kann also der Wahrheitsbeweis angetreten werden, während andere Sätze kulturell und historisch konditionierte "Wahrheiten" reproduzieren. Durch die Auflistung werden "Wahrheiten" und "Scheinwahrheiten" gleich gewertet, und so unterwandert diese Liste das Konzept der "objektiven" Wahrheit. Literarisiert wird die Liste dann vor allem durch das, was ich hier als "poetische Wahrheit" bezeichnen möchte. Sätze wie "Flaschen entfalten sich im Raum" (K 92) oder "Das Bild ist ein tragbares Fenster" (K 92) beschreiben den subjektiven Blick, in dem sich das ästhetische Empfinden der Betrachterin spiegelt. "Wahr" sind solche Sätze dann nur, wenn die LeserInnen des Textes dem poetischen "Blick auf die Welt" folgen und ihn ästhetisch nachvollziehen.

Ist also das Konzept dieses poetischen Katalogs genau kalkuliertes Spiel, so entstehen die Brüche wie durch Zufall, indem sich die Autorin, wie sie das nennt, "verliest." So erscheint in der Liste "Sätze" plötzlich ein Satz, der einen Fehler beinhaltet. "Sparbücher haben einen Schlitz" (K 95) heißt es da, und diese Vermischung zweier Gegenstände wirkt wie ein Versprecher, vor allem, da die Gegenstände "Sparbuch" und "Sparschwein" in das gleiche Bedeutungsfeld fallen. Kreidl selbst bezeichnet ihr Buch als Mischung aus Konzept und Zufall, da sie auf das Zufällige, auf die Abschweifung bei der Lektüre, nicht verzichten wolle.[29] In diesem Sinne wirkt das Verzeichnis "fehlerhaft," da das schreibende Ich das "Verlesen" zulässt und in den Text aufnimmt.

So kann man zusammenfassend sagen, dass es sich bei *In allen Einzelheiten* zwar in keiner Weise um eine traditionelle Autobiographie handelt. Gerade an der Art und Weise jedoch, wie Kreidl diese Gattung negiert, lassen sich die wichtigsten Aspekte des autobiographischen Schreibens ablesen. Der Text bietet zwar keinerlei "Lebensbeschreibung" in Form eines Narrativs, aber gerade vor der Folie dieses streng verformelten "poetischen Katalogs der Welt" können das Zufällige und die Abschweifungen, also das "Unreine" des autobiographischen Inventarisierens sichtbar werden. Das Neue in *In allen Einzelheiten* ist meiner Meinung nach gerade dieses Spiel mit dem Zufall und die Weigerung, diese Zufälle durch die Einordnung in das Sprachkunstwerk, durch das Integrieren der Zufälle in ein Ordnungssystem auszumerzen. Auch wird die "Inventur" in diesem Text durchaus im Blick auf die Beziehung von "Ich und Welt" gemacht: Selbstbilder und Gefühle sowie Erscheinungen und Dinge werden zusammengetragen, geordnet und umgeordnet. Durch das Überschreiten und Verschieben von Bedeutungen werden aber traditionelle Muster der Ich- und Weltbeschreibung ad absurdum geführt und Fragen nach der Authentizität von Subjektivität und Erinnerung in einer fremdbestimmten Lebenswelt aufgeworfen.

So wird "in allen Einzelheiten" vorgeführt, was dem Ich, der Frau, an Identität zugeteilt wird: die begrenzten Handlungsräume, die Auswahl der sie umgebenden Dinge, die sie sieht und zwischen denen sie sich bewegt, sowie die Sätze, Wahrheiten und Bilder, die ihr durch die Gesellschaft vorgegeben werden. Keine der von

Kreidl aufgelisteten Selbstthematisierungsmöglichkeiten, wie zum Beispiel die dramatische Selbstinszenierung, das Selbstporträt, die Heiratsanzeige, das Geständnis oder der Psychodiskurs, führt jedoch näher an ein authentisches Ich heran. Im Gegenteil, das, was sich im Text als Selbstbeschreibung gibt, ist insofern immer auch Fremdbeschreibung, als im gesamten Text gesellschaftliche Diskurse, bürgerliche Mythen und deren Trivialisierung und Popularisierung im Klischee und in der Werbung das Selbstbild bestimmen. Die Porträts der Frauen und die Selbstporträts werden vor der Folie standardisierter Bilder und institutionell geregelter Diskurse, die durch die Massenmedien vermittelt werden, als rein künstlich präsentiert.

Andererseits aber wird das, was gesellschaftlich vorgegeben ist, durch die Struktur des Textes zu einem Eigenen, es wird individualisiert. Wie Kreidl sagt: "Natürlich geht das Material auch durch mich hindurch...ich spreche beim Schreiben laut, das heißt, der Text bekommt eine bestimmte Melodie, meine Melodie. Das würde ich das Eigene nennen."[30] Die Textmelodie entsteht hier durch die Art und Weise der Auflistung, wie der rhythmischen und lautmalerischen Kombination von Sätzen und Wörtern sowie durch unvermittelte Auslassungen und Zufälligkeiten. Das Aufnehmen des Materials, das Kreidl auch als Aufnehmen mit und durch ihren Körper beschreibt und das "Umsprechen" dieses Materials zur eigenen Melodie beinhaltet trotz der ironischen Vorführung der Welt als "Warenkatalog" auch ein optimistisches Element. So wird die Textmelodie und das Schreiben und Arrangieren der Szenen, Bilder und Porträts zum subversiven Spiel der Autorin mit und zwischen diesen Bildern und Diskursen, zum literarischen Experiment mit der Autobiographie.

University of Sydney

Notes

1. Seit 1990 kamen die meisten ihrer Theater- und Hörstücke sowohl in den deutschsprachigen Ländern, als auch im Ausland zur Aufführung. Seit 1995 erschienen zahlreiche Prosabände. Kreidl erhielt bereits mehrere Literaturpreise, und zunehmend werden ihre Texte auch in andere Sprachen übersetzt.
2. Margret Kreidl, *In allen Einzelheiten. Katalog* (Klagenfurt, Wien: Ritter, 1998). Alle Zitate, die dieser Quelle entnommen sind, werden im Text als K mit Seitenzahl angeführt.
3. Margret Kreidl, *Kleine Zeitung* (Graz, 11. Juni 2000): 58.
4. Thomas Trenkler, "Vierfärbig–und schnell geht's ab ins Blaue," *Der Standard* (Wien, 16. April 93): o.S.
5. Margret Kreidl, *Kleine Zeitung* (Graz, 11. Juni 2000): 58.
6. *Zettelwerk. Gespräche zu einer möglichen Form*, Lucas Cejpek, Hg. (Wien: Sonderzahl, 1999) 49.
7. Philippe Lejeune, *Der autobiographische Pakt* (Frankfurt/M.: Suhrkamp, 1994) 14. (*Le pacte autobiographique* (Paris: Editions du Seuil, 1975). Nach Lejeune muss eine Autobiographie

u.a. folgende Bedingungen erfüllen: Erzählt werden muss ein individuelles Leben. Die Identität von Autor und Erzähler sowie von Erzähler und Hauptfigur muss gegeben sein.

8. James Olney, "Autobiography and the Cultural Moment. A Thematic, Historical, and Bibliographical Introduction," *Autobiography: Essays Theoretical and Critical*, James Olney, Hg. (Princeton, N.J.: Princeton UP, 1980) 6.

9. Im Deutschen wird dieser von Jean Paul entlehnte Ausdruck in Abhandlungen über Autobiographie immer wieder verwendet. Siehe z.b. Carola Hilmes, *Das inventarische und das inventorische Ich. Grenzfälle des Autobiographischen* (Heidelberg: Universitätsverlag C. Winter, 2000) 11.

10. Leigh Gilmore, "The Mark of Autobiography: Postmodernism, Autobiography, and Genre," *Autobiography and Postmodernism*, eds. Kathleen Ashley, Leigh Gilmore und Gerald Peters, (Amherst: Massachusetts UP, 1994) 6.

11. Sandra Frieden, *Autobiography, Self into Form: German Language Autobiographical Writings of the 1970s* (Frankfurt/M.: Peter Lang, 1983) 28.

12. Cejpek, *Zettelwerk* 50.

13. Vgl. Luce Irigaray, "Das Geschlecht, das nicht eins ist," *Das Geschlecht, das nicht eins ist* (Berlin: Merve, 1979) 25. ("Sie ist weder eine noch zwei. Bei aller Anstrengung kann sie nicht als eine Person, noch auch als zwei, bestimmt werden. Sie widersteht jeder adäquaten Definition.") Die Diskussionen über das autobiographische Schreiben von Frauen kreisen um diese Problematik und versuchen, gerade die Instabilität des weiblichen Subjekts für die Neuorientierung der Autobiographie fruchtbar zu machen. (Siehe u.a. Domna Stanton, ed., *The Female Autograph* (New York: New York Literary Forum, 1984); Bella Brodski und Celeste Schenk, Hg., *Life/Lines: Theorizing Women's Autobiography* (Ithaca and London: Cornell University Press, 1988) und Kathleen Ashley, Leigh Gilmore und Gerald Peters, eds., *Autobiography and Postmodernism*, a.a.O.).

14. Kreidls "Szenen einer Liebe" in diesem Monolog erinnern natürlich an viele bekannte Liebesgeschichten der Literatur, wo im Liebesdiskurs die Grenzen zwischen Innen und Außen, zwischen Selbstbild und Fremdbild verschwimmen. Besonders interessant erscheint mir hier ein Hinweis auf Bachmanns Monolog "Undine geht" und zwar auch, da der Titel von Kreidls Stück *Unter Wasser*, aus dem die "Bilder" stammen, auf die Wassermetaphorik in "Undine geht" verweisen könnte. Siehe Ingeborg Bachmann, "Undine geht," *Das dreißigste Jahr* (München: Piper, 1997, 4. Aufl.) 176–186.

15. Cejpek, *Zettelwerk* 53.

16. Ebd. 53.

17. Ebd. 50.

18. Leigh Gilmore, "Policing Truth: Confession, Gender, and Autobiographical Authority," *Autobiography and Postmodernism*, eds. Kathleen Ashley, Leigh Gilmore und Gerald Peters, (Amherst: Massachusetts UP, 1994): 56.

19. Insofern spiegelt Kreidls Geständnisserie, was Gilmore über den autobiographischen Akt des Gestehens und dessen Bezug zur Wahrheit schreibt: "The very act of confessing seems almost to conspire against the one bound to tell the truth. That is, in telling the *truth*, autobiographers usually narrate, and thereby shift the emphasis to *telling* the truth. Because the subject of autobiography is a self-representation and not the autobiographer her/himself, most contemporary critics describe this 'self' as fiction. When we locate the pressure to tell the truth, the problematical alliance between fact and fiction in autobiography begins to emerge" (Gilmore 68).

20. Cejpek, *Zettelwerk* 49.

21. Ebd. 50.
22. Siehe hier zum Begriff "situative Ironisierung" *Harenberg Lexikon der Weltliteratur. Auto-ren-Werke-Begriffe*, 1 (Dortmund: Harenberg Lexikon Verlag, 1995) 1447–1448.
23. Cejpek, *Zettelwerk* 52.
24. Ebd. 52.
25. Margret Kreidl, "Was ich lese" *Die Presse* (Wien, 17. Juli 1999): 6.
26. Cejpek, *Zettelwerk* 52.
27. Lucas Cejpek, *16.000 Kilometer. Selbstbeschreibung* (Wien: Turia+Kant, 1998) 12.
28. Roland Barthes, "Nautilus und Trunkenes Schiff," *Mythen des Alltags* (Frankfurt/M.: Suhr-kamp, 1964) 39–40.
29. Cejpek, *Zettelwerk* 52.
30. Ebd. 53.

WILLY RIEMER

Michael Haneke, *Funny Games*: Violence and the Media

At the Cannes film festival, in 1997, red stickers were put on the tickets for the premiere of Michael Haneke's *Funny Games,* warning that the audience might find some scenes of the film shocking. The headlines of the reviews then referred to the A@electrochoc@ that had indeed been administered to the audience, usually with comparisons to Quentin Tarantino's *Reservoir Dogs,* which in 1992 had received a similar caution about on-screen violence, and to *C'est arrivé près de chez vous* (Man Bites Dog, 1992), the pseudo-documentary about a serial killer. *Funny Games,* however, features no graphic violence, nor does it exploit violence for any possible entertainment value. For Michael Haneke (*1942), the commodification of media violence is a conspicuous symptom for the moral degradation in the post-industrial life style. His films provide an incisive diagnosis of this condition. *Funny Games* is disturbing to the audience because Haneke's uncompromising cinematography deconstructs genre expectations for ultraviolence, breaks film industry taboos, and insistently questions viewing practices cultivated by mainstream productions and television. With this agenda, the murderous violence performed by the two young men in *Funny Games* turns out to be distressing to watch.

The young serial killers Paul (Arno Frisch) and Peter (Frank Giering) insert a wry sort of humor into *Funny Games,* a humor that makes their deeds all the more gruesome. The film begins with the conventions of a thriller. An affluent family—parents (Anna and Georg), their young son, dog, and with sailboat in tow—arrives at the vacation home. The idyllic landscape and the secluded building by the lake suggest peace and tranquillity far from the vicissitudes of urban life. As they busy themselves with unpacking and getting settled, Peter and then Paul appear, casually dressed in shorts, sneakers, and wearing white gloves. They politely explain that they are guests of the neighbors, that they have run out of eggs and that they need help. What starts as seemingly friendly chitchat soon turns into a menacing confrontation. Violence and psychological torture ensue and escalate. In time, the dog is killed with a golf club and then in agonizing sequences all three people are murdered, the boy first. In most films foregrounding ultraviolence, murder is linked with robbery; this pair seems to commit murder just for sadistic pleasure. With their white gloves and lust for inflicting pain, they could be out on a rampage with the Alex of the early sequences of random violence in *A Clockwork Orange* (1971), if they were not so devilishly refined in their conduct and calculating in their actions. *Funny Games* peels back the gloss and luster of media violence, exposes its baneful reality, and with referential devices accuses the viewers for their complicity in such spectacles.

The public debate about media violence has had a problematic track record. It has been widely assumed that the depiction of violence in film and television has insidious effects that include a desensitization of the spectator towards acts of cruelty and suffering, an unwarranted fear of real-world crime, and, in children especially, the development of a disposition to aggressive behavior. The various inquiries on "effects" generally assume a passive spectator. This convenient oversimplification has contributed to the inconsistency of research results and inconclusiveness of the discussions.

Research on viewer response has been conducted along two rather different lines characterized by the concepts of the implicit spectator and the empirical audience. Especially in film theory, the viewer has been regarded as a spectator inscribed in the text itself. That is, the structural and thematic details of the film presume an "ideal" response regardless of the diversity of actual viewers in the theatre or in front of the television set. Typically such analysis works with concepts such as suture and the gaze and relies for its theoretical underpinning on sophisticated adaptations drawn, for example, from the writings of Sigmund Freud and Jacques Lacan. Hence, the spectator who is inscribed into the film text is a unitary construction that may enrich the decoding and interpretation of formations in suitable films. It has little to say about the actual audience response beyond the narrow interpretive focus. The term "audience" similarly is a construction that reflects the specific interests of a discourse, but its reductiveness constitutes groups from the response of actual or anticipated viewers. Producers, for example, consider the age and gender of their target audiences in designing and marketing movies. Television advertising favors viewers who are fifteen to 35 years old, female, and thus potential consumers of products promoted in the commercials; programming that targets this sector therefore receives preference. Much of the research on "effects" has focused on the statistically interpreted behavior of children exposed to the media. In every instance, the viewer is treated as an entity in a model, a passive factor stripped of the complexity of actual life.

In other approaches, the viewer's reponse to violence is given the possibility of a more differentiated role. Annette Hill, for example, demonstrates that the manner in which violence is represented determines whether it is perceived as entertaining. Images that in style and contents reflect situations possible in everyday life are not considered to be enjoyable. On the other hand, films that seem artificial and inventive in their screen realism provide a safe zone for the viewer.[1] Participation in such "games," of course, presumes a familiarity with this kind of film, a certain media literacy.

A more productive approach explores the phenomenon of excitatory transfer in the viewer. Violence represented in a certain style can provide the potential for enjoyment by increasing emotional arousal. Indeed, that is an important reason for the popularity of violence on television and in feature films, as well as in contact sports. Since such stylized mayhem involves visual conflict and action, it is readily accessible and discernible and can therefore draw a large audience. Just as the persistence of separate images leads to the illusion of continuous action in film, so too the slow excitatory adaptation to perceptual changes makes a dramaturgy of response possible. Dolf Zillmann suggests that the excitation generated by an event lingers to become attached to subsequent events.[2] That is, the arousal carries over to later events that may be cognitively quite different. The excitatory residue of a scene of extreme violence perpetrated by a killer thus heightens the excitement felt at a later stage when vicious crimes are punished with even more, though now sanctioned, brutal behavior.

On first viewing, *Funny Games* may seem like a return to the days of the "Production Code." The film certainly does not elicit sympathy for the two serial killers, and the style of depicting the murders is not likely to recruit imitators. The dog is killed with a golf club. Both the little boy and his father are killed off-screen with a shotgun. The tied and gagged mother is nonchalantly tipped overboard to drown. Yet, the recreational killers go unpunished, their gratuitous murders unchecked. Even seasoned fans of violent films find it disturbing to view violence against women and children.[3]

There is only one act of violence that is shown in graphic detail—the shooting of Peter by Anna. It is performed in a context that does not allow the "enjoyable" game-playing mode. Paul's analytical commentaries and satirical performances are designed to irritate the viewer. Indeed, Haneke spares no effort to make the viewer realize that deriving pleasure from watching the infliction of pain and injury is the wrong kind of game to be playing. However, he is not simply abiding by moralistic conventions of an era in the past but rather positioning the viewer to understand the commerce of commodified violence.

Desensitization to depictions of violence may well be limited to its theatricality and special effects. The innovative cinematography of *Bonnie and Clyde* (1967), for example, looks not nearly so striking when compared to that of *Natural Born Killers* (1994). Oliver Stone's exciting collage of elements from documentary to music video, together with breakneck editing of shots, hardly leave time for contemplating the gruesome action. *Funny Games*, unlike any of the films mentioned, uses sequence shots and very long takes to give the viewer much time not only to take in the action but also to come to terms with it. The most striking example occurs after the boy is shot. After a close-up of the blood-streaked television set, the dimly lit living room is framed, with Anna on one of the couches, the corpse of the boy on the floor close by. The only sound is the noise of the car racing from the television. For an entire minute there is no movement or sound, then Anna turns her head, struggles to get up, hobbles to the television set, and kneels to turn it off. For an additional nine minutes, the sequence shot continues as the viewer has to deal with agony and trauma. Needless to say, whatever arousal might have been there is long dissipated. Through its dramaturgy, *Funny Games* precludes excitatory transfer.

There are no roller coaster boosts of arousal as the narrative unfolds from its harmless beginning, nor any pleasures of intertextual recognition. The lighthearted little game in the roadside café of *Natural Born Killers*, in which Mickey and Mallory decide who is to be shot, becomes a protracted and repeated mechanism for deciding the next murder victim in *Funny Games*. Questioned as to why they are doing this, Paul spoofs convention and invents several variants of stories typically used in movies for explaining the motivation for serial killers. For Haneke, explanations won't do—they are the first step to acceptance.

In *Funny Games*, sound structures and conditions how spectators interpret images. This power becomes especially obvious when the opening sequence is viewed first without and then with sound. An aerial shot shows an SUV pulling a sailboat on a trailer, driving along a highway and later along backroads. The camera always centers the vehicle, as if in the cross-hairs of a weapon. The camera closes in and then shows the driver and passengers of the SUV—people going on vacation. The faces are sometimes happy, sometimes with no distinct expression. The scene could be a commercial for a resort, for SUVs or sailboats. Then garish red letters overprint and blot out most of the image with the title of the film and then with the credits.

The same scene with sound has a very different effect. As the camera tracks and then approaches the vehicle, classical music is heard; first it seems to be diffuse background music, but then the inside shot shows the viewer that Anna and Georg are playing a guessing game with short segments from CDs that she pulls from a collection and slips into the player: Händel, Mascagni, Mozart, the glorious tenor voice of Gigli. As in recent Haneke films, the music is diegetic: The audience hears the music and sees its source. Then, as the title and credits are imposed on the image, the comfortably tonal classical music is abruptly displaced by a montage of strident sound clusters and eruptive rhythms, something like the sound of sheet metal scraping along broken glass, shrill, irritating and pierced with screams.

As Andreij Tarkovskij pointed out, music does not only illustrate an image but also opens the possibility of evoking a qualitatively different impression of the same material.[4] For his intrusive music at the end of the opening sequence and also on two other occasions in the film, Haneke uses two cuts from John Zorn's controversial hardcore CD *Grand Guignol,* both played by his project band "Naked City"— one called "Bonehead," the other "Hellraiser." Zorn's music is incongruous with the mood of the passengers. To the spectator, the same faces now seem anxious. But the passengers clearly do not hear Zorn's music: They continue with their guessing game and their lips move, now without being heard by the audience. As the car comes to a halt and Anna opens the door, Zorn's disturbing music stops. It did not come from within the car, nor was it part of the outside world of the diegesis.

With the intrusion of Zorn's music, indistinct reddish-brown streaks begin to discolor the left part of the windshield. It is not the sort of shape that could come from reflections off the window. Where did the music come from? Where did the streaks come from? The audience cannot tell. Conventional film music usually works to efface the instruments of production of the cinematic illusion, channelling and directing the audience's emotional response. In the opening sequence of *Funny Games,* the sound track first complements the image but then clearly separates from the image and goes its own way.

Apart from the screen itself, one can distinguish two types of space in film, one related to the diegesis, the other to the real space of the spectators. Mainstream film positions spectators to engage the images shown while safely and comfortably ensconced in their own separate space. They observe without risk, and they know it. Mary Ann Doane suggests that the traditional use of voice-off, that is, the voice of a character who is not visible within the frame, undermines the visual impression of the frame as a limit.[5] Even though they may be off-screen, context and action give characters a place in the diegesis. But this is where the characters remain. Haneke, however, further develops the possibilities of off-screen sound.

For the most part, Haneke's sound track seems very conventional. With some notable exceptions, sounds are synched with images; as expected, voices structure and vectorize what spectators see or get to know. But Haneke's use of off-screen sound—of which Zorn's music is an example—especially extends the diegesis to encroach on the space of the spectator. Haneke develops this effect as the events of the film unfold. Rather than watching from the periphery, the spectators—according to critics at Cannes—now feel in the midst of the action.

The first incidence of violence shows how readily and with a practiced eye spectators assemble and synthesize meaning. Paul, the more malicious of the two serial killers, strikes Georg with a golf club. Or at least it seems that way. The smack of the golf club striking flesh and bone and then the crumpling sound as Georg falls to the ground seem real enough. But in fact, nothing more has happened than Georg walking away, with a momentary flash across the image. In the next shot he is writhing on the floor, his son stooped over him. Paul, now off-screen, soothingly offers help, then walks into the scene. This, indeed, is Haneke's recurrent strategy of expanding diegetic space: A known voice is located off-screen, with the character then entering the field of view. Very little panning is used in *Funny Games*, as if to strengthen the suggestion that there is space out there in active use that need not be shown, space that includes the spectators.

Gaze and gesture are used to establish the connection between diegetic and spectator space. The next little game of humiliation and torture illustrates this. Earlier, before injuring Georg, Paul had asked to try out one of the new golf clubs, an iron, with the lake as driving range. Now, it turns out, he still has the golf ball— but what happened to the dog? Parodying the voice of a television game master, but using the language of a harmless children's game, he directs Anna in the search—cold, cold, warm etc., depending on proximity. As Anna walks along and searches, she looks over her shoulder straight out of the screen, presumably at Paul. This is where his voice had come from. But this is also spectator space. Off-screen sound and Anna's gaze thus suggest an overlapping of diegetic and spectator space, a connection between the spectators and the serial killers. As Anna continues her search, the camera pans with her and brings Paul's back into view. He turns his head; in close-up he faces the spectator and, with a smirk, winks in complicity at his newly-gained side-participant. Having established the extension of diegetic into spectator space, the gruesome scene with the dog then unfolds. Anna opens the car door, the limp carcass of her dog drops out. Cut.

Once the fourth quadrant of space has been claimed as part of the diegesis, the characters need no longer worry about presenting frontal shots: The spectators see Paul's back as often as they see his front. The connection of the spectators and the serial killers, still ambiguous at this stage, is then reinforced verbally. In the next game to be played, Georg is put on the couch while Paul gives advice from off-screen. This time it is a wager—Paul is betting that all members of the family will be dead by 9 o'clock next morning. His back appears, he then turns and addresses the audience: A wager is a good thing, right? What do you think? You're on their side, aren't you? As Paul's voice continues, the camera in close-up frames each victim in turn looking at Paul, thus looking at the spectator as compliant side-participant.

By now the relationship between the serial killers and the spectators is established. But complicity? After all, the spectators are not murderers. What the connection might be is suggested in the next episode. Peter is sitting on the couch and the spectators look over his shoulder as he watches TV. He zaps through programs, mostly with violent content. Reality TV, eruptions and explosions in nature, and finally an accident in a car race are shown. Television vastly expands the diegetic space now accessible, even if only as simulacrum. This is the medium that fills the days with its programming and that is known for its willingness to serve up violence and murder as entertainment.

Paul had obtained a shotgun but only two cartridges. Which of the three victims is to be shot? They use a simple *Auszählreim* to determine whose turn it will be. It all looks like a harmless children's game, as harmless as are television shows, unplanned, going where the spontaneous moment will take them. Haneke has the killers imitate some of the things people do when they watch television. Paul goes to the kitchen, not for a beer but to make a sandwich. He opens the refrigerator and takes out a few things. Against the cacophony of noise and sounds of violence from the TV in the other room, he asks whether he should bring his accomplice a snack as well. There is a heavy thud and then screams are heard. Paul calmly continues to prepare sandwiches. Off-screen with its connected spectator space now has become the place of violence and murder.

In the next shot the television set occupies most of the screen. This self-reflexive gesture is reminiscent of the murder scene in *Benny's Video* in which Haneke also deconstructs the viewer's role in the use of media. Regarding this film, Haneke remarked: "I would imagine that at some point the spectator then begins to understand something about his or her viewing habits."[6] As the camera pulls back, streaks of blood show on the wall and across the front of the television. The pattern is very similar to the discoloration across the window of the SUV in the opening sequence. The next take is the painfully long sequence shot previously discussed. The oppressive silence in this scene of horror now extends into the spectator space; there is a lot of time to consider what has just happened.

Again and again Haneke contrasts the pseudo-reality of the media with real life. For one thing, with video, time can be reversed. In the next game, conducted in the tone of camaraderie, the question is: Who will be shot and who will be knifed? And who gets to decide? Listening to Anna plead that it is enough, Paul turns in the now all-too-familiar pose and half-addresses the spectators and asks, "Is it enough?" In a moment of distraction Anna grabs the gun and shoots Paul's accomplice in the chest. In true TV-style, the impact as produced with special effects is shown in slow motion; the scene provides a performance of being shot. However, the outcome is not according to the usual script. Paul frantically searches for the remote; he finds it and rewinds the film that the viewer is watching, bringing his accomplice back to life. The story can now continue as planned: Georg is shot.

From the early editing innovations of D. W. Griffith to the stupendous sound effects in high-tech multiplex theaters today, fiction film has tried to immerse the viewer in the screened illusion. To maximize this effect, great care is taken to hide the cinematographic apparatus and to assure the viewer of a detached position. Films that critique this approach for ultraviolence often undermine the sense of impersonal detachment by exposing the apparatus. The violent action on the screen is fiction, to be sure, but yet there is an ingredient of reality that has made this fiction possible. In *Henry, Portrait of a Serial Killer* (1986), a camcorder sequence makes a murder all the more horrible by having the viewer watch with the killer. By being made aware of the apparatus but nevertheless staying to watch, the viewer tacitly becomes a mediated accomplice. *Man Bites Dog* goes one step further and has the serial killer enthusiastically explain a catalogue of techniques—straight to the camera. Haneke similarly has Paul address and try to engage the viewer directly. Even in the details of sound, space and shot design, Haneke reveals the apparatus. Several shots in the kitchen, for example, have the camera shift position, apparently for no other reason than through its movement to remind the viewer of its presence in the filming process.

All of Haneke's films are tightly structured; *Funny Games* is no exception. Anna, tied and gagged, is brought down to the sailboat. An aerial shot of the sail boat, idyllic in the blue water, is very similar to that of the opening sequence with the SUV. People are shown on vacation in a serene landscape. After Anna is pushed overboard, the boat continues to a dock across the lake. Paul approaches the house, he engages the woman who had come to the door in conversation, and he politely asks to borrow some eggs for breakfast. In close-up, he looks straight at the camera, straight at his side-participant; the film ends with this freeze frame. Now Zorn's music abruptly starts, shrill and violent; in large red letters the title obliterates most of the image. The credits then run against this music background.

In an interview, Haneke explains that in his films music is part of the contents, it is diegetic.[7] How then is Zorn's music to be explained? It occurs three times in the film. It has no evident diegetic source at the beginning and at the end of the film. However, it does occur a third time. The little boy has escaped to a neighbor's house; from off-screen he hears the sound of steps as they mark Paul's progress up the stairs; there is terror in his eyes. As he moves along in the dark to a doorway, he sees the legs of someone on the floor, the neighbor, now dead. Paul's voice can be heard in the tone of a hide-and-seek game: "I'm coming." And then: "I'll put on some music." He is seen inserting a CD; Zorn's shrapnel sound reverberates through the house as Paul makes his way to the inevitable conclusion of the chase. Indeed, since the actions of *Funny Games* are generally off-screen, most of the horror is transported by sound.

Although the neighbor has only a brief appearance at the beginning of the film, he leaves the impression of a very average sort of person; he evidently finds Zorn's music as entertaining and as harmless as the violence on television. The victims—and all the "potential victims" among the spectators—are part of the problem. The formal closure with a return to a mise-en-scène that is all too familiar and filled with horrible possibilities for new victims is not a return to some voyeuristic organicism but an exposure of complicity. Haneke's dramaturgy thus includes the spectator right from the start, though this is not evident until the end of the film.

It could be argued that Haneke's films too are models that narrow the degree of the viewer's participation; he brings in the horizon and allows critical thought only within closely-prescribed limits. But in his context he introduces an ethical dimension that is not found in many mainstream films. In 1913, at a time when film was striving for cultural respectability while enlarging its audience, Louis Haugmard remarked: "Through [film] the charmed masses will learn not to think anymore."[8] The notion of the passive viewer persists to this day, even though generations of critics and scholars have explored the complexities of viewing film. At one level of simplification one may say that each discourse produces its own viewers. The implicit spectator of canonical films, the statistical spectator who consumes the products of a specific segment of the culture industry, the television spectators who willingly allow their arousal levels to be manipulated in order then to be receptive to the commercials, the empirical viewers of movies who decode the constructions of genre films and intertexts—all of these reveal important aspects of film reception. None of them exist. They are simply invented instruments for research and analysis.

Walter Benjamin considered the spectator in the context of mass culture and concluded that the pleasure of seeing and experiencing is intimately coupled with the position of the expert.[11] With his films Haneke addresses both of these dimensions. Most people know raw violence from television or film, not from first-hand experience. Hill's report on her work with focus groups clearly shows that the participants were expert in the conventions of ultraviolent films. Violence in the media is a pervasive commodity, but Haneke targets especially viewers who are competent with this genre. He uses familiar narrative and expository devices to draw in the viewer. This consumer of genre fare, however, is at odds with Haneke's central agenda: to expose the debased moral values in films that show violence for pleasure. By opening the mise-en-scène of *Funny Games* onto the spectator space, drawing attention to the apparatus and using the sound track to short-circuit the response to suffering, the *auteur* Haneke challenges the spectators to reflect on their genre viewing habits.

University of Delaware

Notes

1. Annette Hill, *Shocking Entertainment: Viewer Response to Violent Movies* (Luton: University of Luton, 1997) 75.

2. Dolf Zillmann, "The Psychology of the Appeal of Portrayals of Violence," *Why We Watch: The Attractions of Violent Entertainment*, ed. Jeffrey Goldstein (New York: OUP, 1998) 207.

3. Hill 52.

4. Andrej Tarkovskij, *Die versiegelte Zeit. Gedanken zur Kunst, zur Ästhetik und Poetik des Films* (Berlin: Ullstein, 1996) 166.

5. Mary Ann Doane, "The Voice in the Cinema: The Articulation of Body and Space," *Movies and Methods* Vol. II, ed. Bill Nichols (Berkeley: University of California Press, 1985) 569.

6. Michael Haneke, "Beyond Mainstream Film. An Interview with Michael Haneke," *After Postmodernism: Austrian Literature and Film in Transition*, ed. Willy Riemer (Riverside: Ariadne Press, 2000) 163.

7. Ibid 169.

8. Cited in James Naremore and Parick Brantlinger, *Modernity and Mass Culture* (Bloomington: Indiana University Press, 1991) 6.

9. Walter Benjamin, *Das Kunstwerk im Zeitalter seiner technischen Reproduzierbarkeit* (Frankfurt: Suhrkamp, 1977) 33.

LARISSA CYBENKO

Diskussion über den Roman von Christoph Ransmayr *Die letzte Welt*

Zur Konstruktion von Moderne und Postmoderne

Das Wort "Postmoderne" spielt in den Diskussionen zum Roman Die letzte Welt (1988) von Christoph Ransmayr (*1954) eine große Rolle. Neben Umberto Ecos *Il nome della Rosa* und *Parfüm* von Patrik Süskind war dieses Werk fast einmündig zu den besten Vorbildern der postmodernen Literatur ernannt worden. Ähnlich wie es in Ecos Roman um die verlorene Handschrift geht, so ist Ransmayrs Roman "ein Buch über das Buch:" Die Metamorphosen von Ovid gestalten das Bildersystem in der Letzten Welt und werden selbst zum Subjekt des Sujets. Obwohl die Literaturkritik die Merkmale der Postmoderne in Ransmayrs Roman hervorhebt, bezweifelt sie jedoch die Eindeutigkeit der Interpretation. Es ergibt sich die Frage, in welchem Ausmaß Züge der Moderne und der Postmoderne im Roman *Die letzte Welt* konstatiert werden können. Es soll betont werden, dass die Begriffe "Moderne"—"Postmoderne" als deren Konstitution und "Modernismus"—"Postmodernismus" als deren Konzeption verstanden werden.[1] In meinem Versuch, diese Frage hier zu beantworten, halte ich die Trennung zwischen den beiden Begriffen jedoch nicht für eine absolute.

Wie schon der Name "Postmoderne" andeutet, folgt sie der Moderne und unterwirft "das Projekt der Moderne einer Revision," wie Tamara Hundorova betont.[2] Das gilt sowohl für die Literatur als auch für die Philosophie. Die Moderne wird durch die Postmoderne nicht verneint, sondern entsprechend der Wahrnehmung der neuesten Zeit weiterentwickelt. Wie eng die Postmoderne mit der Moderne verwandt ist, versucht die Studie *Unsere postmoderne Moderne* von Wolfgang Welsch darzustellen.[3] Auch Jürgen Petersen bemerkt, dass viele Werke der jüngeren Zeit, die als modern qualifiziert wurden, ohne weiteres auch als postmodern identifiziert werden können: "Erst die Zukunft, erst die Fülle der entsprechenden Romanliteratur wird zeigen, welche Elemente der Moderne in der Postmoderne aufgehoben und bewahrt, oder zugleich außer Kraft gesetzt wurden."[4]

Aus diesem Grunde ist es interessant, die beiden Epochen in ihrer typischen Eigenart darzustellen, ihre gemeinsamen und alternativen Züge zu betonen und Merkmale der einen sowie der anderen Methode in Ransmayr's Roman *Die letzte Welt* aufzudecken. Es ist jedoch nicht das Ziel meines Beitrages, eine detaillierte Analyse der beiden Richtungen und ihrer Methoden zu unternehmen. Die Aufmerksamkeit wird auf jene Momente gerichtet, die unmittelbaren Bezug auf die Arbeit mit und an den Mythen in Ransmayrs Roman und die zeitlich-räumliche Gestaltung seiner fiktiven Wirklichkeit haben. Gerade sie bestimmen, meiner Meinung nach, die Eigentümlichkeit der *Letzten Welt*. Dabei werden die Elemente der modernistischen Ästhetik und deren Tradition hervorgehoben und parallel dazu jene Momente aufgedeckt, die ihren Platz in den Dimensionen der Postmoderne bestimmen.

Was unterscheidet die Postmoderne von der Moderne? Diese Diskussion wird letztendlich durch die Situation der Jahrhundert- und Jahrtausendwenden bewirkt: "...es handelt davon," —schreibt Hundorova,

> dass das neueste Zeitalter—die Postmoderne—das Zeitalter der Moderne mit dem für sie eigenen Typ des Bewußtseins, der Kultur, der Ethik und der Politik auswechselt... die Problematik Modernity-Postmodernity bildet einen besonderen Rahmen, wo sich das gegenwärtige kulturelle Denken bewegt. In diesem Rahmen wird das Bewußtsein und der Kontext der historischen Moderne mit der Idee des Progresses und der gesellschaftlichen Praxis korreliert, auf derer Grund der Begriff der Gegenwart aufgebaut ist. Dagegen wird das heutige Zeitalter der technologisch-informativen Gesellschaft als "Postmoderne" oder "Postgegenwart" gekennzeichnet.[5]

Ungeachtet der Vielfalt der Begriffsdeutungen sind viele europäische wie auch amerikanische Forscher der Meinung, dass dem Postmodernismus "eine neue Sensibilität" eigen ist.[6] Zum Beispiel meint Welsch, dass die Postmoderne nur eine der Erscheinungsformen der Avantgarde sei: Die für sie eigene Pluralität sei für die Menschheit schon immer typisch gewesen, wurde aber in Hinsicht auf die totalitär-unifizierende Moderne unterdrückt. In der Postmoderne werde der Verlust der Einigkeit nicht mehr als Nachteil gedeutet, vielmehr sei es ihre Befreiung.[7] Andreas Huyssen und Klaus Scherpe sind jedoch der Ansicht, dass man die Postmoderne nicht als nur nächste Entwicklungsstufe der modernistischen und avantgardistischen Strömungen deuten dürfe, denn diese seien durch besondere Innovationen charakterisiert.[8]

Literatur- und Kulturforscher erklären, dass die Moderne sich bemühte, den erstarrenden Mechanismus der Gesellschaft zu überwinden, um zur verlorenen Fülle und Ganzheit zurückzufinden, zum alten philosophischen Glauben an den Fortschritt, an die Progression, die auf dem Glauben an die Wissenschaft basierte. Ihr Ideal war eine rationale und klare Organisation der Welt.[9] Das Zeitalter der Moderne versteht man auch als die Epoche "der großen Geschichten," und zwar der großen Emanzipationstheorien: der Wissenschaft, der Aufklärung und der Religion, die—nach Meinung des französischen Philosophen Jean-François Lyotard— unvermeidlich zum Untergang verurteilt waren, da sie Utopien entwickelten.[10] "Will man den Modernismus als Strömung mit einem Wort charakterisieren, so ist es das Wort 'utopisch,'" meint auch Olesen.[11] Und Peter Zima schreibt: "...die Autoren der Moderne werden immer von einem gemeinsamen Umstand vereint— von der Suche nach einer, oft utopischen Wahrheit...Diese Suche nach der ästhetischen, ethischen, politischen oder religiösen Wahrheit bleibt die Charakteristik der Moderne...Also, die Moderne—das ist eine Epoche, in der die utopische Dimension, sowie in der Kunst, als auch in der Politik die entscheidende Rolle spielt."[12]

Der Begriff der Utopie wird auch in Bezug auf *Die letzte Welt* verwendet.[13] Dabei wird die "Utopie" räumlich, in der ursprünglichen Bedeutung des Wortes als "der Ort, der nicht existiert" gebraucht. In einem Interview erklärte Ransmayr, was er unter Utopie versteht: Er sieht einen Zusammenhang zwischen Utopie und der Apokalypse als den "Untergang der Menschheit."[14] Ransmayrs Auslegung widerspricht aber dem traditionellen Sinn der Utopie, denn seine Menschen verschwinden allmählich aus der "letzten Welt" (die Verwandlung der Einwohner von Tomi). Der Autor versteht aber gerade dieses Verschwinden als "Befreiung;" er findet nur die menschenleere Landschaft vollkommen. Die modernistisch-utopische Idee der klaren Organisation der Welt, der Glaube an die Progression wird bei Ransmayr durch das postutopische, posthistorische Bewusstsein ersetzt, das für die Zeit typisch ist, an derer Anfang die Zerstörung der beliebigen Utopie steht. "Postmodernismus liegt...sowohl zeitlich, als auch theoretisch jenseits jeden Fortschrittsglaubens," heisst es bei Olesen.[15] Es wäre also bezüglich des Romans *Die letzte Welt* durchaus angemessen, den Begriff "Anti-Utopie" zu verwenden, und zwar immer dort, wo das "totalitäre" Rom und das "archaische" Tomi von der postmodernistischen Enttäuschung über den Verlust der klaren und rationalen Organisation der Welt erfüllt sind.

Viel Aufmerksamkeit widmet auch Dmytro Zatonskij den Fragen des Moderne als einer literarischen Methode. Wenn er den Terminus "Modernismus" hinsichtlich der nichtrealistischen Kunst gebraucht, so wird hervorgehoben, dass der

Modernismus im Vergleich zur Dekadenz als die "realistischere" Richtung gilt.[16] Zatonskijs Behauptung suggeriert die Perspektive von der Moderne zur Postmoderne mittels der dekadenten Wahrnehmung der Gegenwartsrealität. Hundorova meint, dass die Dekadenz gerade in jener Zeit auftauchte, die man auch in einem bestimmten Sinn "postmodernistisch" nennen kann: "Diese Periode resoniert dank den kulturellen Erscheinungen des marginalen Charakters in Hinsicht auf die vorhergehende Epoche mit dem gegenwärtigen postmodernistischen Bewusstsein—eine Tatsache, welche die Aufmerksamkeit zur dekadenten Bewegung verschärft."[17] Die Merkmale dieser "dekadenten Sensibilität" wie "Exotik, Halluzinationen, kultureller Passéismus, Mythos, Stilisierung, Künstlichkeit, literarisches Spiel, das Umschalten der Aufmerksamkeit auf dem Gebiet der künstlerischen Darstellung von der enthusiastischen personellen Stimme auf eine Suggestion, ein Symbol, eine Allusion"[18] sind Merkmale der literarischen Vorbilder des Postmodernismus. Diese "dekadente Sensibilität" ist auch dem Werk Ransmayrs eigen, und zwar dann, wenn es an die Tonalität der österreichischen Literatur des Fin de Siècle erinnert.

Laut Zatonskij ist für jene Werke, die in der modernistischen Tradition geschrieben sind, der ihnen "eigene" Realismus typisch, den Walther Rehm auch den "magischen Realismus" nannte.[19] Sein Wesen besteht in der organischen Verbindung des Phantastischen mit dem Realen. Neben dieser Definition kommt auch der Begriff "phantastischer Realismus" vor. Beim phantastischen Realismus sind Phantasie und Realität eng miteinander verbunden, das Phantastische ist nicht durch die mystischen übernatürlichen Kräfte bedingt, sondern erscheint in alltäglicher Umgebung. In Bezug auf Kafkas Schreiben bemerkt Zatonskij, dass "das Eindringen des Phantastischen nicht von merkwürdigen romantischen Effekten begleitet wird, sondern ganz natürlich vorkommt, und ohne Erstaunen hervorzurufen."[20] Die objektive Realität wird nicht verneint, sie wird quasi "in Klammer genommen," die ganze Aufmerksamkeit wird auf die Gefühle, auf den "Zustand der Seele" gerichtet. "Die Modernisten," so Zatonskij, "wenden sich zur Gegenstandswelt, und zwar wenn sie das grobe Eindringen des Materiellen in die ideellen geistigen Sphären, wenn sie die Alltagsexistenz mit Hilfe des Unvorstellbaren und Bizarren zerlegen, wenn sie eine phantasmagorische Einheit durch das Vermischen der realen Elemente schaffen. In diesen Fällen kommen sie immer zu einem Resultat: die Wiedergabe des Ungewöhnlichen, des Absurden, des Bedrohlichen und Instabilen, der kalten Grausamkeit des Daseins."[21]

Die Definition des "phantastischen Realismus" kommt in den literaturkritischen Essays zur *Letzten Welt* im Kontext der Bearbeitung der antiken Mythen durch Ransmayr am häufigsten vor. Ähnlich wie James Joyce wendet sich Ransmayr an mythologische Parallelen und verwandelt diese zu formalen Instrumenten. Die Verwandlungen verlaufen bei ihm in der Tradition der modernistischen Methode—die typische Entfremdung der Realität durch den erfundenen Kontext, die phantastischen Gestalten und Phänomene, die genaue Wiedergabe der Details. Bei der Darstellung der Szenen der Metamorphosen kommen oft Elemente des Expressionismus und des Surrealismus, sowie einige naturalistische Züge vor. In der Neuinterpretation der Mythen wird die Visualisierung des Unbewussten deutlich. Ransmayrs Roman stellt also eine originelle Bearbeitung der Ovidischen Geschichten, ein experimentelles Spiel mit den in ihnen verborgenen Zitaten und Assoziationen dar. Diese Offenbarungen des "Mythologisierens" entsprechen in ihrer Fülle der literarischen Tradition der Moderne, die sich u.a. durch ihre bewusste und intellektualisierende Haltung gegenüber den Mythen ausdrückt. Mircea Eliade weist daraufhin, dass die Epoche der Moderne vor allem dadurch gekennzeichnet ist, indem die Wirklichkeit überwiegend "mythologisch" gedeutet wird.[22]

Ransmayrs Experiment gilt als Reaktion auf die elitäre Kunst, in diesem Falle, auf das klassische Epos der Antike. Die Motive des Karnevals und die Rolle des intellektuellen Spieles, welche den Leser anregt kreativ mitzuspielen und in dessen Zentrum der Mythos steht—d.h. die Suche nach dem mythischen Werk und seinem Dichter, der selbst zum Mythos geworden ist—, sind Merkmale, aufgrund deren sich die *Die letzte Welt* als postmoderner Roman deuten lässt. Cottas Suche wird zur Suche wegen ihrer selbst, sie ist keiner Evolution unterworfen, sondern eine "andauernde" Metamorphose, die nur der Mythos rechtfertigen kann. Es handelt sich hier um die Demythologisierung des klassischen Mythos, und um die Kreation eines neuen Mythos, der entsprechend den postmodernen Stimmungen die abwesende Perspektive und die Verneinung der Idee der Progression ersetzt. Ransmayrs "eigener Mythos" bedingt, meiner Meinung nach, die für seine Werke typische Gleichgültigkeit gegenüber der historischen Kausalität, die man mit Raul Eschelman übereinstimmend als typisches Moment des "postmodernen Zustandes" bezeichnen kann.[23] Wenn man im Einklang mit Zdeněk Mathauser die Postmoderne als eine einheitliche Konzeption als "Zustand der Seele" betrachtet, dessen charakteristisches Merkmal "Simultaneität der zeitlich verschiedenen Lebenswelten"[24] darstellt, so wird die Idee des fragmentaren Charakters der menschlichen Existenz zur unvermeidlichen Reflexion auf diesen Zustand. Es ist gerade diese Auslegung des menschlichen Daseins, was die Ontologie der "letzten Welt" von Ransmayr bestimmt und den postmodernistischen Mythos schafft.

Besonders stark kam dieser Mythos in den Metamorphosen des "technischen Zeitalters"zutage. Diese Metamorphosen zeigten sich in Form von Mutation und Zerstörung, einerseits der Natur, und andererseits des Menschen, der nicht als Schöpfer, sondern als Instrument, als Element "des Zustandes des Vorhandenseins"[25] in den Verwandlungsprozess eingeschlossen wird. Die Technokratie unserer Zeit, das Phänomen der Entfremdung, das den Menschen in "menschliches Material" verwandelt, und die daraus erfolgende Vernichtung der Natur, standen immer im Zentrum von Ransmayrs Aufmerksamkeit. Als Beispiele können etwa die originelle Interpretation des Mythos der Versteinerung von Battus, die

Darstellung der Verwandlung der "Volksmassen" im Stadion in Rom und auch die Beschreibung des Ameisenvolkes auf der Insel Aegina gelten. "Das Töten der Menschlichkeit" als Resultat der Metamorphose des Menschen im totalitären Zeitalter ist, laut Eliade, mit den eschatologischen Mythen unmittelbar verbunden.[26] Als apokalyptische Motive sind sie besonders in der zweiten Hälfte des 20. Jahrhunderts, in der Zeit der Postmoderne vorherrschend. So kommt z.B. in *Der Letzten Welt* das Motiv der Konzentrationslager und der Massenvernichtungen in den Träumen von Thies, dem "Herrscher des Totenreiches" vor.

Die Darstellung der apokalyptischen Prozesse, der Szenen des Weltverfalles als der gegenwärtigen Verbalisierung des eschatologischen Mythos, gehört zu den zentralen Themen des Romans. Auch deshalb gilt Ransmayrs Werk als "postmodernistisch." Dabei sollte man aber bemerken: Wenn diese Thematik im Roman wirklich einen wichtigen Platz einnimmt, so ist sie nicht immer eindeutig als postmodernistischer Mythos über "das Ende der Welt" interpretiert worden. Kurt Bartsch schreibt:

> Ransmayrs Buch...malt keine Apokalypse im Sinne der Enthüllung einer Wahrheit in Hinblick auf Kommendes auf, sondern gestaltet eine Apokalypse nur in dem Sinne, dass das Augusteische Herrschaftssystem, das sich ja als ein 'eschaton', als ein letztmöglicher, meint, und als höchster Zustand der Menschheitsentwicklung versteht, aufgedeckt und durch den Mythos enthüllt, sowie destruiert wird. So gesehen nimmt Ransmayr eine differenzierende Position im Kontext des aktuellen Posthistoire-Bewußtseins ein.[27]

Die Darstellung der "apokalyptischen" Prozesse ist kein Selbstzweck des Schriftstellers, obwohl gerade diese Motive, die im Roman im Rahmen der traditionellen Ästhetik verwendet werden, Literaturkritiker vor allem als Verwirklichung des Schemas der postmodernen Rezeption gedeutet haben. Die "Apokalypse," die in mehreren Variationen im Text vorkommt (der "sklerotische" Raum des Verfalls, die allmähliche Erosion, das Motiv der Sintflut), wurde als Thematik, die den üblichen postmodernen Vorstellungen entspricht, "entdeckt."[28] Ähnlich den apokalyptischen Stimmungen des Fin de Siècle ist das Angstgefühl auch unserer Zeit eigen: Die Jahrhundert- und Jahrtausendwende aktiviert abermals beinahe krankhaft apokalyptische Bilder. Aber, wie Ransmayrs Text zeigt, sind die Intentionen des Autors anders gerichtet. Das Phänomen des Todes, des Verfalls und der Angst sind bei ihm mit den Symptomen der Ausweglosigkeit, der Verneinung der Progression und mit dem kulturellen Pessimismus verbunden, die zu Dominanten seines Schaffens geworden sind. Im Einklang mit Jan Patocka[29] endet die Geschichte bei Ransmayr in den Katastrophen des 20. Jahrhunderts: "Eine Geschichte, eine Politik, die man—im doppelten Sinne des Wortes—nicht mehr wahrnimmt, laufen Gefahr, liquidiert zu werden; an deren Stelle treten neue (Geschichts-)Mythen, ihre Vollstrecker im Gefolge."[30] Solche Stimmungen, die für die Ästhetik der Dekadenz typisch waren, resonieren mit dem postmodernistischen

"Zustand der Seele." Erich Auerbach bemerkt, dass das Thema vom "Ende der Welt" ebenfalls ein charakteristisches Merkmal der modernistischen Methode war, und zwar als Wiedergabe des Zerlegens der Wirklichkeit in verschiedene und mehrdeutige Abspiegelungen der Tiefen des Bewusstseins.[31] Der Roman von Ransmayr, der den Synkretismus des menschlichen Bewusstseins widerspiegelt, besonders mit Hinblick auf die räumlich-zeitlichen Dimensionen, greift auf die "erprobte" Methode der literarischen Moderne zurück, und zwar immer dort, wo die Realität im Werk zum Abbild des Bewusstseins des Autors wird.

So ist die Beziehung des Autors zum Mythos ein wichtiger Aspekt des Romans. Sein subjektives Auslegen der Kategorien von Zeit und Raum werden zum Parameter des erfundenen, des mythologischen Bildes der Welt. Der Mythos ist für ihn kein Phänomen der Vergangenheit (im Sinne von Sigmund Freud) sondern "das, wonach man strebt" (im Sinne von Carl Gustav Jung).[32] Dementsprechend gewinnen Zeit und Raum ihre eigene Bildlichkeit, die Züge der Phantastik aufweist. Einerseits lässt sich *Die letzte Welt* dadurch in die Tradition des Modernismus einreihen, andererseits sind die "inneren" Räume, die ohne eine "konkrete Zeit" dargestellt sind, ein prägnantes Beispiel für das postmodernistische "transhistorische" Denken. Die Identität der Orte und die Sukzession der historischen Zeiten werden zerstört.

Das Vorhaben der modernistischen Kunst besteht auch in der Verbindung der intellektuellen, rationalen Analyse mit einer sinnlichen, fast mystischen, intuitiven Vorstellung, welche die eigenartige Wahrnehmung der Zeit und des Raumes als Phänomene des Bewusstseins bedingt. Der Zeitstrom fließt in der psychischen Wahrnehmung zusammen: Vergangenheit, Gegenwart und Zukunft verschmelzen zu einer Einheit; der Raum gewinnt die Gestalt "innerer Landschaften." Gerade deswegen wird bei der Analyse der modernistischen Texte—besonders derjenigen, die in der Tradition des phantastischen Realismus geschrieben sind—die besondere Aufmerksamkeit nicht auf die Symbolik selbst, sondern auf deren Deutung als Wert des persönlichen Erlebens gelenkt.[33]

Verschiedene Elemente in *Die letzte Welt* zeigen eine gewisse Ähnlichkeit zur Struktur des phantastischen Romans der Moderne, wie etwa die Darstellung der Peripherie, die "letzte Welt" als phantastische Sphäre der Wirklichkeit, die "aus dem rationellen Bild der Welt heraustritt und die man nicht erforschen kann,"[34] auch die Elemente des Märchens und der Utopie, bzw. der Anti-Utopie. Doch wäre es falsch, dieses Werk zum Genre der phantastischen Literatur zu rechnen, denn die besondere Eigenart von Ransmayrs Roman liegt in seiner Heterogenität. Seine Komposition ist eklektisch, und diese Tatsache führt das Werk aus dem Rahmen der modernistischen Tradition hinaus. Die Phantastik des Romans als Genremerkmal wird dadurch aufgehoben, dass der Handlungsort teilweise in die Antike verlegt, dann aber in andere Epochen projiziert wird, besonders in die Gegenwart. Die Epochen "leuchten" quasi auf diese Weise durch- und ineinander. Dabei wird der stabile, der konstante Charakter der Kategorien von Zeit und Raum im Werk zerstört.

Bemerkenswert ist auch der Titel *Die letzte Welt*, da man ihn sowohl zeitlich als auch räumlich interpretieren kann. Chronologisch hat die "letzte Welt" von Tomi zwei Bedeutungen. Die eine ist die Rückkehr zur Archaik der antiken Mythen, die vor Cotta lebendig werden. Die andere sind die konstanten Merkmale des Endes, die Warnungen vor dem "Untergang der Welt," die der Protagonist in dieser Umgebung beobachtet. Die Einwohner von Tomi bleiben von den Warnungen unberührt; sie merken sie einfach nicht. Dies kann als Motiv gelten, das die Gleichgültigkeit vieler unserer Zeitgenossen gegenüber des ökologischen Weltzustands widerspiegelt. Vor diesem Hintergrund erheben sich die Gestalten des römischen Dichters Ovid, des Imperator Oktavianus und des Philosophen Pythagoras: Ransmayr kreierte ein absurdes Aufeinanderhäufen der Zeiten, die durch die Allusionen verschiedener Epochen verdichtet werden. Cottas psychische Wahrnehmungen erlauben ihm aus seiner zeitlichen Perspektive nicht nur die Vergangenheit, aus der die mythischen Gestalten stammen, zu aktualisieren, sondern auch die Zukunft zu erleben, nämlich dann, wenn Objekte aus unserer heutigen Gegenwart in seiner Wirklichkeit auftauchen. Die Chronologie von Tomi wird somit zum Beispiel der postmodernistischen Methode, da sie den Anachronismus und Dialog der Zeiten darstellt.

Räumlich gesehen ist die "letzte Welt" ein Ort, welcher der Metropole Rom gegenübergestellt wird. Gerade hier hofft Cotta nicht nur das Werk, welches Ovid vor der Verbannung vernichtet hatte, sondern den Dichter selbst zu finden. Wenn Rom—"die ewige Stadt," wo das Ideal der "reinen Vernunft" herrscht—bei Ransmayr die Züge eines Zentrums des Totalitarismus aufweist, und als "durchaus moderne augustäisch-apollonische Welt" dargestellt wird, so gewinnt die Welt von Pontus, also der Ort Tomi "dionysisch-postmoderne" Züge.[35] Die zentristisch geleitete Welt der Vernunft, nämlich Rom als Zentrum des Imperiums, wird in der "letzten Welt," die man nicht rationell erklären kann, aufgelöst. Der bizarre "postmoderne Raum" dieser Welt erscheint im Roman im Prozess der Wahrnehmung des Protagonisten als Bewegungsraum der posteuklidischen Geometrie.

Die syntaktische Struktur des Werkes ist auf der Wiedergabe der persönlichen Erfahrung Cottas aufgebaut. Demnach kann die Frage nach dem Subjekt der Erzählung dahingehend aufschlussreich sein, inwiefern es sich um eine modernistische oder postmodernistische Tradition der Wiedergabe der zeitlich-räumlichen Dimensionen handelt. Eine der Hauptthesen der Erforschung der Texte der Moderne bei Zima ist das Konstatieren der für ihre Problematik eigenen Ambivalenz hinsichtlich des einen Ereignisses oder Gegenstandes: "...die Literatur der Moderne wird durch die extreme Ambivalenz strukturiert."[36] Die Einigkeit des Subjektes wird bezweifelt, darum ist die Suche nach der eigenen Identität zu einer zentralen Frage in der Literatur der Moderne geworden. Durch Cottas Suche der *Metamorph-*

osen, des verschollenen Dichters, des Ruhmes und des eigenen "Ichs" wird die Bewegung des Sujets in der *Letzten Welt* bestimmt. Cottas Suche ist auch gleichzeitig die Suche des Autors selbst.

In den postmodernistischen Romanen (im Nouveau Roman) wird die Problematik der Ambivalenz in den Hintergrund gedrängt. Identität wird in größerem Maße durch Indifferenz und Gleichgültigkeit zu den Werten bestimmt (wie etwa in den Romanen von Umberto Eco). Die Suche nach der eigenen Identität verwandelt sich ins semantische, narrative Spiel außerhalb der Grenzen des Guten und Bösen.[37] Die Suche des Protagonisten wie auch des Autors selbst basiert nicht auf ideologischen, utopischen, oder mytho-poetischen Gründen, die "die Herstellung der gespaltenen Welt und des Subjektes garantierten."[38] Ähnlich dem postmodernistischen Subjekt erfährt Cotta seine Situation in der "letzten Welt," als ob sie von Desorientierung und Unsicherheit erfüllt wäre: Alles, was ihn umgibt, befindet sich in ständiger Bewegung von endlosen Metamorphosen. Nicht zufällig wird im Diskurs der Postmoderne als "Zustand der Seele" das Subjekt als "schizoid" oder "narzißtisch" definiert.[39] Das postmoderne Subjekt ist dadurch gekennzeichnet, dass es nicht nur seine eigenen Grenzen erweitert, sondern sich auch mit dem Inhalt der Welt identifiziert. Es kann weder unter den zeitlichen noch den räumlichen Zuständen unterscheiden; es kann weder das Äußere vom Inneren noch das Immanente vom Transzendenten trennen. Beispielhaft dafür sind die Episoden der Persönlichkeitsspaltung Cottas in den Schlussszenen des Romans, wo die unterschiedlichsten "Bilder der Welt" im synkretischen Bewusstsein ein- und desselben Menschen vereint werden. Über die besondere Korrelation des inneren Lebens eines Menschen und der äußeren Welt schreibt der Philosoph Olexandr Kulczyc'kyj. Er erklärt, dass das Innenleben und die äußere Welt genauso korrelieren, wie die Vielfalt der psychischen Erscheinungen in der Einheit des einzelnen Erlebnisses: "unitas multiplex"—die mannigfaltige Einheit.[40] Er nennt diese Art der Koexistenz "Durchdringung." Die psychischen Erscheinungen kommen zur "mannigfaltigen Einheit" zusammen, sie existieren "mehr oder weniger gleichzeitig, aber nicht gesondert, sondern quasi ineinander verwoben und bilden die mannigfaltige Einheit des ganzen Erlebnisses."[41] Gerade diese Einheit bestimmt im Roman die Parameter des "Zeit-Raumes"—"chronotopos" laut Michael Bachtin[42]—und nimmt die Eigenschaften eines Palimpsests an.

Als Schlussfolgerung ist nun Folgendes festzuhalten: Der Roman von Ransmayr *Die letzte Welt* lässt sich weder als eindeutig modernistisches noch als rein postmodernistisches Werk identifizieren. Ich hoffe, gezeigt zu haben, dass im Roman mehrere klare Merkmale der einen sowie der anderen Konzeption aufscheinen. Die Hauptmotive und Thematiken des Romans—ständiges Fließen, Verwandlungen—offenbaren keine stabilen Züge, sie durchdringen einander, ein Zeichen geht in das andere über. So verwandelt sich bei Ransmayr die modernistische Utopie in eine postmodernistische Anti-Utopie. Die "dekadente Sensibilität" im Sinne der Moderne zur Zeit des Fin de Siècle steht in der *Letzten Welt* der Welt-wahrnehmung der Postmoderne am Ende des 20. Jahrhunderts gegenüber. Die Verwandlungen, die im Roman in der Manier des "phantastischen Realismus" dar-gestellt werden, enden im Schaffen der "eigenen" Mythen des Autors, welche den postmodernen "Zustand der Seele" widerspiegeln. Dieser Seelenzustand wird im Roman als Metamorphose im technischen Zeitalter realisiert; die Verwandlungen übersetzt der Autor in apokalyptische Szenen. Ransmayrs Auslegung des Mythos bedingt die subjektive Deutung der zeitlich-räumlichen Dimensionen, welche in seiner Darstellung Züge der phantastischen Bildlichkeit gewinnen. Zeit und Raum werden nicht symbolisch projiziert, sondern sie geben ihre Eigenschaften und Zu-stände wider. Mit Hilfe modernistischer Methoden lassen sich ihre Konturen "ver-wischen," was wiederum auf postmoderne Charakteristika hinweist. Die Frage nach Zeit und Raum gilt als Äußerung der inneren Verfassung des Protagonisten; dabei wird die Korrelation mittels der Modelle der modernistischen Ambivalenz und postmodernistischen Indifferenz gezeigt. Wenn einerseits die Handlung des Romans durch Cottas Suche nach seiner eigenen Identität, nach seinem "eigenen Platz" in der Welt bestimmt wird, so ist andererseits seine Perzeption durch die Unsicherheit gekennzeichnet. Die Konturen der ihn umgebenden Wirklichkeit sind nicht scharf umrissen, was den Synkretismus der "inneren Bilder der Welt" verdeutlicht. Diese spezifische Darstellung der Zeit und des Raumes im Roman zeugt von der "mannigfaltigen Einheit," sie verleiht dem Text bei der Verwendung der traditionellen modernistischen Konzeption postmodernistische Züge. Somit kann Christoph Ransmayrs *Die Letzte Welt* als eines der prägnantesten Beispiele zur Kontinuität des literarischen Prozesses im 20. Jahrhundert gelesen werden.

Nationale Akademie der Wissenschaften, Ukraine

Endnoten

1. Wolfgang Welsch, *Unsere postmoderne Moderne* (Weinheim: VCH-Verl.-Ges., 1987) 4.
2. Tamara Hundorova, *Die Erscheinung des Wortes. Diskurs des frühen ukrainischen Modernis-mus. Postmoderne Interpretation* (Lviv: Litopys, 1997) 28.
3. Vgl. Welsch.
4. Jürgen Petersen, *Der deutsche Roman der Moderne. Grundlegung-Typologie-Entwicklung* (Stuttgart: Metzler, 1991) 412.
5. Hundorova 27.
6. Hans Ulrich Gumbrecht, "Die Postmoderne ist (eher) keine Epoche," *Postmoderne—Globale Differenz,* Hg. R. Weimann und H. U. Gumbrecht (Frankfurt/M.: Suhrkamp, 1991); Linda Hutcheon, *A Poetics of Postmodernism. History, Theory, Fiction* (New York: Routledge, 1988).
7. Welsch 36–37.
8. *Postmoderne: Zeichen eines kulturellen Wandels,* Hg. Andreas Huyssen und Klaus R. Scherpe (Reinbek bei Hamburg: Rowohlt, 1997).

9. Søren Gosvig Olesen, "Die neuere französische Philosophie," *Philosophie im 20. Jh.* Bd. 1, Hg. A. Hügli und P. Lübcke (Reinbek bei Hamburg: Rowohlt, 1992): 562.

10. Ebd. 562.

11. Ebd. 561.

12. Peter Zima, "Zur Konstruktion von Moderne und Postmoderne," *Wiener Slawistischer Almanach*, Bd. 32 (1993) 306–307.

13. Birgit Stabell, *Utopie und Mythos im Christoph Ransmayrs Roman "Die letzte Welt"* (Trondheim: Universität Trondheim, 1992).

14. "Erfolg macht müde," *Zeitmagasin*, 16. Dezember 1988.

15. Olesen 562.

16. Dmitrij Zatonskij, "Was bedeutet Modernismus?" *Kontext* Hg. A. Mjasnikow (Moskau: Nauka, 1974) 135, 146.

17. Hundorova 108.

18. Ebd. 107.

19. Walther Rehm, *Geschichte des deutschen Romans*, Bd. I und II (Berlin-Leipzig: Walter de Gruyter, 1927) 61.

20. Zatonskij 141.

21. Ebd. 145.

22. Mircea Eliade, *Aspekte des Mythos* (Moskau: Invest PPP, 1995).

23. Raul Eschelman, "Postmodernismus in der sowjetischen Lyrik der 50–60er Jahre," *Wiener Slawistischer Almanach* 32 (1993) 265, 273.

24. Zdeněk Mathauser, "Modernismus und Postmodernismus," *Resümee des Vortrages an der Konferenz:* Poetika literárnich žánrů a směrů ve světle estetiky a poetiky *Romana Jakobsona* (Brno, 1993).

25. Martin Heidegger, *Zeit und Sein* (Moskau: Respublika, 1993) 228.

26. Vgl. Eliade.

27. Kurt Bartsch in Wendelin Schmidt-Dengler, *Literatur in Österreich von 1980 bis 1990. Skriptum zur Vorlesung WS 1991/92* (Wien: Institut für Germanistik der Universität Wien) 136.

28. Juliane Vogel, "Letzte Momente / Letzte Welten. Zu Christoph Ransmayrs ovidischen Etüden," *Jenseits des Diskurses. Literatur und Sprache in der Postmoderne* Hg. A. Berger und G. E. Moser (Wien: Passagen, 1994) 309–321.

29. Jan Patocka J., *Ketzerische Essays zur Philosophie der Geschichte* (Stuttgart: Klett-Cotta, 1988).

30. Vgl. Patocka, *Publikationen des Instituts für die Wissenschaften vom Menschen* (Wien: Institut für die Wissenschaften vom Menschen, 1994) 23.

31. Erich Auerbach, *Mimesis* (Moskau: Progress, 1976) 542.

32. Walter Schoenau, *Einführung in die psychoanalytische Literaturwissenschaft* (Stuttgart: Metzler, 1991) 195.

33. Bettina Küter, *Mehr Raum als sonst. Zum gelebten Raum im Werk Franz Kafkas* (Frankfurt/M.: Peter Lang, 1989).

34. Reimer Jehmlich, "Phantastik-Science Fiction-Utopie," *Phantastik in Literatur und Kunst* Hg. Christian W. Thomsen und Jens Malte (Darmstadt: Fischer, 1980) 25.

35. Fred Wagner, *Echo—eine postmoderne Nymphe? Ein Motiv Ovids bei Christoph Ransmayr* (Manuskript des Vortrages) 5.

36. "In den modernistischen Romanen kann man nicht feststellen, ob der Wunsch gerecht oder nicht gerecht ist (Kafka), ob der Protagonist gut oder böse ist (Svevo), ob die Handlung zum Frieden oder zum Krieg führt ("parallele Aktion" bei Musil), ob der menschliche Subjekt an die Natur oder Kultur gehört (Hesse)." Vgl. Zima 300–301.

37. Ebd.
38. Eschelman 269.
39. Gilles Deleuze, Felix Guattari, *Anti-Oedipus. Capitalism and Schizophrenia* (Minneapolis: Univ. of Minnesota Press, 1992).
40. Olexandr Kulcyzc'kyj, *Grundsätze der Philosophie und der philosophischen Wissenschaften* (München, Lviv: Ukrainische freie Universität, 1995) 50.
41. Ebd. 51.
42. Michael Bachtin, "Die Formen der Zeit und chronotopos im Roman," *Die Fragen der Literatur und Ästhetik* (Moskau: Chudozestwennaja literatura, 1975) 234–407.

LINDA C. DEMERITT

The Proliferation of Reality: Postmodernism in Gert Jonke's *Geometrischer Heimatroman*

From the date of its publication in 1969, Gert Jonke's *Geometrischer Heimatroman* was recognized as an important contribution to post-war German-language literature, bringing the 23-year old Carinthian renown within Austrian and West German literary circles.[1] The experimental impulse of the novel prompted comparisons with concrete poetry, with the works by members of the Wiener Gruppe, and in particular with Peter Handke (*1942), rising star and *enfant terrible* of the sixties and his texts. At least one critic has stated that Gert Jonke (*1946) rode Handke's coattails of notoriety into the public eye,[2] and it cannot be denied that the latter's early review of the novel in *Der Spiegel* helped to establish his compatriot's reputation.[3]

More importantly, however, Handke's review became the basis for future examinations of the novel, whether to agree or to disagree with the interpretation. Handke states at the beginning that overall Jonke's novel "ist kein sehr gutes Buch," but he continues by praising the novel for its treatment of language, for its intended production of pre-determined, of "automatische" sentences. Such sentences are not free creations of a subject, but rather fixed, inexorable quotations within a system of grammar, whereby the linguistic structure serves in its turn to determine and order reality. While Handke accepts the novel as a language game intended to expose the rules and conventions inherent in both linguistic and societal systems, he rejects any sentences that begin to tell a story, that are created by imagination, that are metaphorical or may refer to something besides themselves. The early Handke does not believe that language can exist outside of these systems, and he condemns those parts of Jonke's novel that suggest an extra-linguistic existence, specifically the somewhat surrealistic story at the very end of the novel about birds who descend upon and threaten the village.

Handke's division of the novel into sentences on the one hand and stories on the other—into literature as a portrayal of autonomous linguistic structures versus literature as a means through which to see reality—served to polarize early critical opinion. Some commentators followed Handke's lead and condemned Jonke's tendency to refer to reality and thereby destroy the language construct, while others condemned the author for his lack of realism, for hypothetical language games that could not be taken seriously. Reception of the novel in general, including both its position within the tradition of the "(anti)regional novel" and its political significance, has continued along these two broadly opposing lines.[4] On the one hand, critics assert that Jonke has created a form that stands for no reality other than itself, that no figures stand behind the speech and no meanings behind the words, that Jonke reduces language to pure materiality. Such critics argue that Jonke's "regional novel" does not parody any concrete place, whether idyllic or not, but rather the conventions of narration itself.[5] On the other hand, commentators emphasize various societal themes, most frequently the bureaucratization of an industrialized society with its attendant loss of individual freedom and self-determination.[6] Geometry stands for a systematization of reality that leads to domination, and as such the novel becomes a critique of the myth of a supposedly organic and natural, i.e., a "healthy" *Heimat* as depicted in Nazi propaganda and in many films and novels even after 1945.

This paper, however, argues that the novel in fact straddles the perceived divide. It is neither formalist language game nor realist metaphor; it is both, and this renders it, according to the definition of the term by Linda Hutcheon, postmodern.[7] In her influential work titled *The Politics of Postmodernism*, Hutcheon defines postmodernism as a meeting or clash between realist representation and modernist formalism: "This is the confrontation that I shall be calling postmodernist: where documentary historical actuality meets formalist self-reflexivity and parody."[8] In other words, Hutcheon's postmodernist views recognize that things are not natural, that representations are never neutral, but rather culturally made and ideologically grounded. We cannot escape discourse, but we can use it with the knowledge that it is constructed and with the knowledge that in using it we become part of the domination inherent in any ideology, discourse, or interpretation of the world. This acknowledgement for Hutcheon, and here she admits that her voice is a minority among theoreticians of the postmodern, is political because it can "de-doxify" or de-naturalize our representations of reality. Although postmodern fiction does not advocate concrete political action or even a particular dogma—this would be to put forth exactly the same kind of ideology it questions—the process of de-naturalization constitutes a politically relevant critique.

More recently, Monika Kilian sees postmodernism as the attempt to find new ways to look at and speak about the world, ways that not only react to modernism but also go beyond it. She identifies two main tasks of postmodern thought: "first, to undermine the validity of modern assumptions by dismissing their claims to universal legitimacy and, second, to formulate a discursive practice that 'ignores' the traditions of modern thought."[9] Whereas the first task resembles Hutcheon's de-doxifying techniques and is one of deconstruction, the second one seems to posit the attempt to reconstruct. Both tasks are realized through a variety of postmodern strategies such as fragmentation, plurality, proliferation, and parallel processing. Taken together they can be termed postmodern gaming, which in turn can be defined as narrative tactics that avoid closure and strive for constant motion. Like Hutcheon, Kilian disagrees with most commentators who accuse postmodernism of moral relativism and triviality, positing instead at least a moral stance, if not a political relevance.

In terms of Jonke's debut work, *Geometrischer Heimatroman* neither ignores reality nor pretends that this reality is anything but constructed and artificial; it references reality and then puts quotation marks around the reference. In doing so, it undermines conventional notions of perception and knowledge and thus, it becomes politically significant. The theme of Jonke's novel is not a particular rural village nor a specific place or time, but rather the formation of ideology, and the specific discourse thematized as geometry, which in turn epitomizes the scientific method.

The Discourse of Geometry

The central problematic of *Geometrischer Heimatroman* is contained in a diary entry drawn from the author's poetological essay titled "Individuum und Metamorphose" and summarized here. The diary, kept by the author while traveling through Persia in 1966, forms the basis of the novel, even though this particular entry does not appear in its pages per se.

> There is a place whose streets are lined with wooden boxes placed 100 meters apart. The population of this place assumes that the boxes have been placed over statues in order to protect those statues from the weather; however, no one has ever actually seen what was hidden under the boxes. It is also assumed that these assumed statues will be unveiled at various celebrations and festivals, yet no one has ever witnessed such an event. The population thus spends its time engaged in two activities: waiting for the festivities to begin and speculating as to the appearance of the statues. Occasionally someone has stated

that there is absolutely nothing under the wooden boxes. Anyone who tries to open or lift off the boxes will be struck by lightning, turn to ashes, and tumble to the ground—even under fair skies.[10]

The entry tells of a place where reality is determined by assumptions that can never be verified, and where life consists of waiting for these assumptions to be verified nonetheless. Everything revolves around something or nothing that may or may not be hidden under the wooden boxes. Such a society epitomizes the modern condition of epistemological doubt concerning our world and the possibility of knowing it. What is more, it radicalizes the problematic to become postmodern with the hypothesis that absolutely nothing exists under the boxes. The reader is left with questions concerning the nature of reality as opposed to fiction: Is there such a thing as authenticity or is all experience mediated? Where is the border between history and story?

The mediation of reality is embodied in a central chapter of the novel titled "Wellblech und Tür," which, true to its title, describes a door with its roll-up protective iron door. However, what begins as a seemingly objective depiction of an object that would seem to be unquestionably concrete and real, disintegrates into a labyrinth of possibility and supposition. The door has glass panels that reflect the well standing at the center of the entire village. Thus the door assumes representative meaning, and the destruction of its corporeality within a few short paragraphs has broader implications. At the beginning of the chapter we see a door, its corrugated iron protection, and the well's reflection. Then the door is opened at various speeds; the iron rolls down and back up; and the glass, which is distorted anyway, shakes. The narrator informs the reader that whatever we see is an error, that our retina is fooled by our imagination and incapable of accurately discerning time and space. What was initially described with mathematical precision and certitude, becomes "ein Vorgang mit diesem grauen Schattenfleck, dessen Konturen verwischt, kaum sichtbar sind" (154), indicating the impossibility of knowing whether reality is reflection, fiction, refraction, imagination, or distortion. This short scene encapsulates the theme and method of the entire novel.

Geometrischer Heimatroman describes the attempt to make sense of reality. It contains neither conventional action nor traditional characters; instead, two nameless figures hide out in the blacksmith's workshop waiting to cross the village square without being seen. This underlying premise—namely to cross the square unobserved—serves as a metaphor for the human desire to negotiate reality both literally and figuratively, to accomplish something in one's surroundings given certain constraints and opportunities, to determine one's own life. Seven different times the figures decide to hazard the crossing, and six times they are prevented from doing so by the realization that their assumption concerning its emptiness is wrong.

—Wir können über den Dorfplatz gehen.
—Ja, gehn wir über den Dorfplatz.
—Ausgenommen den Brunnen in der Mitte ist der Dorfplatz ansonsten leer.
Nein, das ist nicht wahr ...

Each time the assertion of truth is negated. It makes no difference why they want to cross the square or what the nature of the particular obstacle is. The only thing that matters is that they cannot determine truth, and even their ultimate success suggests only that traversing the square is one possibility among many, that every now and then one's perception of reality might momentarily coincide with an opportunity.

The figures' search for a reliable truth that would enable them to negotiate reality is thwarted by a profusion of paradigms. Reality is not a pre-existing stable or objective entity, but a construct. There are as many different realities as there are subjective interpretations; there is no extra-discursive reference point to tell us how "real" or "true" a particular construct is.[11] Thus reality in Jonke's novel can only be circumscribed by a limitless number of subjective paradigms. Reality is always mediated or reflected through discourse, and the novel thematizes a variety of the paradigms, including those of religion, journalism, law, and history.[12]

Geometry serves as a model discourse in its intended rationality and the extremity of its order. It marks every aspect of the novel, as becomes obvious in the very first sentence: "Der Dorfplatz ist viereckig." The narrator continues the geometric construction of the village by positioning houses around it, a bench on each of the four sides, a well in the center, and streets and lanes that spread out from this center point in rays and that themselves are constructed of paving stones set in a pattern. The village lies in a hollow surrounded by mountains, which again are laid out in geometric precision:

> Der Sillhouettenrand der Bergkette im Norden des Dorfes hat die Form vierer Kurven, die ineinander übergehen:
> eine Sinuskurve, eine Cosinuskurve und eine Sinus- und eine Cosinuskurve um je ein-dreiviertel Phasen verschoben. (81)

The village inhabitants are described and perform with the same seeming exactitude as has shaped their environment, thereby losing their subject status to become additional objects within this geometric landscape. They are thrown onto the scene, as if figures in a chess game, but in orderly fashion—two to a bench, from which they make their logical and pre-determined moves:

> ...währenddem hat sich die erste auf der ersten uns am nächsten liegenden Bank sitzende Figur erhoben, während sich die auf jener der ersten Bank gegenüberstehenden Bank sitzende Figur ebenfalls erhoben hat, dann sind sie einander entgegengegangen, auf der den Dorfplatz teilenden Mittellinie begegnet, haben ihre rechten Hände gehoben, deren Handflächen einander zugestreckt, umschlossen, auf und ab geschüttelt, gelöst, sich

voneinander wieder abgewandt, sind zu ihren Bänken zurückgegangen, haben sich wieder gesetzt, während die zweite auf der ersten uns am nächsten liegenden Bank sitzende Figur sich erhoben hat, während die auf jener der ersten Bank gegenüberstehenden Bank sitzende zweite Figur sich ebenfalls erhoben hat, dann sind sie einander entgegengegangen... (80)

The inhabitants greet each other like wooden players in a game that proceeds in perfect predictability and without deviation from the rule book, or like robots in a ceremony so ritualized that it has lost any communicative or inter-personal meaning. This initial situation constitutes the essential building block in the construction of the remainder of the novel. It is typical for subsequent episodes in that it demonstrates the symmetry of the village; it shows how this symmetry suppresses subjectivity and prevents personal interaction; and it exaggerates the geometry as to reveal its absurdity.

The geometric structure of the village square represents not only a geographic place, but also a mental condition, a system of conventions and expectations that have been internalized by its inhabitants.[13] The same seemingly innocent or trivial order that prescribes how to shake hands works on the broader societal level to crush individuality, contradiction, and possible opposition, thereby guaranteeing the perpetuation of a totalitarian system. It finds expression in a proliferation of rules stipulating everything from crossing bridges to putting on life-jackets, and it culminates in laws and regulations that impinge upon personal freedoms as basic as walking in the woods. Toward the end of the novel, in a chapter titled "Das neue Gesetz," a form is provided for anyone who wishes to traverse a stand of trees. Although the initial questions concerning name, address, and birth date are logical and standard, the logic is soon exaggerated to the point of the absurd: "Warum wollen Sie jene Fragen, die Sie falsch beantwortet haben, hier aber nicht anführen, dass Sie sie falsch beantwortet haben, es aber hier nicht anführen, hier nicht anführen?" (186). The form is funny, and rendered ridiculously superfluous considering that all trees are being felled anyway to prevent the ominous "Schwarze Männer" from hiding out in them. Jonke's humor takes on a sharp edge, for the episode serves as an example of how those in power preserve their status through trumped-up intimidation tactics and a self-perpetuating bureaucratic machine. Under the guise of protecting the population, an anonymous authority in actuality prevents any outside and therefore potentially dangerous influences from penetrating the insularity of the village.

Jonke portrays not a community of living and breathing people, but a structural model devoid of deviation or individuality. The characters of the novel have no names, only functions within the village. The mayor represents the state and law, the priest stands for the church or morality, and the teacher is responsible for education, or more accurately, indoctrination, i.e., for transmitting the functional structure of the village to the children. He provides list upon list of what one does and does not do to uphold the moral and communal values of this societal organization, above all, respect for one's elders, "deren einem geäußerte Erfahrungen man sich merke und nur demgemäß und nicht anders genau danach handle" (119). Furthermore:

> Messer, Gabel, Scher und Licht ist zwar wirklich für kleine Kinder nichts, aber auch später soll man sie ehren, damit es einem gut ergehe, indem man sich jeden Tag zweimal mindestens die Schuhe und die Zähne putzt, man wäscht sich am Abend natürlich ganz und macht keine halben Sachen, man denkt demokratisch... (119–120)

It is the teacher who draws a figure of the square, including all 1,946 of its white paving stones, with the inscription: "(—...das erlebnis des konflikts zwischen der welt der dinge und der welt der personen wobei die welt der dinge der welt der personen die muster vorschreibt... / —...der dorfplatz ist ein strukturales muster...)" (117).

With this caption, Jonke self-consciously inscribes the theme of the novel into the novel itself. The world of objects—the structures of geometry—patterns reality in such a way that it determines the world of people. However, whereas the villagers have internalized the grammar of language and structures of hierarchy to the point that they can see nothing else, the reader is not in this same position. The self-consciousness of the above inscription works at every level of the text to externalize our assumptions, to make us aware of all those many beliefs and actions that have become "natural," to render conscious the many patterns of everyday life that serve to unify and thereby nullify diversity and possibility. At every step of the way, the grammar of geometry is simultaneously quoted and misquoted, invoked and revoked, used and abused. Thus the language of Jonke's novel not only serves to reflect and perpetuate the order of society; it exaggerates that order to the point that it implodes in upon itself. It is so ordered that it dissolves into disorder and so exact that it becomes hopelessly inexact. Jonke demonstrates that the laws of a geometric society breed rampant lawlessness.

Geometry for Jonke represents a way of understanding the world. What is more, with its supposed exactitude and objectivity, its capacity to measure and diagram reality, it epitomizes the scientific approach to comprehending life. As such, it serves the author as the vehicle to show that any ordering system or "structural model" contains within itself its own destruction. In his poetological essay the author states: "Der Ort bzw. das Land ist mit Hilfe der Geometrie zu erfassen und zu berechnen."[14] This is also the basic premise of the novel: Geometry will be used as a conceptual system within which we will understand the people and objects of our environment. Jonke continues:

> Daß aber dieses uns alle vielfach beherrschende System ebenso wie alle anderen Systeme auf verschiedenste Weise, aber auf alle Fälle durch die Anwendungen der eigenen wesentlichen Grundgesetze und fundamentalen Regeln an ihnen selbst, also im vorliegen-

den Fall durch die Anwendungen geometrischer Grundgesetze an die Grundregeln der Geometrie selbst dazu führt, daß sich das jeweilige System, hier die Geometrie, ad absurdum führt, also in sich zusammenfällt, gewissermaßen implodiert oder explodiert, kann man gerade an der Geometrie sehr schön demonstrieren.[15]

Geometrischer Heimatroman demonstrates exactly that, i.e., the implosion of its own geometric rules and regulations. Again and again throughout the course of the novel the proliferation of the system renders it absurd.

The application of the scientific method leads not to clarity and knowledge, but to utter confusion as to what is real and what is imagined or reflected or invented. The figures hidden in the blacksmith's shop function as scientists in the sense that they see and hear and then impart their findings. They strive to report without subjective commentary or interpretation; however, in their attempt to be exact and fair and comprehensive, they can state nothing at all with certainty. Their entire "report" is riddled with qualifiers such as "vielleicht," "zwar," "nichtsdestoweniger," "jedoch," "unter anderem," "in Wirklichkeit," "es ist möglich," and "aber." For every stated possibility there is an additional one that either negates the first or at the least relativizes it to the point of confusion and insignificance. In addition, the figures become hopelessly lost in attributing what they hear or see to original sources. The text is littered with phrases such as "die Leute sagen" or "man sagt" or "man behauptet," expressing the fact that everything they hear is secondhand and therefore, again, of questionable veracity. The account contains innumerable examples of indirect discourse and of the subjective usage of modal verbs: "Hernach soll er angeblich verblödet sein" (84); "Allerdings, so erzählt man, sollen auch ziemlich einige Leute die Vorführung des Künstlers sehr negativ beurteilt haben" (94). Reality is hearsay; it is always filtered and cannot be known objectively.

The attempt to understand perceived reality leads to dissection and division, which takes the form in the novel of an obsession with detail. Critics attribute this technique, which typifies the entire novel, to the influence of the *nouveau roman*, which also turned a microscopic lens on objects and events that are normally overlooked. However, Jonke's two eyewitnesses observe reality so closely and so intensely that instead of seeing clearly, everything blurs. In an interview with Andrea Kunne, the author states: "In diesem *Geometrischen Heimatroman* z.B. ist es halt so, dass die Dinge immer ganz nah angeschaut werden, durch eine minuziöse Genauigkeit. Obwohl sie viel 'realistischer' werden, werden sie plötzlich völlig unwirklich, weil alles nah vor Augen ist und zu verschwimmen scheint."[16] Elsewhere Jonke spoofs the scientific proclivity for and faith in division by describing an experiment to determine the smallest possible particle of reality—is it a "Quark" or an "Anti-quark" or a "Neutrino"—a quest which also self-destructs due to the fact that the smallest particle of reality cannot be measured and hence might not exist at all.[17]

The minute descriptions are not only a matter of place or physical space, they also are a matter of time, which is slowed in order to capture every detail. For example, in the action of shaking hands described above, the camera lens is not so much close, as slow. Critical opinion concerning time as a dimension in the novel is split: Does time unfold during the course of the novel? Is there any development? Maria Luise Caputo-Mayr cites changes in the trees as proof that time moves forward: They lose their leaves, grow new ones, threaten the village homes with their branches, are cut down, etc.[18] However, these changes occur at lightning speed, and in the end the fast forward description of the trees is no more convincing as an example of the progression of time than is the slow motion description of shaking hands. Furthermore, whether time is sped up or slowed, in the end we are back at the beginning. After the story of shaking hands is complete, all its characters assume their initial position. And upon conclusion of the story of the trees, the square is just as treeless as at the beginning and the benches at least temporarily line the four sides of the square once again.

Jonke's novel warps categories of time and space, categories usually considered essential for comprehending the world around us for they provide a broader context and reference points that allow us to filter and prioritize. Loss of a recognizable and reliable panoramic perspective as well as of causal linearity thwarts attempts to determine what is significant as opposed to insignificant or what happened first as opposed to last. Critics have noted the tendency toward fragmentation throughout the novel, and Kunne has termed it a postmodern characteristic.[19] A single, unified picture of reality has been broken into fragments because there exists no underlying truth that would serve to hold things together. The suspension of fixed and universal reference points results in a multitude of equal realities, in proliferation and plurality as expressed in the word "oder." This narrative technique is applied not only to individual scenes, but to the novel as a whole. Chapters repeat without development, except perhaps to become increasingly radical; they are interchangeable and it is impossible to summarize the plot.

The final chapter and indeed final words of the novel state that it is quite feasible to wrap this village up, throw it over a shoulder or perhaps tuck it under an armpit, "*um in eine andere Landschaft einzubiegen*" (118). With that turn, the circle is complete and we find ourselves back at the beginning of another possible village, or novel. Each example of self-destruction as outlined above is a type of circle, a folding back upon itself, which characterizes the novel from beginning to end. According to Kilian, the notion of constant gaming is quintessentially postmodern, for it arises from a refusal to reach a conclusion, or even to contemplate that it is possible or desirable to come to an end. It is the preferencing of process as opposed to outcome, grounded in the realization that any endpoint or structure or hierarchy must be disbanded as soon as it is fixed.[20] Thus the conclusion of Jonke's novel is not a final endpoint, but rather the recognition that the game continues; it is an affirmation of contingency and endless alternatives.

The Discourse of Art

Critics of postmodernism claim that the postmodern gesture of non-hierarchical proliferation furthers moral relativism, that it results in an "anything goes" attitude.[21] Similarly, the radical openness of Jonke's texts, their stubborn refusal to point to and scrutinize an exterior reality, has led to widely divergent and usually skeptical statements concerning the social relevance of *Geometrischer Heimatroman*.[22] Jonke has fed such sentiments by means of various interviews where he distances himself from a political stance.[23] In a "Mitschrift" from 1996 with Günter Eichberger, for example, Jonke complains that after 1968 justification for literature was posited solely in a political imperative, an imperative he refused to follow. He continues the dialogue (somewhat paradoxically) by stating that his own texts did in fact contain a societal critique, that they did and still do effect change for individual readers, an accomplishment that is undeniably relevant for society and political reality as well. However, this change occurs not through explanation or description of a given reality, but through language, including what is *not* said in the pages of a book, i.e., what happens in the reader during the spaces and gaps between words.[24]

Jonke's debut novel is politically engaged, but not only or even primarily because it criticizes the content of the traditional *Heimatroman* as some commentators contend. Rather, it is political because it undermines the presupposition of knowledge and truth. According to Georg Pichler, the fact that Jonke's texts frequently move from one possible meaning to another, that they seem again and again to produce meaning but only to destroy that meaning simultaneously, is a criticism of our assumption that we can determine the meaning of a system, not a criticism of any particular system or reality itself.[25] *Geometrischer Heimatroman*, then, is political because it criticizes the scientific method as epitomized in geometry, and because the scientific method epitomizes in turn our belief that there exists a single truth and that we can know reality.

In the terms of Hutcheon, to charge postmodern novels with superficiality and artificiality is to see only their complicity and not their critique. In other words, the paradox of postmodernism is that it both inscribes and simultaneously subverts the conventions and ideologies of the dominant culture.[26] Jonke's novel strives to avoid the bad faith of believing it can stand outside ideology. Instead, it uses the discourse of geometry by necessity, but in its self-reflexivity simultaneously abuses it. That moment when geometry is turned against itself, when it acknowledges its own tyranny, provides a momentary opportunity of freedom from its own oppression. Although Jonke's novel does not propose a concrete political action program, although it cannot tell the reader what to do, it does point to what needs undoing. The paradox of postmodernism creates a crack in the monolithic structure of geometry, and through this crack the reader can at least question the presumption of a supposedly unquestionable truth and reality.

In positing a stance that questions rather than ascertains, Jonke asserts the possibility of a different way of interpreting the world, a different language.[27] Throughout the novel, geometry is opposed by art. The essential difference between the scientific method and the aesthetic method as each approaches the world and tries to make sense of it, is that the artistic approach is aware of its complicity in the patterning of the world, whereas science is not. In other words, art as understood through and within the novel, art as postmodern parody—that self-reflexive use and abuse of convention—with all of its questions and uncertainties and equivocations actually offers a "truer" or more accurate picture of reality than does the scientific method with its answers and certainties and absolutes. The artistic method is not only apparent in the destruction of the scientific method as demonstrated above. It is also thematized in the novel through the many artists who visit the village.

The most important performance in the village is that of the tightrope walker, who appears in a scene that can be read as a postmodern commentary on the novel. The artist's job is presented as the manipulation of reality; he first bends it and then breaks it in his two successful artistic feats. The novel presents the outcome of the third feat—to walk across the village square on a tightrope—in two versions, either the artist plunges to his death or he clings to a transparent sky—"am durchsichtigen Himmel festgehalten"—and climbs its walls until he eventually disappears (96). The artist's precarious pose on the tightrope highlights his assigned position between reality and meaning. The repetition three times in this short passage of the word "durchsichtig," as well as its juxtaposition elsewhere in the text to the muddy color and consistency of "grau," suggests that art is supposed to imbue mundane reality with transcendental purpose; the artist is a kind of transparent medium through which we make order of our world.[28] The silhouette thus expresses both the balancing act expected of art and the difficulty or in fact impossibility of such a feat.

Jonke admits it is impossible to write outside discourse, to somehow impart a "transparent" or unmediated experience of reality, but his texts, particularly his later ones, express a longing for a "new" language that would allow exactly that. Such a new language is one, according to scholar Herbert Gamper, that resists reductionism and unanimity, resulting in a wealth of metaphors and ambiguities that defy categorization. It is a language associated with rhythm and music, with the swirling and mixing of the sea.[29] In concrete terms, it finds expression in *Geometrischer Heimatroman* in the abundance of neologisms occurring throughout the novel as well as in a tendency to combine nouns, resulting in gigantic compounds, some of which all but defy our inclination to decipher them, especially when strung together with several other such creations, for example: "die Strandbogenkuppelgewölbe verfinsternde wolkenballungshaufenherumschiebende Firmamentstukkaturdeckenbearbeitung" (199). The same impulse to combine and connect—even opposites or contradictions—results at times in a tendency to list word upon word and at other times in sentences that continue for pages on end without interruption. If we recall Kilian's double-tasked definition of postmodernism, we can say that such narrative strategies go beyond deconstruction, that they strive to "ignore" the totalizing narratives of modernism. And to return to Handke's initial criticism of Jonke's novel, it is precisely those episodes he termed surreal, especially the bird episode toward the conclusion, that most clearly construct a structural alternative to the discourse of geometry.

This new kind of language, one which "keeps its secrets," one which resists attempts to dissect it,[30] represents *Heimat*, or home, for Jonke. This, then, is the meaning of *Heimat* in the title of the novel, however tentatively posited. In fact, it is a potential new home precisely because it is brought forth so tentatively, as a possibility or even a multitude of possibilities rather than a truth. In his poetological essay Jonke states:

> Es gibt nicht nur eine Heimat, sondern deren einige, wenn nicht unzählige. Ich glaube auch nicht an normale Heimaten. Ich kann nur Heimaten vermuten, die durch andere Heimaten unterbrochen werden oder auf vielfältige Weise miteinander verknüpft und verknotet sind. Oft handelt es sich um erfundene Heimaten oder wahrscheinlich Heimaten unserer Vorstellung...[31]

Jonke's home is his language, and the words he uses above to describe *Heimat* echo those from a much earlier description of his own narrative technique: "Ich glaube nicht an normale Erzählungen. Ich kann nur an Erzählungen, die durch andere Erzählungen unterbrochen werden, glauben..."[32] According to Dagmar Lorenz, Jonke holds onto a "utopian notion of *Heimat* with language as its primary site."[33]

Seen in these terms, the contradiction inherent in the title of the novel is not so much one between the constructed artificiality of geometry versus the organic naturalness of the rural country. Nor is it even one between traditional narrative and its antithesis. It is, rather, a contradiction between two different modes of perception—one based on a scientific model that favors supposedly objective and detailed observation, the other based on an artistic model that preferences proliferation, interconnectedness, and unanswered questions. Again and again throughout the novel the language of geometry glides into the language of art, precision and dissection blur, leaving the reader ultimately not with clarity but with what has been termed by postmodern commentators "fuzziness."[34] At the end of the novel we follow the two figures across the village square, but we do not know why or what comes next. Instead of a clearly delineated and comforting picture of a reality investigated and now known, we are in the end left with a vague sense of unease and uncertainty.

Jonke's *Geometrischer Heimatroman* is a relatively early example, in Austria at least, of postmodern paradoxical fiction as defined by Linda Hutcheon. In its postmodern thrust, the novel anticipates the work of other Austrian authors such as Elfriede Jelinek, Marlene Streeruwitz, or Werner Schwab. Such authors invoke societal paradigms out of necessity, but the self-consciousness of their texts simultaneously undermines any assumption of naturalness for those discourses. In its radical doubt concerning our ability to comprehend and grasp the reality around us, in its skepticism toward the existence of authenticity and unmediated experience, and in its thematization of invention versus reflection versus imagination, Jonke's novel of 1969 poses questions that are very much in the forefront yet today of literary, historical, philosophical, and other disciplines dedicated to the study of how we know, or cannot know, our world.

Allegheny College

Notes

1. The novel was originally published as *Geometrischer Heimatroman* (Frankfurt/M: Suhrkamp, 1969). A revised version appeared in a collection of both new and revised works titled *Die erste Reise zum unerforschten Grund des stillen Horizonts: Von Glashäusern, Leuchttürmen, Windmaschinen und anderen Wahrzeichen der Gegend* (Salzburg, Vienna: Residenz Verlag, 1980). All quotations in the present article are noted in the text itself and taken from this later revised version. A slightly revised version of this article, with all quotations in English, is available on-line in a casebook devoted to the novel (Dalkey Archive Press).
2. Helmut Rösner, "Gratwanderung zwischen Avantgarde und Kunstgewerbe: G. F. Jonke," *Buch und Bibliothek* 7/8 (1971): 708.
3. "In Sätzen steckt Obrigkeit: Peter Handke über G. F. Jonke: *Geometrischer Heimatroman*," *Der Spiegel*, 21 April 1969, 186–187.
4. Positioning the novel within literary history helps to understand its reception. In the seventies, authors turned increasingly toward more conventional modes of writing. Literary feuilletons loudly proclaimed that stories were again possible, that the individual had returned to narrate his or her own personal experiences. This new literary trend, termed New Subjectivity, influenced reception of Jonke's early novels as well as the author's own perception of his literary beginnings. He began to distance himself from his first three works, characterizing them, for example, as "Sprachspielereien." See the discussion of Jonke's development in Herbert Gamper, "Unterschobenes Dasein, unterschobene Sprache," *Die Aufhebung der Schwerkraft: Zu Gert Jonkes Poesie*, ed. Klaus Amann (Vienna: Sonderzahl Verlagsgesellschaft, 1998) 48. It therefore comes as no surprise that the author's revision of the novel (which I use for my discussion) tends to de-emphasize its constructedness, omitting for example chapter numbers and some of the more obvious language games, and elaborating precisely the "stories" criticized by Handke.
5. Thomas Rothschild, "Identifikationsverbot. Zu G. F. Jonkes erstem Buch *Geometrischer Heimatroman*," *Gert Jonke*, ed. Daniela Bartens and Paul Pechmann, Dossier vol. 11 (Graz: Droschl, 1996) 23.

6. See for example Maria Luise Caputo-Mayr, "Jonkes *Geometrischer Heimatroman*: Will er sich einen Jux machen?" *Modern Austrian Literature* 15.2 (1982): 57–64; or Johannes W. Vazulik, "An Introduction to the Prose Narratives of Gert Jonke," *Major Figures of Contemporary Austrian Literature*, ed. Donald G. Daviau (New York: Peter Lang, 1987) 293–311.

7. Linda Hutcheon, *The Politics of Postmodernism* (London, New York: Routledge, 1989). Only one critic investigates Jonke's novel explicitly in terms of its postmodernism, namely Andrea Kunne. In her article from 1986 she examines Jonke's trilogy and identifies three postmodern tendencies: (1) a radicalization of modernism's questions concerning our ability to know reality; (2) a radicalized form of language skepticism; and (3) a fragmented narration. See Kunne, "Das Wirklichkeitskonzept Gert Jonkes im Rahmen des internationalen Postmodernismus," *Akten des VII. Internationalen Germanisten-Kongresses Göttingen 1985: Vier deutsche Literaturen?*, vol. 10, ed. Albrecht Schöne (Tübingen: Niemeyer, 1986) 192–98. See also Kunne, *Heimat im Roman: Last oder Lust? Transformationen eines Genres in der österreichischen Nachkriegsliteratur* (Amsterdam und Atlanta, GA: Rodopi, 1991). In an article from 1998, Kunne discusses the problematic in terms not of postmodernism, but language skepticism. She positions Jonke between doubt concerning language's ability to capture reality and the liberation of language from reality as celebrated by Nietzsche, a position that clearly resembles Hutcheon's definition of postmodernism. See Kunne, "Was ist wirklich an der Wirklichkeit? Gert Jonkes Thematisierung der Grenzen zwischen Wirklichkeit und Fiktion," *Die Aufhebung der Schwerkraft: Zu Gert Jonkes Poesie*, ed. Klaus Amann (Vienna: Sonderzahl Verlagsgesellschaft, 1998) 65–80.

8. Hutcheon 7.

9. Monika Kilian, *Modern and Postmodern Strategies: Gaming and the Question of Morality: Adorno, Rorty, Lyotard, and Enzensberger* (New York: Peter Lang, 1998) 7–8.

10. Gert Jonke, "Individuum und Metamorphose," *Stoffgewitter* (Salzburg, Vienna: Residenz, 1996) 17–19. I have paraphrased the fairly lengthy diary entry.

11. Kilian 35.

12. Kunne, *Heimat* 222.

13. Hannes Rieser, "Die Grammatik des Dorfes," *Literatur und Kritik* 49 (1970): 563.

14. "Individuum" 41.

15. Ibid 42.

16. Andrea Kunne, "Gespräch mit Gert Jonke," *Deutsche Bücher* XIII (1983.4): 255.

17. "Individuum" 38.

18. Caputo-Mayr 60.

19. See note 7 above. Kunne discusses fragmentation at length as one of three postmodern tendencies in her "Wirklichkeitskonzept" article from 1986.

20. Kilian 12.

21. Ibid 3. See also her chapter on "Morality," 129–175.

22. See Georg Pichler's article for examples: "Politische Elemente im Werk Gert Jonkes," *Die Aufhebung der Schwerkraft*, 92–110, especially 94.

23. For an early example see Jonke's interview with Liesbeth Böhm, "'Ich bin ein unverschämter Träumer,'" *Kurier*, 21 July 1973.

24. Günter Eichberger, "Die Phantasie als Sinnesorgan: Gert Jonkes Antworten auf nicht gestellte Fragen: Eine Mitschrift," *Gert Jonke*, 9 and 15.

25. Pichler 98.

26. Hutcheon 17.

27. Wolfgang Düsing also discusses the possibility of another world that stands in opposition to the world of geometry. With its radical questioning of the reader's ability to comprehend

reality, the novel sets that reader free to experience a world without the conventions of society and rules of nature. It is a possible world, one that is thematized more in later novels. See Düsing, "Avantgardistische Experimente mit einer konservativen Gattung: Gert Jonkes *Geometrischer Heimatroman*," *Wesen und Wandel der Heimatliteratur: Am Beispiel der österreichischen Literatur seit 1945*, ed. Karl Konrad Polheim (Bern, New York: Peter Lang, 1989) 97.

28. In this context the repetition and juxtaposition of the words "durchsichtig" and "grau" throughout the entire text are significant and invite further investigation.

29. Gamper states that Jonke's first three works are characterized only by a longing for a new language, but that this language is not specifically realized until later works. See Gamper, "Unterschobenes Dasein, unterschobene Sprache," *Die Aufhebung der Schwerkraft*, 31–64.

30. "Individuum" 26. Here Jonke states that attempts to dissect it lead to drowning.

31. Ibid 8.

32. *Glashausbesichtigung* (Frankfurt: Suhrkamp, 1970) 218.

33. Dagmar Lorenz, "Austrian Authors and the Dilemma of National and Regional Identity at the End of the Twentieth Century," *Modern Austrian Literature* 29.3/4 (1996): 22.

34. Kilian 119.

ANITA MCCHESNEY

From Fiction to Reality: Hypertextuality, the Detective Schema, and the Epic Vision of Peter Handke's *Der Hausierer*

Der Hausierer, first published in 1967, is the second of Peter Handke's (*1942) novels and the first novel in Handke's detective trilogy—followed by *Die Angst des Tormanns beim Elfmeter* (1970) and *Der kurze Brief zum langen Abschied* (1972).[1] Handke's career is marked by a primary concern with narrative models, and in the early phase of his literary production he concentrates on detective narratives. In these three texts he specifically challenges the formula of such stories. Handke breaks with reader expectations of typical detective novels and contrasts the familiar, mechanical detective schema with an altered manner of reading and experiencing the fictional constructs. However, while Handke adopts a more narrative approach in the two later texts, contrasting revised narrative models with the traditional detective schema, in *Der Hausierer* he offers a "story" that is unreadable in the traditional sense. Handke uses techniques such as montage to deliver a narrative that reads more like lists than a story. He experiments with a unique, even radical, method of telling a detective story that questions the established models in the detective genre and that challenges existing methods of using narrative models as a basis of text production.

In his own statements on his methodology in *Der Hausierer* Peter Handke contrasts two methods of telling a story: invention or fabrication, and adoption. He asserts that in this text he adopts a prefabricated story, a fiction, in order to show a real experience:

> Für den Roman, an dem ich jetzt gearbeitet habe, übernahm ich als Vehikel einfach das Schema einer Fiktion. Ich habe keine Geschichte *er*funden, ich habe eine Geschichte *ge*funden. Ich fand einen äußeren Handlungsablauf, der schon fertig war, das Handlungsschema des Kriminalromans.[2]

Indeed, a defining concept in Handke's experiments with detective literature is this contrast of the "*ge*fundene" vs. the "*er*fundene"—the adopted versus the invented—story. Handke does not want to produce yet another piece of "fiction," another invented text imitating a well-known, prescribed schema. Instead, Handke aspires at conveying a distinct, unconventional experience of reading the familiar, existing epic forms. He attempts to open up new possibilities for the reader to discover something about his or her own reality through an adopted, transformed fictional model. Through his theories and his experiments with the detective novel, Handke introduces visionary notions of reading and writing detective stories, thus opening up interesting literary possibilities for detective novels. He directs renewed attention to a genre that had before his time received little critical attention due to its low status in the German literary realm. Additionally, through these experiments Handke questions not only the formulas in detective novels but also what he sees as formulaic methods of writing stories in general, challenging readers to see how they perceive and respond to all texts.

In my analysis of Handke's *Der Hausierer*, I focus on the contrast of fiction and reality to show how the experimental detective novel engages a conscious reflection and thematization of the narrative models provided by "trivial" detective fiction. Handke uses these models in such a way as to produce a new sense of reality and to create a new, often disturbing reading experience. My analysis consists of three sections. First, I define the terms fiction and reality by drawing on Handke's poetological remarks. In a second step, I examine the two sections of *Der Hausierer*: a) Handke's analysis of the fictional detective schema, and b) his own representation of a detective narrative, which I read in the context of the reflections on the detective schema. My analysis also includes a brief discussion of Raymond Chandler's texts; Handke makes explicit references to Chandler's *The Long Goodbye*. I explain how Handke's new method of working with detective fiction exemplifies itself through a complex process of fictionalization that incorporates texts such as Chandler's. By adapting these models, Handke attempts to offer the reader his or her own individual, unmediated experience of reading detective fiction that creates a new way of reading reality; this reality is constituted in a reading process through which one be-comes aware of one's patterned mode of perception. Finally, I draw conclusions about what marks Handke's early novelistic phase as visionary. I contend that through these experiments with detective fiction such as in *Der Hausierer* Handke defines himself as a visionary in the most literal sense. He attempts to create new modes of perceiving texts: Handke forces the reader to see how he or she is seeing.

The terms "fiction" and "reality" in literature shape Handke's poetology.[3] Handke's primary concern is the question of how one can attain a new sense of one's own reality through a literary text and, more specifically, through a literary "fiction." In the framework of this project, Handke defines reality [Wirklichkeit] as the subjective, individual reality that is evoked through the reading process. Handke locates this reality in literary narratives, in the language and words of texts. He rejects the literary realism of the nineteenth century as well as the *neuer Realis-mus*, of the early 1960s.[4] Handke claims that the "new realists" use language like a magnifying glass with which the empirical world can be viewed more clearly. This method uses language to imitate objects "als wären die Worte nur der Katalysator gewesen und gäben nun den Blick auf das Phänomen frei."[5] For Handke, reality is not a material reality that can be mediated through language. Reality is, far more, the language, the words of the literature itself and the possibilities that they open up for the reader. For him, literary narratives should reveal previously unknown, or unexplored *possibilities*, not answers, to the reader about himself or herself.

For Handke, "fiction" is one such medium of literature. He defines fiction as "die Erfindung eines Geschehens als Vehikel zu meiner Information über die Welt."[6] Fiction is both the fabricated, [die erfundene], story and a method: a method of relaying information about the world of the reader to the reader through a fabrication. Handke's understanding of fiction can also be read in light of Roland Barthes' notion of a myth. In *Mythologies* Barthes defines a myth in similar terms as both a statement and a medium of communication.[7] Furthermore, according to Barthes' theory, a myth is a secondary semiological system. It adopts the sign from a primary linguistic system in which the signified and the signifier have already merged to create form and meaning, after which this sign becomes the signified of the second system. However, this process employs a strategy of naturalization. Barthes states: "[the myth] transforms history into nature . . . everything happens as if the picture *naturally* conjured up the concept, as if the signifier *gave a foundation* to the signified."[8] The myth suggests that the first sign naturally produces the sec-ond and that there is an inherent connection between the signifier and signified.

Handke's critique of the method of fiction is precisely this process of naturaliz-ing stories (and history as a whole) that Barthes sees in myths. Handke denounces fictions as being "etwas Geordnetes, etwas unangebracht Idyllisches,"[9] as being over-formulized and thus idealized in their ordering devices. A form becomes a fiction when the structures become automated and clichéd and the method of fictionalization becomes over-used when it is unconsciously adopted and employed by a large group of texts. Fiction loses its potency through this unreflected mimesis.

Peter Handke opposes the use of such literary fictions as a means of representing reality. He sees in the fiction only the semblance of a connection to the world, and only the appearance of a natural form that has become so artificial that it is incapable of relaying new information. For Handke, inventing another story would only perpetuate the method of fiction. Such fabrications distance the reader yet further from his or her individual reality. In his detective texts, his method consists not in producing yet another fiction, another worn-out, fabricated model, but rather in adopting an existing fiction and transforming the underlying fictional method. By making the reader conscious of the fictional structures, and by questioning the meanings that the fictional method has established, by questioning the naturalized forms of communication, Handke strives to show that there are as of yet unexplored possibilities of reading individual reality in the old forms.

The idea of adopting pre-existing forms and texts is, in itself, neither new nor revolutionary. What has come to be generally termed as "intertextuality" in literary studies is a prevalent mode of creating (and a focus for analyzing) texts. According to Michael Riffaterre's definition, intertextuality is "the perception, by the reader, of the relationship between a work and others that have either preceded or followed it" and thus, in the broadest sense, encompasses all of literature itself.[10] However, the specific method that Handke proposes is a more specific and complex procedure for creating texts out of pre-existing narratives. Handke advocates a specific two-step process that adopts and changes the material. His method can be understood in terms of what Gérard Genette defines as hypertextuality.

In *Palimpsests* Gérard Genette discusses "transtexuality," or "all that sets the text in a relationship, whether obvious or concealed, with other texts."[11] He differentiates five types of transtextual relations: intertextuality, paratextuality, metatextuality, hypertextuality, and architextuality.[12] Genette focuses his analysis on hypertextuality, describing the hypertext as one that is derived from another pre-existing text by incorporating material that is not marked, such as with quotation marks, but rather is produced through an intermediary step, through a process which he designates a "transformation."[13] According to Genette, this process of transformation can occur either directly or indirectly. The first method directly transfers an adopted action to a different time-period or location, transforming the original context. The second adopts the model of the story, a model of generic competence (or an epic model). This second process is more complex, according to Genette, because the author must first grasp the concept of the model before "imitating" and transforming it. These methods of hypertextuality produce a text in "the second degree," one that exists in a parasitical relation to another text and emerges through this secondary process of transformation. They transform the original text by re- and decontextualizing the material and also the adopted techniques and forms of the "original."

Handke's experiment with the detective schema in *Der Hausierer* is informed by this notion of transformation in hypertextuality. In this text, Handke adopts and transforms the model of detective fiction into a new schema that is meant to relay a more authentic experience. While the detective novel relies on clichés, the "Darstellungsklischees des Mordens, des Sterbens, des Schreckens, der Angst, der Verfolgung, der Folterung,"[14] Handke wants to re-invigorate these trite depictions and the resulting reading experience. A real experience begins with perception. He states: "Würde ich mir nur diese Schemata des Sterbens, des Schreckens, des Schmerzes usw. bewußt machen, so könnte ich mit Hilfe der reflektierten Schemata den wirklichen Schrecken, den wirklichen Schmerz zeigen."[15] Handke wants the reader to feel the *Schrecken* and *Schmerz* that are ordinarily merely secondary reactions, a byproduct of reading traditional detective stories. In his text, Handke uses new schemata to debunk clichéd, fictional schemata, to disrupt the conventional manner of reading that evokes tepid and conventionalized emotions such as fear. Handke wants to evoke the reality of fear.

The text of *Der Hausierer* typographically conveys his new method in twelve chapters that are divided into two sections.[16] The first section in each chapter is printed in italics and consists of analytical introductions that outline the set rules of a detective schema, while the second is written in standard block print and contains Handke's own version of a detective "story." This "story" is comprised of individual, seemingly unrelated sentences montaged from different detective novels. Each of the chapter headings highlights a formative moment in the detective schema in a series of titles indicating order: "die Ordnung," "die Ordnung vor der ersten Unordnung," "die erste Unordnung" (meaning the murder), etc., ending with "die endgültige Wiederkehr der ersten Ordnung." Handke thus addresses the central dichotomy of order and disorder that is thematized in detective novels: the restoration of order to a world that has become fragile and nonsensical through a sudden, unexplained, and brutal criminal act. These themes of chaos and order play out simultaneously on the structural level of the detective novel. The pursuit to restore order is equated with the search to establish narrative coherence and causality. In fact this complete agreement of theme and structure marks the singularity of the detective schema. In the introductions to the twelve chapters of *Der Hausierer* the narrator comments on the characteristic structures of the detective novel and further explicates how these constructions create the semblance of such moments of order and chaos. These introductions give the readers the typical rules and their purpose, making the reader conscious of various strategies in detective narratives.

Handke states that in order to write an ordered story and establish textual readability and meaning, the detective schema adheres to specific "rules" that assign the sequential narration of events and the functions of the figures, objects, and language. The detective text characterizes itself by an inverted chronological narrative sequence and creates, in fact, a dual temporal structure. The novel begins with an unexplained event and then works back to explain the pre-history of that event while simultaneously moving forward with the investigation to give an answer to the mysterious crime.[17] Furthermore, detective novels fragment the overall text by providing disparate clues and pieces of information that need to be interpreted and connected in order to make sense of the crime. Detective novels additionally withhold pertinent information from the reader; the entire story emanates around this structural and thematic blank.[18] As the narrator in *Der Hausierer* states, "nur ein Satz fehlt und um diesen Satz entsteht die Geschichte. Um diesen Satz entsteht der Fall" (H 18). The chaos created by the inverted, fragmented narrative illustrates the theme of the puzzling, unsolved murder. The detective schema uses these thematic and structural constructions to make the case appear mysterious to the reader and to create the semblance of fear and chaos.[19]

The author further explains that in this fragmented schema, each structural element—the characters, and particularly the objects—provides information that leads to the dénouement when this missing sentence is given. Through these structures, the detective schema prescribes meaning and reading for meaning. Each object carries a fixed meaning and partial answer to the central question of the "whodunit." The detective schema calls for the reader to uncover these meanings by testing out possible connections between figures and objects. Characters and objects only acquire meaning when causality is established between them and to the murder. In fact, the detective schema conceals the already prescribed causality and meaning between the structural elements, or as Handke states: "Die Mordgeschichte verschweigt die wahre Beziehung der beschriebenen Gegenstände zueinander" (H 7). Handke's narrator describes this construction as a game: "Sie [die Geschichte] besteht in einem Spiel mit möglichen Beziehungen der Gegenstände zueinander" (H 7). The narratological "tricks" create and perpetuate the game that the reader is to engage in.

Handke's analyses intimate that the game strategies of the detective schema ultimately employ linguistic forms to introduce causality and meaning. In this game, a prescribed language use, particularly in the form of descriptions, gives clues to the roles for each character and object. Precise descriptions of each object, location, and person take on the form of inventory lists that can be used to establish the worth of each object for the case, to classify the objects and characters, and thus to facilitate the restoration of order. For example, the characters are described so that the reader can recognize the role that each figure is to play. Handke offers an exaggerated description of the predictable regularity of this technique:

> Die von hinten beschriebene Person ist der künftige Tote. Ein von vorn Beschriebener kann sowohl künftiger Toter als auch künftiger Mörder als auch Zeuge sein. Wird jemand in Gesellschaft beschrieben, so ist er der künftige Tote...wird jemand beschrieben, der sich von einer Gesellschaft entfernt, so ist er in der Regel der künftige Tote... (H 19)

The astute reader adheres to the rules behind such descriptions, inserting figures into their prescribed positions in the structure, thus determining their given meaning and eventually solving the case.

The introductions in *Der Hausierer* point to this language use as a method in the detective schema that sets and reveals functions, but that also claims to mediate reality through the formulas. The language in these lists differentiates between the specificity of the criminal case and the "inspecificity" of everyday life. With these descriptions Handke refers in particular to Raymond Chandler's detective schema. Handke begins his novel with a quotation from *The Long Goodbye* (1954), translated into German, which marks Chandler's detective stories as a central point of reference.[20]

Raymond Chandler (1888–1959) attempted to revolutionize detective stories with his contributions to what is now termed the American "hard-boiled" detective genre of the 1930s and 40s. In contrast to his predecessors—the writers of the classic British detective novels at the turn of the century whom he criticized as writing "contrived" and "utterly unreal and mechanical fiction"[21]—Chandler wanted to infuse a new sense of reality into the conventional detective schema. This reality is constituted, on the one hand, by the "real" language of crime and the "real" backdrop of crime in the corrupt capitalist economy of Los Angeles.[22] The world of Chandler's novels is meant to reflect the real life of this world in which complete order cannot be restored. On the other hand, Chandler's texts mediate reality through their use of language. His texts construct a sense of reality through a contrast between everyday reality and the shock of murder, which appears most prominently in the contrast between the acausal descriptions of everyday order as it appears in "real" life and the descriptions of the tense hyper-significance of the moments surrounding murder. The Chandler quotation that opens *Der Hausierer*—"Es gibt nichts, was leerer aussieht als ein leeres Schwimmbecken"—is taken from a "real," everyday scene in *The Long Goodbye*, in which the detective Marlowe describes his desolate surroundings:

> I turned in and followed a graveled road around the shoulder of a hill . . . I could see now that the graveled road ended in a loop around some grass edged with stones that had been lime-washed. Off to my left there was an empty swimming pool, and nothing ever looks emptier than an empty swimming pool.[23]

In this scene, Marlowe describes the swimming pool as empty. However, the detailed description serves no significance in the search for the murderer, providing neither information nor a hidden clue for the reader. Marlowe merely describes such objects and landscapes in their everyday insignificance.

In Chandler's novels, such acausal descriptions contrast with the shock and the causality (or expected causality) surrounding the murder. In such moments of shock, everything appears to be significant, even everyday objects and habits. In an early scene in *The Long Goodbye* an acquaintance of Marlowe shows up with a gun and the detective describes in detail the effect of this situation on his everyday habits:

> The coffee maker was almost ready to bubble. I turned the flame low and watched the water rise. It hung a little at the bottom of the glass tube. I turned the flame up just enough to get it over the hump and then turned it low again quickly. I stirred the coffee and covered it. I set my timer for three minutes. Very methodical guy, Marlowe. Nothing must interfere with his coffee technique. Not even a gun in the hand of a desperate character...Why do I go into such detail? Because the charged atmosphere made every little thing stand out as a performance, a movement distinct and vastly important. It was one of those hypersensitive moments when all your automatic movements, however long established, however habitual, become separate acts of will. You are like a man learning to walk after polio. You take nothing for granted, absolutely nothing at all. (LG 437)

This detailed description illustrates how the moments of shock produce a new way of noticing each object and each action, by individualizing each movement and performance. Chandler's texts attempt to mediate this sense of shock through such contrasting descriptions.

In the introductions in *Der Hausierer* Handke uncovers the rigidity of these structures in detective fiction, showing the fictional form as a hypersemantisation of the world, as something "Geordnetes und unangebracht Idyllisches."[24] Handke reveals this schema as literary fiction, a fiction incapable of directly conveying new possibilities. Through the context of the murder mystery, the individual meaning of words and objects is replaced by a meaning that only exists in conjunction with the murder. Each element stands as a sign or a clue for something: the characters, the objects, the plot elements (*Befragung, Verfolgung, Mord*), the verbal exchanges, the language, as well as the description of everyday reality, supposedly occurring external to the murder cases, only serve as devices to further the plot and the suspense of the story. The text provides both the order, the insignificance of the so-called reality, as well as the regulated disorder of the significant reality of the murder. The notion of a reality in the language thus still belongs to the cunning [List] of the detective novel.

Two main concepts continually recur in Handke's description of the detective structure: *List* and *Gewalt*. The conjunction of the two marks typical elements of the hard-boiled school (mainly Chandler and his contemporary Dashiell Hammett). This detective genre relies not only on the structural and thematic suspense but also on sheer force to propel the detective case to the dénouement. The chapter entitled *Die Befragung* in *Der Hausierer* plays off typical scenes in Chandler's novels in which the detective is questioned and physically assaulted by the police. Handke explicates how physical force goes hand-in-hand with the verbal exchange to further the plot and provide answers. Crime is part of the general social fabric in Marlowe's world, permeating the police force, the media, political circles, and high-ranking businesses. The detective must engage in physical combat with these powerful criminal leaders at every level of society. In Chandler's novels, Marlowe can emerge a winner only due to his verbal wit.

The description of objects and the use of inventory lists that Handke alludes to his analysis also play a central role in Chandler's texts. For Chandler they are means of intimating a realistic plausibility. The inventory lists (which Handke terms "Aufzählungen") can be understood in the sense of listing and of assigning a price. These lists serve to establish the worth of each object, not just as a clue but also as an economic value. Chandler's works present "reality" as an economic-based society under capitalism where criminality and economy are intricately inter-linked. The criminals are successful financial giants with the power over society while the detective is the "underdog" and has no financial worth.[25] Marlowe fights and survives in this economy by subscribing to the same system yet transforming the medium of exchange. The detective uses language as his method of exchange. Marlowe exchanges his information for additional information in dramatic duels with words. These dialogues read like a game in which each participant attempts to extract as much information as possible from the opponent without revealing his or her own knowledge. Marlowe also employs words as weapons. He returns the blows of the corrupt police, gangsters, and other criminal heavyweights with clever retorts that punctuate each scene. His wit ensures him ultimate victory in each "battle."

Handke's analysis focuses on this patterned use of language. According to Handke, in this story with its set linguistic forms, not even "reality" can be itself: "Allmählich haben die Formgesetze der Mordgeschichte die alltägliche Wirklich-keit verdrängt. Je mehr sich die Beschreibung auf den Mord beschränkt hat, desto mehr musste sie aus dem Spiel bleiben" (H 75). The language does not point to a real event but rather shuts out everyday meaning, replacing it with its own cons-tructed, predetermined forms. Handke's analyses in the introductions in *Der Hau-sierer* locate the fictional model of the detective schema in language and in this spe-cific use of language. The detective schema operates like a word game, with rules that the reader knows from previous stories; he or she subsequently engages in a prescribed response. This detective schema with one set way of reading is like the classical Greek labyrinth that Umberto Eco describes, a labyrinth that has only one center and one exit.[26]

In his introductions, Handke reveals the typical detective schema not through a "story," but through a structural analysis. Through this method, he abstracts the detective schema to show how it is structured "in der Regel"—meaning both typi-cally and through rules. Furthermore, by focusing on the rules of the criminal schema in these sections, and by using a *metalangue*, the language of analysis, to discuss the fictional constructs of fiction and reality, Handke distances the reader from the "reality" of the fiction and from the habitual reading of a detective text. These introductions can be seen as the first step in Handke's process of hypertextual transformation. He first requires the reader to acknowledge the detective schema as a highly constructed method of experiencing a particular type of language or text. In defining the detective genre in terms of a pure, repetitive, set linguistic form, the analyses additionally show the detective schema as an empty shell of something that has become so overused that it can only be reflected on and pointed to. The Chandler quotation in Handke's text "Es gibt nichts, was leerer aussieht als ein leeres Schwimmbecken" acquires an additional meaning in this context, pointing to this act of emptying out the meaning of fiction: The empty swimming pool replicates the void itself, as a space that is no longer functional.

In the second sections of each chapter in *Der Hausierer* Handke offers his detective story as an experience with the fear and suspense of murder. While each chapter in this "story" correlates to the structures that are analyzed in the introductions, within this frame, Handke distorts the rules. Through a series of transformations, Handke offers a "story" that breaks with the expectations and "naturalized" rules of reading the detective schema. Handke adopts "rules" and "patterns," and even complete sentences from detective novels. However, by transforming the adopted model Handke alters the effect of this story and the way the reader responds to the text.

In a first transformation, Handke's story deletes the thematic element of the detective schema. Handke adopts only the language and linguistic structures, or the shell of this fictional schema, without reinstating meaning and causality between the disparate elements. Second, Handke's story alters the overall sequence of the sentences that the detective schema relies on to assemble meaning and create suspense as the plot progresses.[27] Rather than progressing from disorder and meaninglessness to comprehension and a completed narrative, the sentences are detached from the context of different detective novels, such as Chandler's. In Chapter Two, entitled "Die erste Unordnung," the narrator presents a series of sentences such as,

> Das Wurstblatt hängt aus der Semmel. Der Hausierer hört auf zu schauen. Der Gegenstand kann nicht von selber umgefallen sein. Als der, an den er den Satz richtet, wegschaut, setzt er den Satz ohne Unterbrechung beim nächsten weiter. Er erblickt eine Tube Rasiercreme mit abgeschraubtem Verschluß. Der Mann schaut auf seinen Daumen. Er hält das Glas in der bloßen Hand...(H 20)

In this passage, as in every previous and subsequent one in *Der Hausierer,* the sentences are lined up yet do not progress at the semantic level. The text neither provides the "Ordnung der Sinne" that the narrator cites as the key to the detective structure, nor does the text restore meaning or a sense of perception (in both senses of the German word *Sinn*). The reader is forced to read the sentences at the sentence level in the isolation of their individual structures and not at the semantic level.

Third, by decontextualizing these adopted sentences, Handke's "story" reduces the characters, objects, language and "moments" of the detective schema from carriers of meaning, or signifiers in Barthes' sense, to their simple structural functions, to mere words, objects, and forms. The characters are merely "die Frau," "das Kind," "der Liegende," "jemand," or "niemand." The main character is not the traditional, heroic detective, but merely "der Hausierer," "ein Fremder," "der Fragende," "der, der den Mörder entlarvt hat," "der Verfolgte," "der Befragte," or the non-specific "er."[28] With these labels, Handke plays off the process of depsychologicalizing characters that is typical for the detective schema. In detective novels figures never fully develop into characters in the full psychological sense; instead the novels objectify and functionalize them.[29] Handke exaggerates this method, replacing even the characters' names with mere titles of their set, functional roles in the detective schema.

By failing to establish causality or other connections between the characters, objects, and the murder Handke's "story" also effaces the functions that the figures and objects are prescribed in the traditional detective narrative. The text continually refers to particular objects typically found in detective texts and in everyday life—such as shoes, gloves, newspapers, windows, doors, a *Semmel*, hoses, puddles, and blinds. In the context of a typical detective story, such objects provide intrinsic connections and cohesion for the story and furnish the detective with raw material for the story. As Handke's narrator states: "Für jeden besonderen, ungewöhnlichen Zustand an einem Gegenstand werden Geschichten gesucht. Es wird danach getrachtet, an jedem Gegenstand die Geschichte zu bestimmen, die mit den anderen Geschichten die einzig mögliche Tatsache ergibt" (H 104). However, the repetitious reference to these objects offers a wide range of possible combinations for the reader rather than reducing the story to one particular plot. Not one, but rather hundreds of stories could be told focusing on these objects.

In addition to incorporating borrowed sentences, Handke also adopts linguistic techniques that the detective schema uses to present these sentences to the reader. Repetition and deletion are two devices that Handke adopts. While the detective novel typically mentions certain objects repeatedly to indicate their importance as clues, Handke exaggerates this procedure. Through repeated references to them, objects such as those previously mentioned lose their singularity and their function as clues. Handke similarly transforms the function of negation with the word *Niemand*. As the introduction to Chapter Three in *Der Hausierer* makes clear, negation is used in the detective schema to reduce the number of possibilities of ordering characters and objects into their one prescribed significance for the case. In Chapter Three of Handke's story, however, the word *Niemand* is repeated so many times that it loses any possible meaning:[30]

Niemand sah jemanden die Hände waschen.
Niemand bemerkte in einem leeren Raum Pulvergeruch.

Niemand aus einer Gesellschaft ist für kurze Zeit an die frische Luft gegangen.
Niemand hat sich mit Kopfschmerzen früher zu Bett gelegt.
Niemand ist abgereist.
Jemand hat jemanden einen Strumpf wegwerfen sehen.
Niemand hat aus der Nase geblutet...
"Alles wird wieder, wie es war!" (H 38)

In this scene, Handke uses the word *Niemand* to negate each and every object and character, thus preventing the reader from drawing any definite conclusions or from determining any definite meanings. *Niemand* becomes merely a word in itself, carrying its primary meaning, not serving its usual fictional function in the detective schema. The word *Niemand* also negates the specific *Jemand*, the one criminal individual sought in every detective case. Handke's story frustrates the process of attaining specific meaning. Specificity and meaning dissolve into generality and disorder.

The technique of deleting connections that would allow the reader to attribute significance to detail also functions in various scenes in Handke's narrative. The dénouement, or in Handke's term, the *Entlarvungsszene*, offers the most radical example. The dénouement typically represents the most significant scene of the detective story. In this final moment, the detective and the narrative answer all the questions and restore order. As Handke's narrator asserts in the introduction to the *Entlarvung* chapter, the *Entlarvung* occurs after the detective has established the one missing connection between all of the objects, events, and characters. In the unveiling moment, a string of sentences repeats the important clues that have been gathered, giving the reader one more opportunity to fit the pieces together before the narrative provides the answer. Handke's "story" in *Der Hausierer* presents a similar chain of clues:

Der Stiefel, der innen noch warm gewesen war—
Die Spitze des Daumens, die aus dem Handschuh herausgeschaut hatte—
Das baumelnde Vorhängeschloß an der Besenkammer—
Der Lippenstift auf den Zähnen—
Das Haarbüschel im Rinnstein—
Der Rolladen—
Der hellerleuchtete leere Raum in der Nacht—...
Im Augenblick der Klärung erschrickt er so, als geschehe der Mord noch einmal und er schaue zu. (H 109)

Yet in this moment of causality and connections, even the sentences in Handke's "story" remain incomplete, a fact which is marked typographically in the text with the ellipses. This dénouement contrasts with Chandler's in *The Long Goodbye* in which Marlowe confronts the main suspect with the missing piece of information. This last piece of the puzzle is unveiled in a surprising, dramatic gesture that is key to every dénouement. However, the conclusion of *Der*

Hausierer effects a moment of shock through its incomplete sentences and the use of ellipses. The *Schrecken* and *Schmerz* in Handke's "story" are evoked through a linguistic structure rather than through the thematic shock of discovering the identity of the murderer. Furthermore, at the end of Handke's detective "story," the words of the discontinuous sentence structures neither deliver a complete story nor do they provide more information than the reader had at the beginning. A heightened sense of chaos lingers beyond the conclusion. The objects and characters are still unconnected and the questions raised remain unanswered; the story that the dénouement conventionally concludes remains open. Handke's novel also represents this open ending typographically in the twelfth chapter in which no story follows the introduction. It is the task of the reader to complete the sequences and to provide the missing connections. The detective schema deletes its own story. In restoring order, it exhausts the possibility for a second, new reading. In Handke's detective texts, by contrast, there is the sense that infinite possibilities of perception have been offered, endless numbers of ways of experiencing reality.[31]

Through the contrast between the introductions and the "story" in *Der Hausierer*, Handke's method is revealed to be hypertextual. He adopts the words and sentences of existing fictions as well as the preexisting fictional epic forms (or rules) underlying the texts that Chandler and his predecessors established. In his detective stories he decontextualizes and abstracts from this schema. However, Handke's method also extends the boundaries of Genette's definition of hypertextuality. In transforming the fictional structures he additionally alters the specific function of language in the traditional detective novel. The fictional model of the detective schema evokes a sense of shock and suspense from the tension between the thematic and structural play of order and disorder. Handke shifts the focus to the structural realm, so that the language itself provides the real shock [Schrecken] and alienation expected to be evoked by murder. In *Der Hausierer* the language contains information on a formal level, rather than serving to indicate information and a reality hidden by and accessible through the language. Handke's story can be read in the contrast between two linguistically defined structures of order and disorder: the order of the fiction and the disordered, open-ended possibilities of reading the adopted sentences and structures.

Furthermore, Handke's model goes beyond Genette's concept of hypertextuality by only partially providing this transformation in the text. The decontextualized isolation of sentences of Handke's story work with and against the matrix of the reflections on detective novels in the introductions. The actual story, and thus the new reading process that Handke strives to create, emerges through a contrasted reading of these two parts and is left to the reader to create. Handke states:

> Die Sätze lassen sich nicht logisch zusammensetzen; eine *besondere, erfundene* Geschichte wird ihm nicht erzählt, er wird nur Satzreflexionen und Satzreflexe auf das äußere

Handlungsschema finden: Darin *kann* der Leser seine *eigene* Geschichte finden...Die Sätze des Romans...lassen es auf seinen *Möglichkeitssinn* ankommen...Der Roman...spielt im Leser.[32]

Handke's novel challenges the reader to finish this process, to create his or her own story and own experience. In *Der Hausierer* reality is constituted in the reading process. Reality can be seen in the contrast between the schemata that construct two different worlds: the ordered, constructed world, where all questions are answered and order can be restored, and the transformed world of shock, where more questions arise and where the myths of the "first world" are exposed. This process provides the reality of Handke's detective novel. The reality originates not in the author imitating a pre-existing schema, but far more in allowing the reader to experience reality anew through the lens of "de-clichéd" and distorted fictional schemata.[33] Reality is constituted in a complex process of fictionalization and hypertextuality.

Handke's experiments with the detective schema mark him as a visionary in the most literal sense of the word. In *Der Hausierer,* as in his two subsequent detective novels *Die Angst des Tormanns beim Elfmeter* and *Der kurze Brief zum langen Abschied,* Handke contrasts adopted fictional schemata with new possibilities of seeing such narrative models. In all three novels, the transformed detective schema encourages the reader to strive for a new perspective, one that is individual to that particular reading experience. Handke makes the reader aware of old patterns of perception through his radical change of perspective.

Handke's three experimental detective novels also lead to a new awareness of fictional schemata as a whole.[34] In *Ich bin ein Bewohner des Elfenbeinturms* Handke states that each epic model was once intended to be realistic. He sees his method as a means of renewing such formulas. He states:

So wählte ich die Methode, auf unbewußte literarische Schemata aufmerksam zu machen, damit die Schemata wieder unliterarisch und unbewußt würden. Es ging mir... darum...mit Hilfe der Klischees von der Wirklichkeit zu neuen Ergebnissen über die (meine) Wirklichkeit zu kommen: eine schon automatisch reproduzierbare Methode wieder produktiv zu machen...[35]

Handke wants to make the reader aware of epic clichés, and through an extreme alienation, disorientation and disorder of the senses he opens up new possibilities for each reading experience. Through his transformations, Handke's experiments reveal the significance of linguistic and fictional schemata as the basis for our construction of reality, while at the same time destructuring them. His experimental novels reform the way the readers view and interact with narratives and provide a vision of new epic models for future generations to deconstruct.

Johns Hopkins University

Notes

1. Linda DeMeritt, "Handke's Antigeschichten: Der Kriminalroman als Subtext in Der Hausierer und Die Angst des Tormanns beim Elfmeter," *Experimente mit dem Kriminalroman: Ein Erzählmodell in der deutschsprachigen Literatur des 20. Jahrhunderts*, ed. Wolfgang Dusing (Frankfurt: Peter Lang, 1993) 185–205. Linda DeMeritt reads the criminal novel as a "subtext" in Handke's first two detective stories. She defines these novels as "anti-criminal stories" which, in accordance with William Spanos' definition, initially elicit the reader to approach texts as detective stories only to dash these initial expectations. In my analysis, I contend that while the novels deflate traditional reader expectations, Handke intends these experiments to reinvigorate rather than to nullify the detective genre.

2. Peter Handke, *Ich bin ein Bewohner des Elfenbeinturms* (Frankfurt/M.: Suhrkamp, 1972) 5.

3. In the context of my analysis I use the term "poetology" specifically in terms of Handke's theory on writing and reading literary texts, which he explicates in the theoretical discussions in *Ich bin ein Bewohner des Elfenbeinturms*.

4. For more on the idea of *Neuer Realismus* and Handke's criticism of its approach see Handke's "Zur Tagung der Gruppe 47 in den USA" in *Ich bin ein Bewohner des Elfenbeinturms* 29–35.

5. Handke, *Elfenbeinturm* 32.

6. Ibid 24.

7. "Myth is a system of communication . . . it is a message. This allows one to perceive that myth cannot possibly be an object, a concept, or an idea; it is a mode of signification, a form." See Roland Barthes, "Myth Today," *Mythologies* (New York: Hill and Wang, 1972) 109.

8. Ibid 29–30.

9. Handke, *Elfenbeinturm* 26.

10. Quoted in Gérard Genette, *Palimpsests* (Lincoln: University of Nebraska Press, 1986) 3.

11. Ibid 3.

12. For further analyses that focus on the contrast between these two sections see also Rainer Nägele and Renate Voris, eds. *Peter Handke* (München: Beck, 1978) and Raimund Fellinger, *Peter Handke* (Frankfurt/M.: Suhrkamp, 1985).

13. Genette 5.

14. Handke, *Elfenbeinturm* 5.

15. Handke, *Elfenbeinturm* 28.

16. Peter Handke, *Der Hausierer* (Frankfurt/M.: Fischer, 1967). All subsequent quotations are from this edition and will be marked by H and the page number.

17. A common point of observation in the analyses of detective stories is the inverted plot structure. While the plot propels the story forward to the climax and the dénouement, this climax is, in end effect, also the point of departure. The dénouement recreates the initial, incomplete event (the murder) and thus the motion of the story is simultaneously a movement forwards and backwards in time. Edgar Marsch, *Die Kriminalerzählung: Theorie Geschichte Analyse.* (München: Winkler, 1972). Marsch focuses on this central use of temporal inversion in the detective schema and terms the murder the "Nullpunkt der Geschichte" (45). He sees the search to reconstruct order as a circular movement in which the detective must rely on both his perception of significant clues and his memory of past events and clues in order to return to the beginning and to reconstruct the past.

18. Richard Alewyn, "Anatomie des Detektivromans," *Der Kriminalroman.* Vol. 2., ed. Jochen Vogt (München: W. Fink, 1971) 372–403. In his essay "Anatomie des Detektivromans," Ale-

wyn elaborates on how the text makes use of this missing piece of information, this mystery to create suspense by explicitly pointing to this blank. He states: "Ein Geheimnis ist weder etwas, was dem Leser völlig unbekannt ist, noch etwas, was ihm völlig bekannt ist. Es ist ihm so weit bekannt, daß er weiß, dass es existiert, aber nicht so weit, dass er weiß, was es ist" (379). The reader has to be made aware of the blank, which also challenges the reader to engage with the narrator and the text in solving the puzzle.

19. David Grossvogel, *Mystery and its Fictions: From Oedipus to Agatha Christie* (Baltimore: Johns Hopkins UP, 1979) 35. As Grossvogel concurs in his analysis: "The detective novel creates a mystery in order to effect its effortless dissipation."

20. Marieke Krajenbrink, *Intertextualität als Konstruktionsprinzip: Transformationen des Kriminalromans und des romantischen Romans bei Peter Handke und Botho Strauß* (Amsterdam: Rodopi, 1996). Krajenbrink's study on intertextuality offers the most comprehensive examination of sources from Raymond Chandler in Handke's novels.

21. Raymond Chandler, "The Simple Art of Murder," *Chandler: Later Novels and Other Writings* (New York: The Library of America, 1995) 977–992.

22. For more on the image of America in Raymond Chandler see Fredric Jameson, "On Raymond Chandler," *The Poetics of Murder: Detective Fiction and Literary Theory*, eds. Glenn W. Most and William Stowe (San Diego: Harcourt, 1983) 125–50.

23. Raymond Chandler, "*The Long Goodbye*," *Chandler: Later Novels and Other Writings* (New York: The Library of America, 1995) 515. All subsequent quotations from *The Long Goodbye* are from this edition and will be marked LG and the page number.

24. Handke, *Elfenbeinturm* 26.

25. Chandler's novels continually contrast the financial stand of the detective and his clients. Even the character descriptions emphasize the economical reality of the world. In *The Long Goodbye* Marlowe is continually referred to as "cheapie," and Marlowe himself uses money-metaphors to describe rich clients. Through these metaphors he not only objectifies them but also economizes them, transforming them into their monetary value and possessions.

26. Umberto Eco, *Postscript to the Name of the Rose* (San Diego: Harcourt Brace Jovanovich, 1984).

27. Denis Porter. "Backward Construction and the Art of Suspense," *The Pursuit of Crime* (New Haven: Yale University Press, 1981) 24–52. Porter analyzes specific narrative constructions in the detective genre that create suspense. He argues that the detective schema gives and withholds information in determined intervals, which he calls the art of timing and spacing. He argues that in Chandler's texts, the lengthy descriptions ensure that information emerges slowly, thus prolonging the arrival at the answer through a literal expansion of textual space. Porter sees this technique as one of many implemented to heighten the suspense of the detective's search.

28. Werner Thuswaldner, *Sprachexperiment und Darbietungsexperiment bei Peter Handke Praxis und Theorie* (Diss., Salzburg, 1972.)

29. This method in the detective novel that treats characters as types rather than "individuals" or "persons" in their full psychological sense also corresponds to how the Russian formalist Vladimir Propp reduces characters to a simple typology based on the unity of the actions assigned to them by the narrative, as Roland Barthes outlines in his essay "Introduction to the Structural Analysis of Narratives," in Roland Barthes, *Image Music Text* (New York: Hill and Wang, 1977) 79–125.

30. See Christoph Bartmann, *Suche nach Zusammenhang: Handkes Werk als Prozess* (Vienna: Braumüller, 1984).

31. Handke's idea of open-ended possibilities corresponds to Umberto Eco's theory that the

draw of the detective schema lies in the possibility for the reader to formulate many hypotheses. Eco compares the structure of the detective schema to three types of labyrinths and likens his own to the third type, a rhizome, a labyrinth without a center, without a periphery, and with multiple exits. The possibilities for one caught in such a labyrinth, he contends, are potentially endless (Eco 64–66). Handke similarly asserts that his detective novels offer endless possible conjectures and the reader is caught in such a labyrinth, in a marionette circle of repetition and endless possibilities.

32. Peter Handke, "Über meinen neuen Roman *Der Hausierer*," *Peter Handke*, Hg. Gerhard Fuchs and Gerhard Melzer (Graz: Droschl, 1993) 59.

33. As DeMeritt also argues, Handke's novel fulfills Michael Holquist's definition of the *nouveau roman* as a reversed detective story. Michael Holquist, "Whodunit and Other Questions: Metaphysical Detective Stories in Postwar Fiction," in *The Poetics of Murder: Detective Fiction and Literary Theory*, eds. Glenn W. Most and William W. Stowe (San Diego: Harcourt, 1983) 172. In *Ich bin ein Bewohner des Elfenbeinturms*, Handke names Alain Robbe-Grillet as a major influence on his theories. Handke's method indeed resounds with Robbe-Grillet's statement on his own use of distorted narratological methods. Robbe-Grillet states, "the new, distorted perspective (reading) of familiar automatisms is not meant to reflect the new reality, the new "crisis" of society, but rather, to create a new method of telling stories that creates reality. The reading process should create the reality, not reading of a representation of reality, a reality, that acknowledges its predecessors," in Alain Robbe-Grillet, *For a New Novel: Essays On Fiction*. (New York, Grove Press, 1965). For parallels between Robbe-Grillet and Handke also see Irene Wellershoff, *Innen und Aussen: Wahrnehmungen und Vorstellung bei Alain Robbe-Grillet und Peter Handke* (München: Fink, 1980).

34. For Handke, the formulaic nature of detective stories exemplifies the fictional method of all narrative models. *Der Hausierer* begins with the statement: "Die Mordgeschichte beginnt, wie alle Geschichten, als die Fortsetzung einer anderen Geschichte. Die Personen und Dinge, die beschrieben werden, sind schon bekannt aus der andern Geschichte, die nicht geschrieben sondern stillschweigend vorausgesetzt ist" (H 11). The term "Mordgeschichte" instead of detective novel, which was a well-established designation by the 1960s, further highlights Handke's interest in narrative models and schemata as a whole, not just detective stories.

35. Handke, *Elfenbeinturm* 28.

MARC-OLIVER SCHUSTER

"Nur das Kino—als Einstimmung": Filmkultur, Visualität und Räumlichkeit im Rahmen von H.C. Artmanns Autonomieästhetik

"Ich wollte ja Sprachwissenschaft machen; dann hab' ich's nicht gemacht und habe geschrieben."

(H.C. ARTMANN IN EINEM INTERVIEW)[1]

Einleitung

Hans Carl Artmann (1921–2000) wurde in einem seiner letzten Interviews gefragt, welche Autoren ihn beeinflusst hätten. Seine Antwort: "Nur das Kino—als Einstimmung. Heute bleibe ich zu Hause und sehe fern: Modesendungen! Das ist höchste Poesie in Verbindung mit dem Bild."[2] Er wich damit der Fage nach prägenden Einflüssen aus, wechselte vom (hoch)literarischen zum populär-kulturellen Medium, und belegte zuletzt, dass er die Auszeichnung, poetisch zu sein, auch an non-verbale Zeichen vergibt. Diese drei Aspekte sind typisch für ihn und laden ein, dem Stellenwert von Filmkultur, Visualität und Räumlichkeit im Rahmen seiner Ästhetik nachzugehen.

Artmanns Naheverhältnis zu Filmkultur, Visualität und Räumlichkeit lässt sich biographisch verfolgen und im literarischen Werk aufdecken. Aufschlussreicher ist es, die drei ineinander übergreifenden Themen von seiner Ästhetik her zu verstehen. Neben einzelnen Filmen umfasst hier das Thema Filmkultur ganze Filmtraditionen, -gattungen, -techniken, sowie die Kinoatmosphäre. Die von Artmann im Zusammenhang mit Filmkultur angeschlagenen Motive der Unterhaltung und des rollenhaften Schauspiels überlagern sich mit dem Thema Visualität. Hier geht es neben der Forderung nach transparenter Zurschaustellung um die Vorlieben für Masken, reine Beobachtung und optische Hilfsgeräte. Visualität gehört an sich schon zum breiteren Thema Räumlichkeit; darunter fallen die Raumgestaltung seiner fiktionalen Welten ebenso wie typische Raumfiguren, mit denen er zudem ästhetische Sachverhalte veranschaulicht; die hierin wichtigste Raumfigur, exemplifiziert im Titel des Lyrikbandes *aus meiner botanisiertrommel*, ist der (autonome) Container, konzipiert als beschützender Sammelbehälter für kleine, konkrete, diverse Inhalte.

Artmanns Bemerkung zu TV-Modesendungen macht klar, dass er das Poetische—er spricht in unterschiedlicher Akzentuierung auch von "dichterisch," "schön," "magisch" oder "mythisch"—weder in Bezug auf Lyrik definiert noch auf Literatur oder verbale Zeichen einschränkt. Das Poetische ist nicht an Genre, Stil oder Zeichenmedium gebunden. Musik, kannibalistische Mahlzeiten, Gärten, Körper—dass sie alle poetisiert werden können, ist mit ein Grund, einen semiotischen Interpretationsansatz zu wählen. Wegen des im Falle Artmanns zu engen Begriffs von "Poetik" als Literaturtheorie ist es korrekter, seine Theorie als "Ästhetik" zu bezeichnen, welche er in theoretischen Texten und Interviews expliziert. Die problematische Unterscheidung zwischen "theoretisch" und "literarisch" im Sinn von "expliziter" und "impliziter" Theoretisierung spiegelt sich in seinem Werk wieder; gerade seine theoretischsten Texte, also die *Acht-Punkte-Proklamation des poetischen Actes* und die Büchner Preisrede *sprachlosigkeit*, sind stark literarisiert. Trotzdem, die Unterscheidung in "theoretische" und "literarische" Texte ist hier gut genug.

Artmann beschreibt seine ästhetischen Grundsätze selten und gerafft. Die stilistische und thematische Diversität im Literarischen kontrastiert mit einer inhaltlichen Einfachheit und Monotonie im Ästhetischen. Alle seine theoretischen Aussagen gehören zu einem einzigen, in sich konsistenten System. Die ersten, kurz nach 1945 geschriebenen Texte (vor allem Gedichte) bezeugen trotz aller Anleihen an symbolistische Bilder, romantische Motive und surreale Kontraste, dass er schon hier mit Prinzipien arbeitet, die er bis zuletzt unverändert beibehält. Hinzu kommt, dass er so gut wie sein Gesamtwerk mit diesen Prinzipien erkennbar markiert. Fragten sich früher manche Kritiker, ob Artmann überhaupt eine ausgebildete Ästhetik habe, so ist die Blickrichtung umzukehren und man erkennt, dass ästhetische Markierungen im Design des Werks wichtiger sind als das, worauf sie angewandt werden. Der "unangreifbar[e]" Satz am Beginn der *Proklamation* ist ernstzunehmen, "dass man Dichter sein kann, ohne auch irgendjemals ein Wort geschrieben oder gesprochen zu haben."[3] Was zählt, ist die Entscheidung zu seiner Ästhetik, auch wenn man keinen Text hat, um sie anzuwenden. Gemäss der *Proklamation* bedarf es zuerst des "Wunsch[es], poetisch handeln zu wollen," und dann soll "der poetische Act...starkbewusst extemporiert" werden, denn schliesslich sei er keine "bloss poetische Situation, die keineswegs des Dichters bedürfe. In eine solche könnte jeder Trottel geraten, ohne es aber jemals gewahr zu werden." (*Best* 363) So ein Trottel ist der vom Erzähler beschimpfte Nandor im titelgebenden Eröffnungstext von *How much, schatzi?*[4] Nandor wird ungewollt Kunde einer sympathischen Prostituierten und hat keine Ahnung, dass er sich mit ihr in einer poetischen Situation befindet. All dies begann damit, dass ihm sein Hut weggeblasen wurde; seine unbeholfene Jagd nach dem Hut liest sich wie eine Slapstick-Einlage in Stummfilmen.

Es geht Artmann nicht um eine bloss "poetische Situation," die sich zufällig ergeben kann, sondern um die gewollte Anwendung fixer Prinzipien. Die Entscheidung zur Ästhetik ist hinreichend, um den (Ehren)Titel Poet zu bekommen, egal ob es Zeichen gibt, die mit dem ästhetischen Rahmen formatiert und, im Idealfall, poetisch werden können. Bekanntlich vertritt Artmann eine Autonomieästhetik; die *Proklamation* etwa wirbt für "Dichtung um der reinen Dichtung willen" (*Best* 363). Ein semiotischer Ansatz kann diese Ästhetik noch schärfer analysieren, vor allem durch Aufspaltung seines Autonomie-Begriffes in zwei Teile (Arealismus, Synchronie).[5] Semiotisch formuliert seine Ästhetik ein Beispiel für radikalen (d.h. rein statischen) Strukturalismus oder, allgemeiner gesprochen, für Saussuresche Semiologie mit der Perspektive von Synchronie und dem dyadischen Zeichenkonzept, welche das Zeichen definiert als Verbindung von Signifikat (Vorstellung) und Signifikant (Lautbild).[6] Synchronie fundiert Artmanns Ästhetik, erstellt jedoch nur zusammen mit anderen Prinzipien die Qualität des Poetischen. Bevor ich diese Ästhetik unter den Schlagworten "Kleinheit," "Konkretheit," "Arealismus" und "Synchronie" diskutiere, sollen einige Details mit Bezügen zu Filmkultur, Visualität und Räumlichkeit darauf vorbereiten.

Artmanns Gesamtwerk erstreckt sich über fünf Jahrzehnte und umfasst Lyrik, Drama und Prosa nebst Hörspielbearbeitungen, Schallplatten-, Film- und Fernsehproduktionen. Seine autodidaktisch erworbene Vielsprachigkeit ist legendär und dokumentiert durch Übersetzungen aus zwölf Sprachen. "Und das ist es: ich kann sehr viele Sprachen lesen, aber ich habe keine Übung beim Sprechen:"[7] Eigenen Aussagen zufolge richtet sich sein Interesse weniger auf akustische Qualität oder kommunikatives Sprachverhalten, sondern auf Visualität, Schrift, Typographie und Wortbildung:

> Es wird immer von meinem Sprachenreichtum geredet. Ich kann keine Sprache sprechen. Ich müsste zwei, drei Monate wo sein, dann bin ich drin. Ich habe die Basis für viele Sprachen. Ich kann natürlich sehr viele europäische Sprachen lesen. Mir geht's ums Lesen, ums Optische.[8]

Von einem Interviewer einmal auf für ihn vorbildhafte Literaturtraditionen angesprochen, wehrt Artmann die Idee von ausschlaggebenden Einflussbindungen ab
und lässt bloss "auslösende Momente" gelten, die ihm zudem nur "rein sprachlich"
von Bedeutung sind.[9] Anstatt seine literarischen Worte realistisch und engagiert
auf die Welt abzustimmen, versteht er sein Schreiben unprätentiös als "sprachliche
Strickerei, ein Anreihen von Sätzen und Wörtern. Und mir gehts wirklich nur um
den philologischen, den sprachlichen Effekt."[10] Seine barockisierende Abenteuer-
sammlung *Von den Husaren und anderen Seil-Tänzern* schreibt etwa manche deutsche Wörter am Wortanfang anstelle eines "k" mit einem "c," z.B. "cörbchen" anstelle von "körbchen." Er erklärt diese Orthographie im Rückgang auf den
visuellen Effekt als eine "rein optische Angelegenheit" und setzt hinzu:

> Und wenn ich alte Sachen les', dann nicht des Inhalts wegen, sondern wegen der Ortho-
> graphie. Komisch, ich les' auch Sprachen, die ich kaum versteh. Zum Beispiel habe ich
> da verschiedene altnorwegische und altisländische Chroniken und Bücher, die les' ich
> auch! obwohl ich weiss, es gibt keine Wörterbücher dafür. Aber ich les' sie und die sind
> meine liebsten. Da schreibt man auch ein "c."[11]

Diese Bemerkungen geben erste Hinweise zur Aufmerksamkeit gegenüber visueller
Zeichenqualität und zum Interesse an Wörterbüchern, Grammatiken und Sprach-
lernmaterial. Grundsätzlich rangieren bei Artmann Schriftlichkeit über Mündlich-
keit, *langue* (als statisches Sprachsystem) über *parole* (als kommunikatives Sprachverhalten), die objektivierte Aussage über den Äusserungsakt, Statik über Dynamik.
   Artmanns frühe Beschäftigung mit Sprachen war u.a. motiviert durch geogra-
phische Imagination mit dem Sinn fürs Abenteuer und Exotische. Mit vierzehn
habe er angefangen, Sprachen zu lernen aus Abenteuerlust: "Ich wollte in die Tro-
pen gehen, und da hab' ich Malaysisch gelernt und Samoanisch. Aber nur für mich
selbst, wahrscheinlich hab' ich alles falsch ausgesprochen."[12] Er habe damals in den
30er Jahren in Atlanten und in fremden Sprachen, die er nie gehört habe, gelebt,
"es war eine absolut einsame Zeit, ich habe mir Reiche erstellt und Landschaften,
die nur für mich einen Bezug hatten."[13] Die Trivialhefte *Tom Shark* und *Rolf Tor-
ring* habe er aus ähnlichen Gründen gelesen,

> aus einem Fernweh heraus, aus Abenteuerlichkeit. Ich habe dann auch angefangen, Ma-
> laysisch zu machen: Wenn ich dort hinkomme, hab' ich mir vorgestellt, muss ich ja die
> Sprache können. Mein Malaysisch ist so, dass ich einen Grundschatz habe. . . Na ja, die
> Schrift habe ich halt gelernt, das hat mich interessiert! Das war's eben, das Befassen mit
> fremden Schriften.[14]

Der von Klaus Reichert stammende "Zettelkasten," eine Sammlung (meist)
zuverlässiger Informationen über Artmann, eröffnet die Rubrik "*Lektüre (Schwer-
punkte)*" mit *Tom Shark* Heftchen als "Fibel- und Elementenbüchlein," so als hätten sie erste Lesekompetenz vermittelt (*Best* 381). Im Lyrikband *med ana schwoazzn
dintn* tauchen diese Hefte Jahre später in dem Gedicht "fia n dom schak" ["Für

Tom Shark"] auf.[15] Der Erzähler erinnert sich an das Tauschen der Hefte im Sommer, als er auf warmem Asphalt[16] von Wien/Breitensee in die Rosensteingasse ging. Der Effekt war phantasievolle Projektion, die aus Häusern Bankräuber oder Opiumschmuggler herausschauen liess. Das Kind betrat derart verwandelte Häuser zum "diadafalbeowochtn" ["Türtaferl beobachten"], was uns erklärt wird als "das Lesen der Namensschilder an den Wohnungstüren im Detektivspiele."[17]

So wie ihm die *Tom Shark* Hefte Schablonen für projizierte Abenteuer boten, werden Kinobesuche im Wien der Zwischenkriegszeit eine willkommene Unterhaltung gewesen sein, mit ähnlicher Funktion für imaginative Ausflüge und phantastische Aufladung der Umwelt; erst 1961 begann Artmann eine Periode ausgedehnter Reisen. Auch wenn er seit den 80ern mehr Zeit in Wien und Salzburg verbrachte, konnte er nicht einfach zuhause bleiben: "Das halbe Jahr bin ich unterwegs. Ich komm' nicht zur Ruh, da müsst' ich sterben, nicht? Ich hab dauernd eine Sehnsucht, anderswo hinzukommen."[18]

Reicherts "Zettelkasten" erwähnt "Alte Filme" und "Stummfilmuntertitel" als Mittel der Inspiration für Artmann (*Best* 386). Die Rubrik *"Wichtig"* inkludiert Sängerinnen, die nebenbei in Musicals und Filmen auftraten, wie Helen Kane (das Vorbild für die Anfang der 30er Jahre entworfene Comics Figur Betty Boop) oder Vaughn de Leath (bekannt aus der Frühzeit des Radios als *First Lady of Radio*). Ebenso findet sich in dieser Rubrik ein von Hans Albers gesungenes Lied aus dem Tonfilm *F.P.1 antwortet nicht* (1932, UFA), nämlich "Flieger grüss mir die Sonne" (*Best* 382); so lautet auch der Titel eines Textes in *How much, schatzi?*

Reicherts "Zettelkasten" hat eine eigene "Orson Welles" Rubrik (*Best* 382), derzufolge Artmann eine Nebenrolle in Carol Reeds Filmklassiker *The Third Man* (1949) übernommen und darin den Satz "Was halten Sie von James Joyce?" gesprochen haben soll. In der diesbezüglichen Szene hat der von Joseph Cotton verkörperte Trivialwestern-Schriftsteller gerade mit seinem Vortrag ein Hochkultur schätzendes Publikum enttäuscht. Die ihn entwaffnende Frage nach modernistischer Literatur ("Where would you put Mr. James Joyce? In what category?") wird jedoch von einem Herrn geäussert, der keine Ähnlichkeit mit Artmann hat. Zumindest ist die vorgeschlagene Plazierung von Artmann in diesem visuell durchgestylten Film nicht abwegig angesichts der Gemeinsamkeiten, die seine eigenen Darstellungstechniken mit *The Third Man* verbinden (holzschnittartige Konturierung, starke schwarz-weiss Kontraste, düstere Atmosphäre, kühler Humor).

In der Liste autobiographischer Details im Text *Meine Heimat...*beschreibt sich Artmann als "ein grosser kinogeher."[19] Die stärker fiktionalisierte Autobiographie *Curriculum vitae meae* zeigt uns den Ich-Erzähler zuerst als Vogel, der seine ersten Jahre in den "laubwildnissen der buche und der linde" verbringt, bevor er sich verwandelt: "meine eigentliche menschwerdung vollzog sich...nach den ersten kinobesuchen, nachdem ich mich ziel- und absichtslos fliegend in eines der lichtspielhäuser der hauptstadt verirrt hatte."[20] Wenn das Wort "Lichtspielhaus" schon zur

Entstehungszeit dieses 1973 veröffentlichten Textes leicht veraltet war, so ist dies aus der Sicht von Artmanns Ästhetik vorteilhaft. Die Konnotation des Veralteten baut dem Eindruck einer aktuellen Interessen verpflichteten Schreibhaltung vor. Ähnlich ist die "schön verstaubte Atmosphäre eines Jugendstilinterieurs" ein fixer Bestandteil des von Artmann ästhetisch durchgestylten Hawelka in "Eine Stadt lebt im Caféhaus;" nicht einmal die modernistisch gesinnten Architekten würden dieses Wiener Café "up to date" bringen wollen.[21] Aus der früheren, journalistisch zugeschnittenen Version des Hawelka-Porträts erfährt man, dass sich der Typ des Wiener Kaffeehauses erfolgreich wehrte gegen die neuen Espresso-Bars "à la italiano," welche "das Fortschrittliche, das Moderne" symbolisierten.[22]

Der Gebrauch von "Lichtspielhaus" erinnert daran, dass frühe Filmkritik auf das Vokabular der Theaterkritik zurückgriff. Die Leinwand im Kino ist wie die Bühne im Theater: Aus Artmanns Sicht hat man sich beide als geschlossene Schaubühne zu denken, die etwaige Fragen nach realistischer Nutzanwendung ausschliesst. Artmann begründet einmal seine Faszination an Detektivgeschichten damit, dass sie Wunschvorstellungen befriedigen und mit Formeln arbeiten. Das mache ihm den Kinobesuch attraktiv, wo man der Alltagswelt entrückt wird und "die faden Stunden ausgeklammert sind. Nur action, action, action ... Ja, zwei Stunden Abenteuerfilm, der müsste ja drei Monate dauern. Und das ist ja das Schöne, das ist wie aus der Erinnerung."[23] Erinnerung präsentiert ihm auch sein eigenes Leben wie einen spannenden Film:

> Ich weiss nichts von meinem Leben, ich vergesse das immer wieder und muss es mir erst wieder ins Leben zurückrufen. Das sind dann recht versponnene Rückblenden. Man sieht rückblickend wie im Kino alles gerafft und nur die Höhepunkte. Alles Öde fällt weg. Ich lebe von einem Tag in den anderen hinein und mache mir auch über die Zukunft kein Kopfzerbrechen.[24]

Dem deutschen Kritiker Ulrich Greiner zufolge infiziere eine Wittgensteinsche Atmosphäre im österreichischen Literaturraum nach 1945 Schriftsteller mit unproduktivem Relativismus.[25] Die daraus resultierende Abkehr von (dialektisch verstandener) Wirklichkeit belegt Greiner u.a. mit einer Phrase aus Artmanns autobiographischem Text *Meine Heimat...*: "Alles, was man sich vornimmt, wird anders, als man sichs erhofft..."[26] Was für Greiner eine banale Lebenserfahrung ausdrückt, ist für Artmann eine Haltung, deren programmatischer Charakter schon aus der vorangehenden Zeile hervorgeht: "a gesagt, b gemacht, c gedacht, d geworden."[27] Diese Bilanz rechtfertigt, wie *Meine Heimat...* Lebens- bzw. Textstücke zusammenstellt, ohne sie einzubinden in eine Kausalkette von Gedanken, Worten, Taten und Ergebnissen. Was fehlt, ist die Idee von kausaler Zeichenverkettung, die man mit E.M. Forster *plot* nennen kann gemäss seiner Unterscheidung von *story* und *plot*.[28] Das Format von *story* ist ein "narrative of events arranged in time-sequence"[29] und verwendet nur rein chronologische Anordnung. Auch das

Format von *plot* benutzt Chronologie, verknüpft aber zusätzlich mittels Kausalität; *plot* ist ein "narrative of events, the emphasis falling on causality . . . The time-sequence is preserved, but the sense of causality overshadows it."[30]

Was Greiner vermisst und Artmann ihm aus Prinzip nicht geben kann, ist das Format von *plot*, sowie, darauf aufbauend, ein überspannendes Kommunikations-modell mit einem Konzept von Geschichte, in dem menschliche Handlung im Mittelpunkt steht, d.h. die Fähigkeit, in realistischer Orientierung auf die Welt Zeichen miteinander zu verknüpfen. Artmann erklärt wiederholt, kein solches Konzept von Geschichte zu haben. Er weiss, dass auch er ein kausal gebundenes, historisches Wesen ist, gestaltet aber damit nicht seine Selbstporträts in Interviews oder literarischen Texten: "Es ist für mich schrecklich, dass ich geschichtslos bin... Mir tut das weh, weil ich bin ein historisch bewusster Mensch. Aber ich habe keine Geschichte. Aber vielleicht bin ich deshalb noch so fesch und jung."[31] Der Interviewerin Steinwendtner zufolge "würde [er] gerne Partei ergreifen...Aber er sei geschichtslos."[32]

Erstes ästhetisches Prinzip: Kleinheit

Small is beautiful: Kleinheit (ohne Verniedlichungscharakter) ist für Artmann eine Bedingung des Poetischen und ein aussichtsreicher Kandidat für einen typisch ös-terreichischen Zug seines Werks. In einem Artikel über das österreichische Selbst-verständnis in der österreichischen Literatur zitiert Schmidt-Dengler ein Gedicht Artmanns, "Mein Vaterland Österreich," worin letzterer seine Einstellung zu Ös-terreich kundgibt: "Österreich bestand ehedem aus den folgenden Ländern:... Heute besteht Österreich aus den Ländlein:...Tu, felix Austria, juble und jodle!"[33] Diese Aussicht auf "Ländlein" anerkennt die reduzierte Rolle der Zweiten Repub-lik auf dem internationalen Parkett in Politik und Kultur. Realgeschichte ordnete der Zweiten Republik eine Restfunktion zu, während Artmann sich selbst eine kleine, aber selbstbewusste Rolle im Kulturbetrieb zuschrieb.

In einer autobiographisch grundierten Passage aus *Nachrichten aus Nord und Süd* erklärt der Erzähler, der Weg zu perfekter Kunst sei für ihn ein "beinharter job freunde nichts wird einem da geschenkt oder gar in die wiege gelegt."[34] Ein wie Mozart, Handke oder Joyce begnadeter Künstler zu sein, bleibe ihm versagt: "Ich will bescheiden bleiben wie österreich...was man wirklich braucht ist das herz eines boxers wie es max schmeling besang robust primitiv und unerschütterlich in allen kämpfen und krämpfen lasst uns ringen um ein solches freunde."[35] Das robuste Herz eines Schmeling bleibt ausser Reichweite für den Erzähler, und der Aufruf, um ein solches zu "ringen," klingt nach Ironie. Bescheidenheit ist eine Zier, die Artmann sich selbst und seinem Ideal des Poeten auferlegt. Die *Proklamation* spricht von "heidnischer Bescheidenheit" (*Best* 363) und setzt sie einer christlich

verstandenen Bescheidenheit (oder unterwürfigen Demut) entgegen; das ist einer
von vielen Hinweisen, dass sein Begriff des (im Dienst autonomer Zeichenpräsen-
tation stehenden) Poeten auf die Autorschaft der Jungfrau Maria zurückgeht. Aus
Marias Unbefleckheit von Erbsünde wird die Reinheit des Poeten; dessen Akt ist
"frei von jeder Eitelkeit und voll heiterer Demut" (*Best* 363), "materiell vollkommen wertlos" und ohne den "Bazillus der Prostitution" (*Best* 364).

Gerade das Frühwerk ist voll von marianischer Metaphorik in Form von Ma-
rienfiguren und -attributen. Zentral plaziert ist ein marianisches Attribut im Titel
der Lyriksammlung *ein lilienweisser brief aus lincolnshire*. Die weisse Lilie stand
schon in der klassischen Antike für Schönheit und Jungfräulichkeit, bevor sie Marias Reinheit christlich symbolisierte. Im frühen Gedicht "metamorphose" taucht
eine "mondfrau" als marianische Heilsfigur auf;[36] sie "fingert von ihrer silberspindel
/ schimmrigen abglanz weltferner sonnen" und vollbringt ein für die "kriegszer-
narbte muttererde" heilsames Wunder: "da entsprang schneeiges lilienblühn. /
...es wandeln sich die seelen..."[37] Wenn Artmanns Begriff von poetischer Autonomie eine transformierte Version von Marias Unbefleckheit darstellt, so ist diese Transformation radikaler als Säkularisierung, welche Inhalte bei gleichbleibender Struktur ersetzt. Indem Artmann die Hauptfiguren im christlichen *plot* (Gott, Jesus,
Heiliger Geist) nicht transformiert, sondern ersatzlos streicht, geht die Transformation von Maria einher mit dem Strukturwechsel von kommunikativer Dynamik zu non-kommunikativer Statik.

Abgesehen vom Zentralmotiv Bescheidenheit taucht Kleinheit inhaltlich und
formal in vielerlei Gestalt auf. Der Erzähler in *Curriculum vitae meae* reagiert auf
die feindliche Umwelt mit einer Reihe von Gestaltverwandlungen, an deren Ende
er sogar vom Tier zur Pflanze wird, als "herbstlich geröteter Farn auf einem Berg-
rücken hinter dem untergang der sonne."[38] Der Rückzug in solch märchenhafte
Gegend schützt vor weiterer Belästigung. Kleinheit findet sich inhaltlich in Form
von Gestaltverkleinerungen, von kleinen Gesten mit hoher Aussagekraft, oder von
eleganter Effizienz, die nichts von dahinterstehender Mühe verraten soll. Im ästhetisch weniger durchgestylten Hawelka-Portrait in "Nussbeugeln und Melangen"
lesen wir noch, wie der "geplagte Ober kaum durch den Sesselwald [kann]."[39] Das
ästhetisch perfektionierte Hawelka in "Eine Stadt lebt im Caféhaus" zeigt ihn uns
schon als "allgewaltigen Ober," der "wie ein abgeschossener Pfeil" durch das Kaffeehaus flitzt:[40] "Seine Geschicklichkeit grenzt an das Unglaubliche. Bestellung
und Service sind nur durch kurze Augenblicke getrennt."[41] Noch etwas schneller,
und Bestellung und Service fielen in einen magischen Moment zusammen. Es verweist schon auf das Prinzip von Arealismus, dass die Loslösung von anstrengender
Realität idealiter magisch vor sich geht wie bei der oben erwähnten marianischen
"mondfrau." Zur Schau gestellte Abarbeitung von Realität ist plump; besser ist der
Eindruck von Widerstandslosigkeit im Sinne leichter, doch souveräner Handha-
bung. Dass sich Artmann von Eichendorffscher Romantik angesprochen fühlt,[42]

ist auch daher verständlich, weil dem Taugenichts die märchenhaft widerstandslose Welt keinen Anlass zu existentieller Sorge bereitet.

Kleinschreibung, kleine Requisiten und kleine Figuren gehören zum Standardinventar ebenso wie das Motiv von (ewiger) Jugend. Ungern beantwortet Artmann die Frage nach seinem Alter: "Ich gebe mich doch lieber als verlotterter Fünfzigjähriger aus, und nicht als schlecht sitzender Siebzigjähriger."[43] Reicherts "Zettelkasten" verjüngt in der Rubrik *"Besondere Kennzeichen"* Artmanns Alter auf zwanzig Jahre (*Best* 385). Unter *"Was inspiriert"* finden wir u.a. "neue Mädchen... jüngere Mädchen...noch jüngere Mädchen" (*Best* 384). Während der Graf in *dracula dracula* Le Fanus Carmilla verjüngt, korrigiert der Erzähler von *Frankenstein in Sussex* das von den Brüdern Grimm überlieferte Bild von *Frau Holle* als einem "steinalte[n] mütterchen;" in Wahrheit sei sie "eine bezaubernd schöne frau mit blauen augen und vollem, weizenblondem haar, welches jeweils nach der letzten mode geschnitten und frisiert ist!"[45] Frau Holles Schönheit und Schick signalisieren, dass sie die ästhetisch zentrale Position in diesem Text innehat. Kein Wunder, dass sie sich an dem allzu vorhersehbaren Märchen (Thema: knäuelhafte Ver- und Entwicklung) langweilt, welches ihre Gesellschafterin Mary Shelley vorliest. Frau Holle ist lieber auf dem Laufenden, "was auf erden und unter ihr vorgeht,"[45] und lässt das Fernsehgerät einstellen. Indem Frau Holle und Shelley die im Fernsehen gezeigten Verfolgungsszenen zwischen Alice und Frankensteins Monster kommentieren, argumentieren sie von entgegengesetzten ästhetischen Einstellungen, die Frau Holle als Sprachrohr Artmanns erscheinen lassen.

Neben der Kleinheit als Kürze von Texten und Textsorten ist Artmanns Vorliebe für das Fragment belegt. Dies hat weniger mit romantisch verstandenen Fragment-Begriffen zu tun, sondern mehr mit Barthes' Charakterisierung des Fragments.[46] Ihm zufolge sind Fragmente formal und inhaltlich gleichwertig; wie Atome sind sie eigenständig und für sich allein verstehbar: "each idea per fragment, a fragment per idea."[47] Das Fragment ist befreit von *plots* mit Ursprungs- oder Telos-Orientierung; es ist ein ausreichend gezogenes Raster, das wie ein skizzenhafter Entwurf weiter ausgefüllt werden kann, aber nicht muss. In dieser Richtung lobt Artmann den fragmentarischen Charakter von Linnés *Iter Lapponicum* als "fetzenhaft, bruchstückartig, unvollständig und unvollkommen" (Best 373). Anlässlich dieses Buches spricht er von seiner eigenen Reiselust, betont das visuelle Moment ("wo ich vorbeifahre, sichtbares aufnehmen und mit diesem sichtbaren mein eigenes gesicht zu verändern") (*Best* 375) und parallelisiert dann sein Reiseinteresse mit seiner Schreibhaltung:

> Meine Lust, Landschaft oder Welt zu sehen, ist nicht reguliert vom Ehrgeiz eines Kartens
> techers oder eines Geographen, die schlüssige oder geschlossene Zusammenhänge und
> Betrachtungen liefern mögen, genau wie auch mein Ehrgeiz nicht dahin geht, in einem
> "klassischen" Romanwerk ein geschlossenes und schlüssiges Dasein vorzugeben. (*Best* 375)

Das Klassische, als zu gross angelegt, geht in Richtung Vollkommenheit und impliziert im Begriff des "schlüssigen" Daseins ein mittels *plot* verknüpftes Leben. Das Prinzip von Kleinheit gibt uns die Faustregel, Merkmale von Kleinheit als Indiz für ästhetische Richtigkeit zu lesen. Sieht man die vier Prinzipien als jeweils getroffene Auswahl, dann wirbt Kleinheit nicht nur für sich selbst (gegenüber "Grösse"), sondern auch für die drei anderen Prinzipien. Aus Artmanns Sicht ist Konkretheit "kleiner" als Abstraktheit, Arealismus "kleiner" als Realismus, Statik "kleiner" als (vor allem kommunikative) Dynamik.

Zweites ästhetisches Prinzip: Konkretheit

"Alles Intellektuelle ist mir fremd"[48]—so beschreibt sich Artmann wohl in Anspielung auf Terenz' "Alles Menschliche ist mir fremd." Intellektualität, Intelligenz, standesbewusst "höhere" Bildung und Philosophie sind ihm Formen abstrakten Denkens, das als solches nicht falsch ist, sondern überflüssig. An spanischer Literatur sowie an (deutscher und spanischer) Barockliteratur im besonderen lobt er deren sinnlich-konkrete Sprache; diese Sprache sei "wie ein Kieselstein, der im Bachbett lag, ganz abgeschliffen und rund. Kaum Abstrakta—man kann alles angreifen;" im Hang zum Konkreten erkennt er eine österreichische Tradition, in die er sich bewusst einreiht.[49]

In mehreren theoretischen Texten hebt Artmann Konkretheit explizit hervor. Linnés *Iter Lapponicum* gefällt ihm im Verzicht auf die Intention, "Poesie in die Wissenschaft zu bringen" sowie im Eindruck unmittelbarer Anschaulichkeit (*Best* 371). Seine eigenen theoretischen Texte sind in konkreter Tonlage gebaut—mit *sprachlosigkeit* als einziger Ausnahme, welche aber indirekt die Gültigkeit des Prinzips von Konkretheit nur bestätigt, weil hier der so überraschende Ton philosophischer Intellektualität pure Ironie ist. Dass es sich speziell um die Ironisierung dialektischer Abstraktion handelt, erahnt man auch ohne Kenntnis eines diesbezüglichen Interviews: "Für Abstrakta habe ich nichts über. Meiner Frau sagen sie etwas, sie hat Philosophie studiert. Adorno-Deutsch nenne ich das. Das ist Geplapper."[50] Ob seine Frau tatsächlich die Büchner Rede "zum grössten Teil" geschrieben hat,[51] weiss ich nicht; vielleicht ist seine diesbezügliche Bescheidenheitsgeste[52] Teil des Strickmusters, mit dem er seine Selbstporträts gestaltet, so als ob er auch im psychologischen Sinne "klein" ist. Glaubt man seinen autobiographischen Lieblingsmotiven des schlechten Gedächtnisses und kognitiver Einfachheit, dann fehlt ihm, was für E.M. Forster zum Verstehen von *plots* unumgänglich ist: Gedächtnis und (höherentwickelte) Intelligenz.

Konkretheit ist einer der Gründe für Artmanns Hinwendung zu Kulturformen, -medien und -texten, welche ihre Zeichen nicht unter dem Banner von Abstraktion vorstellen, egal, wie viel Intellektualität und Intelligenz in deren Produktion einfliessen oder als Subtext vorhanden sein mag.[53] Sein Naheverhältnis zu visuellen Medien wie Film, Fernsehen und Comics ist Teil einer breiteren Aufgeschlossenheit gegenüber konkreter, massenmedialer Gegenwartskultur: "ich kenn' mich auch absolut aus in der Pop-Musik—Heavy metal und Techno. Das g'fällt ma nicht, aber ich bin bestens informiert."[54] Er war auf dem Laufenden, ohne sich als Kulturkritiker aufzuspielen und ohne seine Autonomieästhetik gegen eine Kulturindustrie (etwa im Sinne von Löwenthal oder Adorno) auszuspielen.

Während der Übersetzung von Linnés *Iter Lapponicum* begann Artmann mit der "Niederschrift eines imaginären Tagebuchs" (*Best* 375), woraus *Das suchen nach dem gestrigen tag* von 1964 wurde. Dieser "Pop-art-Züge vorwegnehmende...Tagebuch-Roman" demonstriert für Donnenberg Artmanns "Perspektive und Arbeitstechnik 'im Kern.'"[55] Teil dieses Kerns sind der Gebrauch populärkultureller Elemente (inklusive Film) unter dem Signum von Gleichwertigkeit sowie ein Plädoyer, Comics und Pop-Literatur als Gegenwartskultur ernstzunehmen. Im Eintrag vom "14. oktober" berichtet Artmann, wie er in Malmö auf Al Capps *The World of Li'l Abner* stösst. Dann zitiert er aus dem "äusserst aufschlussreich[en]"[56] Vorwort von John Steinbeck zu einer Ausgabe von *The World of Li'l Abner* aus den frühen 50er Jahren. Steinbeck lobt darin Capp als "the best writer in America today" und zitiert die verwunderte Reaktion seiner europäischen Gesprächspartner: "but doesn't he do a Comic Strip? How can that be LITERATURE?" [They spell it in capitals in Europe.]"[57] Artmanns Kommentar ist deutlich genug:

> Es wäre heute immerhin an der zeit, sich bei uns zu bequemen, Comic Writing als das anzuerkennen, was es schon längst geworden ist, nämlich Literatur...Was geschieht indes aber tatsächlich? Der intellektuelle [sic!] lächelt bei solch einer zumutung nachsichtig, kommt sich für derartige kindereien zu gut vor...So weit, so gut: In einigen zwanzig jahren wird man über diese "Comics Epoche" tiefgründige abhandlungen schreiben [wir wussten das schon immer &c. &c.] und somit über das, was eben noch ignoriert, aufs subtilste klugscheissen [siehe den gegenwärtigen Dadarummel]. Ich aber sage: Popliteratur ist heute einer der wege [wenn auch nicht der einzige], der gegenwärtigen literaturmisere zu entlaufen.[58]

Die ironisch als "tiefgründig" bezeichnete Theoretisierung von Comics begann früher als die angenommenen zwanzig Jahre. Als Reinhard Baumgart 1968—vier Jahre nach Artmanns Plädoyer—Ausschau hielt nach deutsch-sprachiger Theorie zu Comics,[59] fand er wenig vor abgesehen von Bazon Brock, aber der "schreibt über das neue Niedrige so hoch, als hätte er Seminararbeiten für Hegel oder Adorno abzuliefern, die beide, hoffe ich, ihn auch nicht verstehen würden."[60]

Artmann will Populärkultur als ebenbürtige Alternative zu "höheren" Kunstformen anerkannt wissen und kritisiert somit den von Huyssen so benannten "Great Divide" als "kind of discourse which insists on the categorical distinction between high art and mass culture."[77] Er schlägt Pop-Literatur als Beschäftigungsgebiet nicht vor, um Hochkultur abzuschaffen oder mit "niederen" Formen in einen

Einheitsbrei zu verschmelzen; letzteres ginge gegen seinen ausgeprägten Sinn für zugespitzte Unterscheidungsmerkmale, für gewaltlos anarchischen Individualismus und Pluralismus. Vielmehr soll für Pop-Literatur und andere "niedere," volkstümliche oder vernachlässigte Formen Platz in einem grosszügig angelegten Kunstraum reserviert werden, dessen grundsätzliche Gleichwertigkeit nichts zu tun hat mit der meist an Postmoderne geschmähten Gleichgültigkeit und Beliebigkeit.

In der Paarung "hoher" und "niedriger" Texte (Autoren, Medien, Genres etc.) können die ersteren Prestige verlieren, die letzteren gewinnen: "Ich habe immer versucht, Trivialliteratur zu erhöhen und Hochliteratur ohne Häme, a bissel liebenswürdig runterzudrücken."[62] Wenn der Erzähler in *Nachrichten aus Nord und Süd* vom Horrorfilm *The Exorcist* meint, er "könnte das leitmotiv tag und nacht hören über allen gipfeln ist ruh,"[63] dann liest sich diese Paarung so, als könnte das heidnisch-unheimliche Leitmotiv die heiter-abgeklärte Stimmung bei Goethe trüben; einige Seiten später findet man den originalen Gedichtanfang schon leicht verändert mit "Wipfeln" statt "Gipfeln."[64]

Neben Importen aus Frankreich und Grossbritannien nutzte Artmann die Welle der kulturellen Amerikanisierung seit 1945 — von Reinhold Wagnleitner treffend *Coca-Colonization* genannt[65] — zu seinem Vorteil. Was Hollywood-Filme, *pulp fiction*, Comics, Popmusik, Werbung und Mode mitsamt dem Kult des jungen, schönen Körpers an typisierender Unterhaltung boten, kam seiner Tenzenz zum Konkreten und Trivialen[66] entgegen. Dabei unterwarf er Populärkultur keiner engagierten Ideologiekritik, was nicht ausschloss, dass er manche ihrer Produkte schlichtweg ablehnte.[67]

Drittes ästhetisches Prinzip: Arealismus

So wichtig Kleinheit und Konkretheit als ästhetische Vorgaben sind, sie konstituieren nicht die von Artmann verfochtene Autonomie, welche sich aus den Prinzipien Arealismus und Synchronie zusammensetzt. Was Reichert als Artmanns "Ästhetik des Schwebens" bezeichnet,[68] deutet mit dem Bild des Schwebezustands auf diese zwei Prinzipien hin: Es geht um die Loslösung von Realismus (und damit von Referentialität) sowie um die Loslösung von Diachronie (als Perspektive auf handlungspraktische Dynamik).

Der ergiebigste Text für Artmanns Konzept des (von mir so benannten) Arealismus ist *sprachlosigkeit*. Er thematisiert darin "sprachlosigkeit im sinn einer abbildung, einer reflexion des realen in der Sprache" und erklärt, es gehe ihm darum, "der spur dieser meiner sprachverweigerung zu folgen...diese gewisse sprache, sie bleibt mir fremd."[69] Der Ausdruck "sprachverweigerung" betont, dass sein Arealismus als "sprachlosigkeit" keine naive oder passive Haltung ist, sondern dass er sie bewusst, wenn nicht trotzig, aufrecht erhält. Seine Rede präzisiert das "reale" nicht, aber eine Phrase gegen Schluss—"das reale, wie es sich mir zeigt...die beschreibung des realen, wie es sich ihm [i.e., Büchner] gezeigt hat"—legt nahe, dass das historisch Reale erfahrbar ist und ausserhalb von Sprache besteht.

Dieser Arealismus entspringt weder einer ontologischen oder epistemologischen Skepsis noch einer sprachkritischen Position, derzufolge Sprache das Reale verfälschend abbildet. Es handelt sich weder um eine engagierte Kritik an spezifischen Realismus-Versionen noch, genereller, um Kritik an Realismus als dem Anspruch, Sprache von ihrem mimetischen Abbildungsbezug zur Wirklichkeit zu verstehen. Die gelegentlich von Artmann-Forschern verwendete Bezeichnung "Anti-Realismus" ist ebenso irreführend wie das Wort "Surrealismus;" letzteres ist besser in einem engeren, technischen Sinn anzuwenden, und zwar für die oft überraschende Zusammenstellung von Unvereinbarem bzw. Heterogenem. Artmann geht es um Suspension von Realismus als methodischem Anspruch, Zeichen auf das historisch Reale zu verstehen. Er macht das Reale, wie immer es sich als Referent in sprachlicher Bedeutung darstellen mag, einfach nicht zur privilegierten Ankerstelle für seine literarische Sprache. Das Wort "Arealismus" formuliert diese Position neutral als Absenz von Realismus, etwa in Analogie zu "ahistorisch" (was übrigens auch Teil von Artmanns Prinzip von Synchronie ist). Diese Absenz drückt der Titel *sprachlosigkeit* mit dem Suffix "-losigkeit" aus, und man versteht, dass er das nicht als Mangel hinstellen will.

Um Arealismus zu artikulieren, bevorzugt sein Frühwerk den Aufbau von Szenerien im Traum oder blosser Vorstellung. Eine andere Möglichkeit ist die Ironisierung realistischer Beglaubigungsphrasen wie am Anfang von *Frankenstein in Sussex*: "die folgenden vorfälle entsprechen tatsächlich der wahrheit, sie sind weder frisch erfunden noch einer bereits vorhandenen fiction entnommen."[70] Die Entnahme von fiktionalem Material hebt besonders effektiv Realismus auf, und davon macht Artmann mittels fiktionaler Figuren und Handlungsschauplätzen aus Literatur und Film ausreichend Gebrauch. Arealismus fordert nicht, dass Worte nur fiktionale Bedeutung haben sollen, sondern dass bei vorliegender referentieller Bedeutung die Frage danach irrelevant werden muss. *Med ana schwoazzn dintn* hat Wörter mit referentieller Bedeutung (z.B. Wiener Lokalitäten), handelt aber nicht von Wien. Zum arealistischen Grundton dieses Bandes tragen Kunstzitate sowie ironische Parodien auf die christliche Ideologie bei; im Unterschied zur Satire richtet sich hier der parodistische Blick auf eine ideologische Vorlage, die eher als Artefakt denn als Realium verstanden wird.

Artmanns Dramen[71] integrierten schon in den 50er Jahren Populär- und Filmkultur via Filmfiguren wie "le commissaire maigret" oder Speedy Gonzales. Allein die Erwähnung solcher Figuren fördert die Haltung, von etwaiger Referentialität abzusehen, auch bzw. gerade dann wenn (reale oder fiktive) Figuren in Besetzungslisten angeführt werden ohne im Stück vorzukommen, wie etwa der Schauspieler Peter Cushing.[72] *Attila ante portas* macht uns weis, dass es 1959 in Nancy uraufgeführt wurde mit Robert Hossein, Romy Schneider und Fernandel (als "ross"); nach deren Spiel erheben sich "donald duck, primus v. quack und daniel düsentrieb" aus dem Publikum and stimmen einen Beatles-Song an.[73] In *fauler zauber in schwarzafrika* verkörpert Jules Verne sich selbst im Spiel mit Michael Caine, Audrey Hepburn, Valerie Hobson und David Niven.[74] Und das Melodrama *How lovecraft saved the world* erlebte angeblich 1934 seine Uraufführung "im kinosaal der gemeinde arkham, mass." mit Franchot Tone, Bela Lugosi und Charles Laughton.[75]

Abgesehen davon, dass das Anzitieren von Filmkultur die erstaunliche Intertextualität in Artmanns Werk noch erhöht, helfen Filme, Filmtechniken und -figuren beim Aufbau ganzer Szenen. *Dracula dracula*[76] von 1966 bezieht sich mit Bram Stokers *Dracula* und Le Fanus *Carmilla* auf gewichtige literarische Ahnen, stützt sich jedoch in der Typisierung von Figuren und Einzelszenen stärker auf filmische Adaptionen des Vampir-Themas.[77] Die Szenen wirken drehbuchartig, dem Arsenal der *B-Movies* entnommen, und arbeiten in erster Linie mit visuellen Effekten.[78] Standardrequisiten wie Mondnächte und Wölfe sind erwartungsgemäss zugegen. Von den Fledermäusen vorm Fenster heisst es, sie bewegen sich "im traum, ihre flügel zucken in regelmässigen abständen wie sinistre spielzeuge, aufgezogen von einem monsterkind"[79]—da denkt man an technisch weniger professionelle Spezialeffekte aus älteren Filmen, wo die mechanische Bewegung mittels der oft sichtbaren Requisitenfäden nicht verborgen bleibt. Der Spielzeug-Charakter obiger Fledermäuse erinnert auf die bei Artmann beliebte Figur des Hampelmannes. *Das Suchen nach dem gestrigen Tag* berichtet vom "manifest auf das machen von hampelmännern," deren Anfertigung personifiziert wird in Richtung Autonomie: Die Anfertigung der Hampelmänner sei leicht wie die Filmfigur Irma la Douce, "unschuldig lasziv...sie ist ein kind, das mit den nackten armen und beinen seiner zelluloidpuppe spielt."[80] Die *Proklamation* zählte schon den "satanistisch-elegischen" Nero zu den "verehrungswürdigsten Meistern des poetischen Actes" (*Best* 364). Artmanns vorbildhafte Künstlerfiguren—besonders solche der dubiosen "schwärzeren" Art (z.B. Mörder, Vampire, Kannibalen)—haben kein moralisches Gewissen. Der Begriff von Schuldbewusstsein basiert auf einer Vorstellung von *plot*, impliziert somit eine diachrone Perspektive und widerspricht der Perspektive von Synchronie als Artmanns wichtigstem Prinzip.

Viertes ästhetisches Prinzip: Synchronie

Synchronie ist die zweite Komponente von Artmanns Autonomiebegriff und fundiert seine Ästhetik. Gemäss Saussure betrachtet Synchronie Sprache als System zu einem bestimmten Zeitpunkt, während Diachronie den Wandel des Sprachsystems im Verlauf der Geschichte untersucht. Für Synchronie ist Statik der Interpretationsrahmen, für Diachronie ist es Dynamik. Es klingt zunächst unplausibel, dass Artmann auf Statik aus ist, gibt es doch so viel *action* in seinem leserfreundli-chen, humorvollen Werk. Aber wie lebhaft seine Texte im Leseprozess wirken mö-gen, sie selbst betonen in letzter Instanz immer nur statische Präsentationsrahmen. Weisen wir auf den kommunikativen Charakter seiner Texte hin, so geht das auf unser Interpretationskonto und überschreitet den von Artmann bzw. seinen Tex-ten ästhetisch gesetzten Rahmen. Weil seine Ästhetik keinerlei Wirkungseffekte berücksichtigt, erlaubt sie uns, mit seinen Texten zu machen, was wir wollen. Dass Cervantes in seiner Vorrede zu *Don Quixote* den Leser "befreit und erlöst...von je-der Achtung und Verpflichtung" und ihm gestattet, vom Gelesenen zu sagen "was dich gut dünkt,"[81] trug sicher dazu bei, dass es Artmanns Lieblingsbuch wurde.

In einem Interview meinte Artmann, er könnte nie seine Autobiographie schreiben ohne einen Ghostwriter; schliesslich könne er sich nicht an Fakten erin-nern: "Ich bin ein reiner Gefühlsmensch. Ist das nicht lustig?"[82] Auf den Ein-wand, dass auch seine Gefühle von Interesse seien, reagierte der Angesprochene schneidig:

> Nein, die gehen nur mich etwas an, in unverschlüsselter Form. In literarischer Form kann sich jeder was raussuchen. Das habe ich auch in meinem Buch *Unter der Bede-ckung eines Hutes* im Vorwort erwähnt. Ich gebe nur Inhaltsverzeichnisse, und dann kann man sich das Ganze befleischen. Ich stelle nur ein Skelett hin, und jeder kann nach seinem Belieben mit Fleisch und Herz und Nieren und Leber auf seine Art...Das was ich in mir habe, kann ich keinem anderen übermitteln. Da müsste ich ja Herrgott sein, oder Musiker.[83]

"Ich stelle nur ein Skelett hin:" Das Skelett ist als ästhetische Metapher zweifach gut gewählt. Erstens metaphorisiert es das Format des Inhaltsverzeichnisses; das Vorwort zur Sammlung *Unter der Bedeckung eines Hutes* betrachtet deren Texte "als blosse inhaltsverzeichnisse für den Leser, als literarisierte inhaltsverzeichnisse."[84] Aber nur die letzten zwei Texte fallen unter den geläufigen Begriff von Inhaltsver-zeichnis als einem Verzeichnis von Kapitelüberschriften; unübersehbar ist gerade in diesen beiden Texten die Ironie in der "Aneinanderreihung...sozusagen viktoria-nisch erweiterter Kapitelüberschriften."[85]

Gérard Genette zufolge sei es klassischer französischer Usus gewesen, ein In-haltsver-zeichnis (als Verzeichnis der Kapitelüberschriften) an den Beginn eines Werks zu stellen und an dessen Ende "an actual table of contents, a sort of detailed index. Our modern table of contents is in reality a table of chapters, and its name is a little misappropriated."[86] Artmanns "literarisierte inhaltverzeichnisse" entspre-chen diesem zweiten Typ, dem isolierenden Index wichtiger Einzelheiten. Er liefert ein Beispiel dafür in "Ein Gedicht und sein Autor," wo er den Index seines Ge-dichts "landschaft 8" angibt: "Gewitter, Kuh, Schatten, Schäfer, Loden..." (*Best* 375). Irrelevant als Kriterium des Poetischen sind ihm seine persönlichen Vorstel-lungen oder sonstige Produktions- und Rezeptionskontexte.

Damit sind wir beim zweiten, allgemeineren Aspekt des Skeletts als ästhetischer Metapher: Es verbildlicht reine Statik ohne dynamische Lebenszeichen. Wenn Leser das Skelett mit "Fleisch und Herz und Nieren und Leber"[87] garnieren, ist das eine animierende Zugabe ihrerseits. Artmanns Text als Skelett ist wie ein Entwurf eines Architekten, dem es unerheblich ist, ob und mit welchen Konsequenzen der geplante Bau jemals realisiert wird. In Artmanns Ästhetik ist das Leben kein Argument.

Roman Jakobson eignet sich als theoretische Kontrastfigur zu Artmann, weil ersterer dynamische Kommunikation favorisiert und als zielgerichtetes Handeln versteht. Um kommunikativ zu sein, können Zeichen nicht bloss im statischen Zustand pausieren, sondern müssen kausal miteinander verbunden werden. Anstelle der Saussureschen Zweiteilung in (statische) Synchronie und Diachronie arbeitet Jakobson mit einer Dreiteilung in (kommunikative) Diachronie, dynamische Synchronie und statische Synchronie. Dass statische Synchronie unbefriedigend ist, veranschaulicht er anhand des Filmeschauens, wobei für die folgende Passage zu bedenken ist, dass er "synchrony" als "dynamische Synchronie" versteht, "statics" hingegen für "statische Synchronie" verwendet:

> The concepts of synchrony and statics do not fully cover each other. At any given moment in a movie, the spectator sees on the screen not a static image but a series of movements and changes. Such is the synchronic state. Only by cutting up the film strip into separate frames do we obtain static segments. [But] Changes coming into being are a part of synchrony... [88]

Jakobson empfiehlt eine schon im Ansatz dynamisierende Perspektive. Sein Zuschauer sieht anstelle eines Standbilds eine Serie ablaufender Bilder, wodurch dem Auge Bewegung vorgetäuscht wird. Diese Perspektive ist die uns gewohnte Sehweise von Filmen, aber eben nicht die von Artmanns Ästhetik proklamierte. Letztere hält den ablaufenden Film an, sodass sich nichts mehr bewegt und wir nur Standbilder (einzeln oder in Serie) in Synchronie sehen.

Aufgrund von Synchronie exemplifiziert Artmanns Ästhetik zentrale Eigenschaften von Saussurescher Semiologie bzw. semiologischem Strukturalismus. Das kann man theoretisch auf unterschiedlichen Wegen und praktisch quer durch sein Gesamtwerk verfolgen. Spaltet man etwa das Kommunikationsmodell, basierend auf der Idee des Bedeutungstransports vom Autor via Text zum Leser, in Autor / Text, Text / Text und Text / Leser Beziehungen, dann ergibt sich für Artmann ein strukturalistisches Text / Text Modell, welches dynamische bzw. handlungspraktische Autor / Text und Text / Leser Modelle ausschliesst. Stil (als Persönlichkeitsausdruck), Originalität, Prägung, Besitzanspruch, *plot*, Teleologie, Fortschritt—all dies ist ihm ästhetisch zuwider und freigegeben zur Ironisierung. Schon im Frühwerk ist das christliche, paternalistisch geprägte Kommunikationsmodell eine reiche Quelle für Bilder und Anspielungen in parodistisch-ironischer Funktion. Er nimmt sogar Barthes' strukturalistische Todeserklärung des Autors (vom Archetyp Gottvater) vorweg, ohne dessen anschliessende Wiederauferstehung in eine poststrukturale Dynamik mitzumachen; im Gedicht "drei Lieder" (1953) tritt Gott als Gärtner in Seinem Paradiesgarten auf und steht nach einer Änderung der Gartenordnung zuletzt mit buchstäblich beschnittenen Händen dar.

Anstatt weiter für den semiologisch-strukturalistischen Modellcharakter von Artmanns Ästhetik zu argumentieren, kann uns Synchronie wieder mit den Themen Filmkultur, Visualität und Räumlichkeit verbinden. Raum ist das für Synchronie passende Denkraster und bei Artmann wichtiger wie das Thema Zeit. Letztere wird oft verlangsamt, aufgehoben oder anachronistisch behandelt, aber nicht handlungsentscheidend. Die Idee, Zeit profitabel zu nutzen, läuft seiner Ablehnung von Gebrauchswert zuwider. Zwei Welten treffen aufeinander, wenn in *Nachrichten aus Nord und Süd* der Erzähler besucht wird von einem "betont calvinistisch gekleideten" schweizerischen Uhrmacher, dessen Willkommensworte "ihre küchenuhr hängt schief"[89] auf ein sozusagen "unordentliches" Zeitverständnis des Erzählers hinweisen. Der kapitalistische Geist des Protestantismus (gemäss Max Weber) sowie alle Ideologien mit puritanistischer Gesinnung sind Artmann fremd. "Late to bed and late to rise ist die beste eierspeis! (Benjamin Fränklein),"[90] so lautet in *Der handkolorierte Menschenfresser* die Antwort auf Franklins Lebensweisheit "Early to bed and early to rise, makes a man healthy, wealthy, and wise."[91]

Räumlichkeit ist Artmanns Raster, um ästhetische Sachverhalte zu beschreiben. Die in Linnés *Iter Lapponicum* oft übergangslose Abfolge von Textabschnitten bezeichnet er als "*summa difficultas geographiae*, die uns das schroffe Überwechseln aus Landschaften...in lateinische Haine und Gärten des Geistes bereitet" (*Best* 371). Die Anlage dieser Wortlandschaften mag surreal sein, aber man kann von einem Terrain ins andere gelangen, weil sie innerhalb eines umfassenderen Raums sind, wo "alles...seinen rechtmässigen Platz [hat]" (*Best* 371) und sich versammelt "in der wertfreien Gleichzeitigkeit des Daseins" (*Best* 373). Trotz aller phantastischen Beziehungen in und zwischen Einzelräumen gibt es auch in Artmanns Werk stets einen umfassenderen Raum.

Foucaults Vorwort zur *Ordnung der Dinge* hilft uns zu erkennen, dass Artmann einen neutralen homogenen Raum anbietet, wo Dinge (inklusive kleinere Räume) nebeneinander treten können. Im Gegensatz zu Borges führen Artmanns Zusammenstellungen nicht zu einem "raumlosen Denken, zu obdachlosen Wörtern und Kategorien."[92] Dass dabei vertraute Gesetze aufgehoben sind, etwa wenn reale auf fiktionale Gestalten treffen, ist dafür unproblematisch. Diese Raumgestaltung braucht man nicht mit komplizierteren Konzepten wie Heterotopie oder Zone zu beschreiben, weil sie auf Newtons Konzept des absoluten Raums basiert. Dieser Raum ist ein Container, dem es gleichgültig ist, ob bzw. womit er gefüllt ist. Der Container ist methodisch wichtiger wie seine potentiellen Inhalte, und das lässt sich in Parallele setzen mit dem Beginn der *Proklamation*, demzufolge der ästhetische

Rahmen ausschlaggebend ist, egal ob vorhandene Texte zur Rahmung vorhanden sind oder nicht.

Der Container als lückenlos umschliessender Behälter (Vorbild: Jungfrau Maria) ist die wichtigste Figur in Artmanns Werk. In räumlicher und nicht-räumlicher Form dient er zugleich als Metapher, um seinen ästhetischen Rahmen—also das, was seine vier ästhetischen Prinzipien aussagen—zu veranschaulichen. Die Figur des ästhetischen Containers findet sich in mehreren Titeln, z.b. als Hut in *Unter der Bedeckung eines Hutes*. Meist signalisiert Artmann mit dem Wechsel von Kleidungsstücken, gelegentlich von Haut, einen Wechsel von einem ästhetischen System in ein anderes; Nandor hat in *How much, schatzi?* die Chance zu so einem Wechsel nicht nutzen können. In *Das suchen nach dem gestrigen tag oder schnee auf einem heissen brotwecken* ist Schnee die ästhetische Bedeckung, um (noch) "warme" Lebens- bzw. Textstücke autonom "kalt" zu machen und zu konservieren. Dass der Haupttitel als Ankündigung *plot*-haften Suchens ironisch ist, entnimmt man mühelos der ganzen Sammlung. Schnee, Kälte, Trockenheit, Knochen, die Farbe weiss, Ausgetrocknetes und Abgeschnittenes sind die traditionellen Bilder Artmanns, um Autonomie als Absenz kommunikativen Lebens anzuzeigen. In *Grünverschlossene Botschaft* ist Grün der ästhetische Verschluss, in *Aus meiner Botanisiertrommel* ist es die Botanisiertrommel. Auch das Hawelka Café wird zum Container als "magische Botanisiertrommel," welche ihre diversen Gäste homogenisiert "in arkadischer Eintracht."[93]

Das häufigste Naturbild als Metapher für den ästhetischen Rahmen ist der autonome Garten bzw. Park, hierbei den marianischen *hortus conclusus* transformierend. Im Titel *Das im Walde verlorene Totem* ist es der Wald, der das Totem als autonomen ("verlorenen") Text aufbewahrt und alle Kontextspuren tilgt; Freud, dessen *Totem und Tabu* ein Intertext dieses Buchs ist, ist mit seiner Psychoanalyse mit Artmanns Ästhetik unvereinbar. Die drei letzten Gedichte in der zehnbändigen Lyrikausgabe stammen aus dem Zyklus *gedichte aus dem botanischen garten* und unterliegen wohl derselben ästhetischen Anlage wie sie der Titel der Prosaedition als *Grammatik der Rosen* formuliert. Die Rosen stehen für die Einzeltexte, versammelt unter dem als "Grammatik" bezeichneten Rahmen. Zu den psychologisch formulierten Rahmungen gehören das Träumen, das Imaginieren oder das Sich-Erinnern. Auch das Zitieren wird zum autonomisierenden Mittel ästhetischer Einfassung, wozu es keiner An- und Abführungsstriche bedarf. Container, Tableau, Format, indexikalisches Inhaltsverzeichnis, Medium, Atmosphäre, Schablone, Zitat, Maske, Rolle, Konnotation—wie immer man die Einzelausführungen des ästhetischen Rahmens nennt, grundlegend bleibt der prinzipielle Vorrang von Rahmen über Gerahmtes.

Eine weitere Eigenheit in Artmanns Werk ist die mehrfache Rahmung. Je öfter etwas gerahmt ist, desto mehr addiert sich an ästhetischer Bedeutsamkeit, z.B. im Spiel im Spiel, im Zitat eines Zitats, in sich überlagernden Identitätsschichten oder

Medien. Man kennt solche Ineinanderverschachtelung von russischen Matrjosch-ka-Puppen, nur ist Artmanns Design darauf angelegt, Gerahmtes und Rahmen zugleich sichtbar hinzustellen. Die *Grammatik der Rosen* ist wie ein Grammatikbuch, welches die theoretische Meta-Sprache ("Grammatik") zusammen mit den von ihr zitierten Stücken von Objekt-Sprache ("Rosen") anbietet.

Visuelle Präsentation eignet sich besonders, um Rahmen und Gerahmtes gleichzeitig darzustellen. Grundsätzlich handelt es sich bei Artmann um eine Ästhetik der Oberfläche. Alles, was wichtig ist, hat in aller Deutlichkeit präsent zu sein. Das Gezeigte ist nicht degradiert zum Symptom, dessen Funktion darin liegt, auf noch Wichtigeres, aber Sich-Verbergendes hinzuweisen:

xxii.

die rätseltante   *amita enigmatica*
ist keine verwandte,
schneewittgenstein
könnte eine sein.   *wien und der wein!*[94]

Auch ohne die darauffolgende Strophe "xxiii" aus der Sammlung *das prahlen des urwaldes im dschungel* zu berücksichtigen (wo eine Rätselfrage aus Goethes *Faust* trivialisiert wird), ahnt man, warum das lebenslustige Wien und "schneewittgenstein" der "rätseltante" vorzuziehen sind. Dass Schneewittgen und Ludwig Wittgenstein mit Artmann ästhetisch verwandt sind, beruht wohl auf der Fixierung auf konkret Visuelles. Schneewittgenstein hängt "oberflächlich" an ihrer Schönheit und ist im Glassarg ein Ausstellungshöhepunkt. Wittgenstein postuliert "naives" Anschauen und sorgfältige Beschreibung, ohne gleich erklären zu müssen ("Denk nicht, sondern schau;" *Das Rätsel* gibt es nicht").[95]

Rahmen sind zwar der methodisch wichtigere Teil von Artmanns Zeichenausstellungen, sollen sich aber nicht in den Vordergrund der Aufmerksamkeit drängen, sondern als Hintergrund (Format, Medium) das Gerahmte in aller Deutlichkeit auftreten lassen. Von daher versteht sich der Rückgriff auf transparente Medien wie Luft, Glas und optische Linsen, um eine möglichst ungetrübte Zurschaustellung zu ermöglichen. Der Grossvater in *Der keller des grossvaters des mörders* pflegt vorbildhaft eine Glasvitrine mit Reststücken einer ägyptischen Sammlung. Er putzt die Vitrinengläser blank, sodass die Sammlung "dank der vorzüglichen Beleuchtung gut sichtbar" ist.[96] Es ist wesentlich für eine solche Ausstellung im autonomisierenden Behälter, dass potentielle Zuschauer nicht mit dem Ausgestellten interagieren. Ästhetisch korrekt weil objektivistisch ist der Blick des Forstadjunkten im Kurztext *Von einem Fernrohr;* obgleich er "in einer müssigen stunde durchs fernrohr" eine sensationelle Szene erspäht (tanzende Leichname im Wald), greift er nicht ein und verbleibt objekt-zentriert, wenn er diese Szene dem Erzähler beschreibt.

Die Idee, alles was es zu sehen gibt, gleichzeitig auf der Oberfläche anzubringen, macht Filme neben Comics für Artmann so attraktiv. Die von ihm erwähnten Filme und Gattungen zeichnen sich besonders durch Mehrfach-Rahmung aus. Dazu gesellen sich Fiktionalisierung und Unterhaltungswert ohne intellektuelle Prätention. Artmann hatte wenig Interesse an Dokumentationen oder Experimentalfilmen, sondern bevorzugte traditionelles Rollenspiel, das sich nicht hochkünstlerisch problematisiert. Dass fast alle von ihm erwähnten Filme auf traditionellen *plots* aufbauen, spielte anscheinend keine Rolle. *Plot*-Führung ist im autonomisierenden Kinosaal genauso gut neutralisierbar wie realistisch durchbrechende Momente. Im Kino kann man Filme als einzigen Höhepunkt dekontextualisiert geniessen.

In *How much, schatzi?* lesen wir von Astra, die ihren Verlobten Nandor mit einem typenhaften Liebhaber namens Valentino betrügt. Beide sind mehrfach gerahmt, als Personen und in der Ausführung drehbuchreifer Liebesszenen. Nandors Mutter beobachtet das von aussen durchs Fenster, mit Augen, die sich den optischen Linsen ihres Feldstechers "gleich haftschalen vermählt" haben. Ihr ist, "als sässe sie vierzig Jahre zuvor in einem stummfilm."[97] In aller Klischeehaftigkeit erscheinen ihr Astra und Valentino wie Figuren in einem mild-pornographischen Stummfilmdrama. Und wie auf der Kinoleinwand sieht sie die dazugehörigen Legenden, die das Gesehene zusätzlich verbal und trivial einfassen. Es beginnt mit "ENDLICH ALLEIN SCHATZ"[98] und endet mit "WAS WEITER GESCHAH, VERSCHWEIGT DIE GESCHICHTE."[99]

Zusammenfassend lässt sich sagen, dass Artmanns Thematisierung von Filmkultur, Visualität und Räumlichkeit ausführlicher behandelt zu werden verdient als es mir hier möglich war. Zum einen haben diese drei zusammenhängenden Themen einen bevorzugten Stellenwert in seiner semiologisch-strukturalistisch orientierten Autonomieästhetik. Zum anderen verbinden sich diese Themen in seinem Werk mit einer Unmenge von intertextuellen Bezügen, deren genauere Ausarbeitung weiterhin lohnend ist, nicht zuletzt deshalb, weil Artmanns Werk noch immer eine von der Literaturkritik vernachlässigte Fundgrube darstellt.

University of Toronto

Endnoten

1. Zitiert in Hellmut Schneider, "Aufgelesen. Zum trivialen Prinzip von H.C. Artmanns Prosa," Diss., Universität Wien, 1986, 302.
2. Zitiert im Interview, "Bei mir ist ja alles erlogen," *Die Presse* (10. Jänner 1998): 8.
3. *The Best of H.C. Artmann*, Hg. Klaus Reichert (Frankfurt/M.: Suhrkamp, 1975) 363. Alle Zitate, die dieser Quelle entnommen sind, werden im Text als *Best* mit Seitenzahl angeführt.

4. H.C. Artmann, *Gesammelte Prosa,* Bd. III, Hg. Klaus Reichert (Salzburg: Residenz, 1997) 9–23.

5. Arealismus" ist der von mir gewählte und an späterer Stelle behandelte Ausdruck, um Artmanns Suspendierung von Realismus (als eines Anspruches) zu bezeichnen.

6. Ein spezifisches Interesse Artmanns für Saussuresche Semiologie oder semiologisch konzipierten Strukturalismus ist mir nicht bekannt. Es bedarf einiger Übersetzungsarbeit, um Artmann in diese zeichentheoretische Tradition umzulegen. Weil er selbst nicht deren Vokabular verwendet, kann man schwerlich davon sprechen, dass er eine semiologisch-strukturalistische Ästhetik vertritt; daher die von mir im Titel gebrauchte Formulierung "semiologisch-strukturalistisch orientiert."

7. Schneider, *Aufgelesen* 312.

8. Michael Krüger, "Wer es versteht, der versteht es: H.C. Artmann im Gespräch mit Michael Krüger," *H.C. Artmann* Hg. Gerhard Fuchs und Rüdiger Wischenbart (Graz: Droschl, 1992) 18.

9. Schneider, *Aufgelesen* 310.

10. Ebd. 310.

11. Ebd. 302.

12. H.C. Artmann, "Völlig independent: Konventionen kennt er nicht—weder im Leben noch in der Sprache. H.C. Artmann folgt eigenen Regeln," Interview, *Das Sonntagsblatt,* 28 April 1995: 34.

13. Zitiert in Jutta Zniva, "Biographie," *H.C. Artmann,* Hg. Fuchs und Wischenbart 244.

14. Schneider, *Aufgelesen* 305.

15. H.C. Artmann, *med ana schwoazzn dintn. gedichta r aus bradnsee* (Salzburg: Otto Müller, 1958) 46.

16. "Jeder Sommer ist vergangen wie der andere. Ich bin nicht rausgekommen. Wenn man mit fünf Jahren schon in Florenz ist oder in Miami, das prägt sich ein. Ich bin durch den weichen Asphalt marschiert und habe Holunder gerochen." *H.C. Artmann,* Hg. Fuchs und Wischenbart 17.

17. Artmann, *schwoazzn dintn* 89.

18. Artmann, Völlig independent 34.

19. H.C. Artmann, *Das poetische Werk* Bd. X (München/Salzburg: Rainer/Klaus G. Renner, 1994) 11.

20. Artmann, *Poetisches Werk* Bd. X 9.

21. Artmann, *Prosa* Bd. IV 222.

22. Artmann, *Prosa* Bd. I 28.

23. Schneider, *Aufgelesen* 309.

24. Zniva, *Biographie* 243.

25. Ulrich Greiner, "Der Tod des Nachsommers: Über das "Österreichische" in der österreichischen Literatur." *Der Tod des Nachsommers: Aufsätze, Porträts, Kritiken zur österreichischen Gegenwartsliteratur* (München: Carl Hanser, 1979) 9–57.

26. Artmann, *Poetisches Werk* Bd. X 12.

27. Ebd. 12.

28. Forster, E.M. *Aspects of the Novel and Related Writings* (London: Edward Arnold, 1974) 60.

29. Artmann, *Poetisches Werk* Bd. X 20.

30. Forsters oft zitierte Beispielsätze für *story* und *plot* sind "The king died, and then the queen died" (*story*) und "The king died, and then the queen died of grief" (*plot*).

31. Krüger, *Wer es versteht* 17–18.

32. Brita Steinwendtner, "'Mein Herz ist das lächelnde Kleid eines nie erratenen Gedankens': Zu H.C. Artmann," *H.C. Artmann*, Hg. Fuchs und Wischenbart, 161.

33. Zitiert in Wendelin Schmidt-Dengler, "'O, wär ich eine Maus...': Zum österreichischen Selbstverständnis in der österreichischen Literatur." *Romanistik Integrativ. Festschrift für Wolfgang Pollak*, Hg. Wolfgang Bandhauer und Robert Tanzmeister (Wien: Wilhelm Braumüller, 1985) 495–496.

34. Artmann, *Prosa* Bd. III 446.

35. Ebd 446–447.

36. Artmann. *Poetisches Werk*. Bd. I 9.

37. Ebd. 9.

38. Artmann, *Poetisches Werk* Bd. X 10.

39. Artmann, *Prosa* Bd. I 255.

40. Artmann, *Prosa* Bd. IV 221.

41. Ebd. 221.

42. Siehe Steinwendtner, *Mein Herz* 162.

43. Krüger, *Wer es versteht* 14.

44. Artmann, *Prosa* Bd. III 395–396.

45. Ebd. 395.

46. *Roland Barthes by Roland Barthes* (Berkeley: UP of California, 1994) 92–95.

47. Ebd. 147.

48. Artmann, *Bei mir* 8.

49. Ebd. 8.

50. Ebd. 8.

51. Ebd. 8.

52. "Ich kann ja keine Reden verfassen, höchstens 'Danke schön' sagen und: Das ist sehr lieb. Ich könnte auch unmöglich einen Aufsatz schreiben." Ebd. 8.

53. Siehe *The Simpsons*.

54. Artmann, "Völlig independent," *Das Sonntagsblatt* 34.

55. Josef Donnenberg, "Ein Porträt Artmanns," *Pose, Possen und Poesie*, Hg. Josef Donnenberg (Stuttgart: Hans-Dieter Heinz, 1981) 9.

56. Artmann, *Prosa* Bd. II 33.

57. Eckige Klammern stehen im Original des von Artmann zitierten Vorworts von Steinbeck. Comics gehörten zu Steinbecks bevorzugter Lektüre: "Yes, comic strips,...I read them avidly. Especially Li'l Abner. Al Capp is a great social satirist. Comic strips might be the real literature of our time. We'll never know what our literature is until we're gone" (Interview von 1955; zitiert in Thomas Fensch, Hg., *Conversations with John Steinbeck* (Jackson, MS: U of Mississippi P, 1988) 59.

58. *Artmann, Prosa* Bd. II 33–34. Eckige Klammern mit Text entstammen dem Original.

59. "Während es in den USA schon seit den 20er Jahren...wissenschaftliche Untersuchungen über die Comics gibt...,finden sich in Europa erst Mitte der 60er Jahre erste Analysen, wenn auch meist deskriptiver Art. Anfang der 70er Jahre lässt sich in der Bundesrepublik eine Intensivierung der Forschung und der Auseinandersetzung mit den Comics beobachten," so H. Jürgen Kagelmann, *Comics: Aspekte zu Inhalt und Wirkung* (Bad Heilbrunn: Julius Klinkhardt, 1976) 15.

60. Reinhard Baumgart, "Die fünfte Kolonne der Literatur: Der Prediger Leslie A. Fiedler streichelt die Furien der Nach-Moderne (1968)," *Roman oder Leben: Postmoderne in der deutschen Literatur*, Hg. Uwe Wittstock (Leipzig: Reclam, 1994) 54.

61. Andreas Huyssen, *After the Great Divide: Modernism, Mass Culture, Postmodernism* (Bloomington, IN: Indiana UP, 1986) viii.

62. Artmann, "Völlig independent," *Das Sonntagsblatt* 34.

63. Artmann, *Prosa* Bd. III 352.

64. Ebd. 368.

65. Reinhold Wagnleitner, *Coca-Colonization and the Cold War: The Cultural Mission of the United States in Austria after the Second World War* (Chapel Hill, NC: U of North Carolina P, 1994). Zum Einfluss amerikanischer Massenmedien und Populärkultur auf deutsche und österreichische Schriftsteller, siehe Gerd Gemünden, *Framed Visions: Popular Culture, Americanization, and the Contemporary German and Austrian Imagination* (Ann Arbor: U of Michigan P, 1998). Artmann ist darin nicht einmal erwähnt, vielleicht weil er zu wenig bekannt ist oder einer im Vergleich zu Handke oder Jelinek älteren Generation angehört.

66. Vgl. in *Nachrichten aus Nord und Süd*: "wer steht schon auf einen kunstfilm...actionknüller sind verlogen echt und kunstfilme sind echt verlogen bei jenen müssen die dialoge papieren sein bei diesen jedoch sind sie es," (Artmann, *Prosa* Bd. III 353).

67. "Der Ambros, sogar der Falco sind sehr gut. Nur Fendrichs 'I am from Austria' ist ein grauslicher EU-Schlager. Genau, was ich bekämpft habe. Jedenfalls sind mir die Austro-Popper lieber als die Schürzenjäger und Konsorten. Dieser Schwachsinn ist grauenhaft," so Artmann in "Der letzte Poet: Das Interview über Anarchie, Freiheit und Tod," *News* 17, 25 April 1996: 149.

68. Klaus Reichert, "Schwebende Wirklichkeiten: Zur Lyrik H.C. Artmanns," Artmann, *Poetisches Werk* Bd. X 38.

69. H.C. Artmann, *sprachlosigkeit*, Jahrbuch 1997 der deutschen Akademie für Sprache und Dichtung (Göttingen: Wallstein, 1998) 179.

70. Artmann, *Prosa* Bd. II 393.

71. Chotjewitz zufolge lesen sich viele Stücke wie Hörspielskripte oder Aufzeichnungen eines (surrealen) Films; Peter O. Chotjewitz, "In Artmanns Welt: H.C. Artmann als Publizist; H.C. Artmann als Dichter," H.C. Artmann, *die fahrt zur insel nantucket. theater.* (Neuwied: Luchterhand, 1969) 10.

72. Artmann, *nantucket* 410.

73. Ebd. 408.

74. Ebd. 410.

75. Ebd. 416.

76. "Unbewiesen, aber durchaus im Bereich des Wahrscheinlichen...ist die Behauptung von 'Insidern', dass Roman Polanskis Film *Tanz der Vampire* seinen Auslöser in Artmanns *dracula dracula* hatte. Polanski hielt sich 1966 erwiesenermassen in Berlin auf und soll einer der ersten Käufer des Buches gewesen sein," so Klaus G. Renner, "Einige Knoblauchblüthen," *H.C. Artmanns Schauerromane*, Hg. Klaus G. Renner (München: Piper, 1997) 108.

77. *Tök ph'rong süleng*, eine Art Fortsetzung von *dracula dracula*, greift auf mehrere Filmgenres zurück, z.B. Werwolf-Filme oder solche Abenteuerfilme, die in Indien zur Zeit britischer Kolonialherrschaft spielen; siehe R. William Leckie, Jr.,"Re-enacting the Fantastic: Parody and Possibility in H.C. Artmann," *Momentum dramaticum. Festschrift für Eckehard Catholy*, Hg. Linda Dietrick und David G. John (Waterloo: U of Waterloo P, 1990) 388.

78. Siehe Leckie, "Re-enacting," 382–383: "scenes often conclude in a manner suggestive of a camera fade. Through the evocation of non-textual representations, the reader is constantly reminded of the character of the tale as re-enactment...Even casual exposure to popular culture will permit the reader to paper over the frame-breaks;" für Leckie trägt solche Ein-

bindung von Filmkultur zum metafiktionalen Charakter dieses Textes bei, wozu auch der Zweifel an der Referentialität von Sprache gehört.

79. Artmann, *Prosa* Bd. II 166.

80. Ebd. 112.

81. Miguel de Cervantes Saavedra, *Leben und Taten des scharfsinnigen Edlen Don Quixote von la Mancha* (Zürich: Diogenes, 1987) 7

82. Krüger, *Wer es versteht* 15.

83. Ebd. 15.

84. Artmann, *Prosa* Bd. III 139.

85. Reichert 262.

86. Gérard Genette, *Paratexts: Thresholds of Interpretation* (Cambridge: Cambridge UP, 1997) 317, Fn. 20.

87. Krüger, *Wer es versteht* 15.

88. Roman Jakobson, "Current Issues of General Linguistics," *On Language*, Hg. Linda R. Waugh und Monique Monville-Burston (Cambridge, MA: Harvard UP, 1990) 54.

89. Artmann, *Prosa* Bd. III 357.

90. Artmann, *Prosa* Bd. II 296.

91. Zitiert nach Wolfgang Mieder, "'Early to Bed and Early to Rise': From Proverb to Benjamin Franklin and Back," *De Proverbio: An Electronic Journal of International Proverb Studies* 1,1 (1995): 2.

92. Michel Foucault, *Die Ordnung der Dinge. Eine Archäologie der Humanwissenschaften* (Frankfurt/M.: Suhrkamp, 1971) 21.

93. Artmann, *Prosa* Bd. IV 219.

94. Artmann, *Poetisches Werk* Bd. IX 5.

95. Ludwig Wittgenstein, *Tractatus logico-philosophicus. Tagebücher 1914–1916. Philosophische Untersuchungen* (Frankfurt/M.: Suhrkamp, 1984) 84; siehe auch 303: "Die Philosophie stellt eben alles bloss hin, und erklärt und folgert nichts.—Da alles offen daliegt, ist auch nichts zu erklären. Denn, was etwa verborgen ist, interessiert uns nicht."

96. Der ganze Keller, in dem diese Vitrine steht, ist selbst ein ästhetischer Rahmen, ebenfalls ordentlich geputzt und wohl die letzte Heimstatt für die Opfer des mordenden Enkels. Dass die Opfer in dunklen Anzügen im Haus dieser kriminellen Familie liegen, spielt vielleicht auf die Kriminalkomödie *Arsen und Spitzenhäubchen* (1944) an.

97. Artmann, *Prosa* Bd. III 12.

98. Artmann, *Prosa* Bd. III 13.

99. Artmann, *Prosa* Bd. III 18.

IV

Visions of Content

CARLOTTA VON MALTZAN

Mythologizing Africa: H.C. Artmann's *afrika geht jetzt zur ruh* and Ingeborg Bachmann's *Das Buch Franza*

The mid-1960s saw a changing political consciousness in Europe and continuing crises and political unrests in many of the former colonies on the African continent and elsewhere. The ramifications of decolonization led to a long overdue debate in intellectual and literary circles in the German-speaking countries, known as the neo-colonialism debate.[1] It focused on the widening economic, political and ideological gap between what was then called the "first world" and the "third world." Accompanying the recognition of this gap was an increasing awareness that the three-worlds idea produced assumptions and distorted pictures of the peoples of the so-called second and third worlds. In a groundbreaking article from 1981, Carl E. Pletsch critically assessed the "primitive classification" and genesis of the three-worlds concept within the context of gaining a better understanding of the social locus and role of the socio-scientific observer. Not only did the term "third world" refer to "underdeveloped countries" as a group, but "the original use of the term and the very concern that it expressed arose from Western anxiety about the emergence of a 'second' world of socialist nations in Eastern Europe."[2] While on the surface the division of the planet into three worlds seemed to be merely reflecting the political alignments and the international rivalry between the West and the Eastern bloc at the time, on a deeper and connotative level this division gave rise to the emergence of a vague—because entirely constructed— identity to the unaligned nations. This identity was based on a conceptual division of the world into "traditional" and "modern" parts whereby the modern portion was further subdivided into "communist" and "free" parts. Pletsch demonstrated how an explication of the concept of tradition brought the other implications contained in the idea of the third world into the foreground, thus locating them in a structural relationship with the implications of the other worlds:

> The third world is a world of tradition, culture, religion, irrationality, underdevelopment, overpopulation, political chaos, and so on. The second world is modern, technologically sophisticated, rational to a degree, but authoritarian (or totalitarian) and regressive, and ultimately inefficient and impoverished by contamination with ideological preconceptions and burdened with an ideologically motivated socialist elite. The "first world" is purely modern, a haven of science and utilitarian decision making, technological, efficient, democratic, free—in short, a . . . society unfettered by religion or ideology.[3]

Pletsch's eloquent critique of the three-worlds theory and of simple-minded schemes such as the one outlined above, took cognizance of the fact that the new terminology barely hid the persistence and continuity of previous Western prejudices.[4] It also enunciated clearly the problem of ideological essentializations which seemed to persist.[5] Currently, following the collapse of the three-worlds theory, we are confronted with an economic, political as well as a conceptual division of the world into "developed" versus "developing" countries.[6]

Many of the erroneous assumptions, simplistic classifications and categorizations that accompanied the advent of the three-worlds theory had an impact on the production of literature and on the neo-colonialism debate referred to earlier. Despite the fact that the division of the world into monolithic blocks was perceived as problematic or even alarming in literary circles in the 1960s (in the sense of a perceived marginalization or even denigration of the third world), the division as such was not questioned. Hans Magnus Enzensberger, for example, highlighted the precarious political situation in terms of a growing perceived adversity between "uns," the first world, and "denen," the third world,[7] where racist slogans describing the third world as inherently dangerous—as "gelbe" or "schwarze Gefahr"— were part of the commonly used vocabulary; and this compelled the author to ask why no one spoke about the "weiße Gefahr."[8]

The increasing interest in the third world, and thus the African continent in the 1960s, is reflected in the literature written at that time. Austrian literature is no exception, even though Austria had not participated in the colonization of Africa and therefore had never claimed her national interest on that continent. Yet, Ingeborg Bachmann stressed in the introduction of her *Frankfurter Vorlesungen* (1959):

Daß Dichten außerhalb der geschichtlichen Situation stattfindet, wird heute wohl niemand mehr glauben—daß es auch nur einen Dichter gibt, dessen Ausgangspunkt nicht von den Zeitgegebenheiten bestimmt wäre. Gelingen kann ihm, im glücklichsten Fall zweierlei: zu repräsentieren, seine Zeit zu repräsentieren und etwas zu präsentieren, für das die Zeit noch nicht gekommen ist.[9]

The widening gap between the first and the third world is acknowledged and thematized in H.C. Artmann's (1921–2000) satiric poem "afrika geht jetzt zur ruh" published in the volume *Aus meiner Botanisiertrommel* in 1975 and in Ingeborg Bachmann's (1926–1973) *Das Buch Franza*. Bachmann worked on the text as part of her project "Todesarten" between 1964 and 1966 but did not complete it before her untimely death in 1973. The text was posthumously published in 1978 entitled *Der Fall Franza*. Both authors present an "idea of Africa"[10] which—in terms of postcolonial discourse—takes account of the question of the Other and of positions of alterity. According to Tzvetan Todorov two fundamental positions, two elementary forms of expression, can be identified in the relations of the colonizer to the colonized.[11] Either the Other is perceived as a human being and thus as an equal and identical, thereby constituting a perception that leads to "assimilationism" and the projection of one's own values onto the Other; or the Other is regarded in terms of difference, thereby resulting in an assessment which is "immediately translated into terms of superiority and inferiority."[12] The latter perception is based on the assumption that there is no human "substance truly other, something capable of being not merely an imperfect state of oneself."[13] Both acuities are the result of an experience of alterity, namely that the colonizer registers both "sameness and difference, of being like and of being the Other."[14] The object of colonial discourse thus produces an ambivalence, that "'otherness' which is at once an object of desire and derision, an articulation of difference contained within the fantasy of origin and identity."[15] Both in Artmann's poem and in Bachmann's *Das Buch Franza,* Africa and/or the African are used as a surface onto which European values and desires are projected, however the authors arrive at differing projections.

Artmann's poem manages to encapsulate, uncover, and criticize several myths about Africa that have circulated in the West, and it reveals the functions of these myths:

afrika geht jetzt zur ruh,
neger schließt die augen zu,
baobab, der mächtge traum
rauschet wie ein liebesbaum.

auch der löw lenkt seine bahn
nach der heimathöhle an,
die gazell im kühlen grund
sucht den schlaf um diese stund.

allah, singt der muselmann,
siehe deinen diener an,
schütze ihn vor feindes wut,
wenn er auf dem diwan ruht!

neger gern auch christen sind,
vater, mutter, kind um kind
sprechen schnell ein stoßgebet,
wenn der nachtschimpans umgeht.

fasernackt, in adams kleid,
wohnt auch ab und zu ein heid,
blickt zu seinem fetisch auf,
müd nach hartem tagsverlauf.

überm dschungel steht ein stern,
und der tag ist schon so fern,
still gluckst der sambesifluß,
hin und wieder fällt ein schuß.

afrika, du bist ein wald,
niemals ist es in dir kalt;
alle schwarzen, groß und klein,
rufen dich: oh heimat mein! [16]

The first two lines "afrika geht jetzt zur ruh / neger schließt die augen zu," and indeed the whole poem, are an adaptation and parody of a children's nightly prayer that begins with the lines "Müde bin ich geh zur Ruh, schließe meine Augen zu." In typical Artmann fashion the poem plays with language, using well-known formulas and phrases of the prayer and juxtaposing and combining them with equally well-established formulaic ideas of Africa. In this manner, both the idea of Africa and the nightly prayer come under scrutiny to be reassessed and reevaluated, especially in terms of their respective meanings and social functions. The use of verbs in the first two lines of the poem is ambiguous, indicating either the third person singular or the imperative. In either case the perspective adopted is of someone (a European?) who observes or commands the African to close his eyes to reality or believes that Africans live in a dream world. This dream world is populated by an exotic tree (baobab) and wild, yet "typically" African animals (lion and gazelle). The contemplative (or perhaps even lazy?) life of the Muslim reclining on his divan who trusts Allah to protect him is the topic of the third verse. The African's willingness to embrace Christianity and thus submit to Western civilization in the fourth verse seems to be contradicted by the idea that this conversion is only a temporary one. The African is still interested in having numerous children, and is not far removed from the heathen who continues to run around naked and believes in heathen notions of fetishes. The poem ends with a seemingly peaceful and idyllic African setting: starry skies, the jungle and the Zambesi River, occasionally disrupted by shots in the night. While Africa seems to represent warmth and fecundity offering a safe shelter for all Africans, this image is shattered by likening Africa to a forest. On a connotative level this comparison constitutes a decidedly European notion.

Needless to say, the images Artmann employs to evoke Africa include platitudes, inaccuracies, and stereotypes found in stories by early travelers, fairy tales, and even tourist brochures. On the one hand, Africa is depicted as a homogenous continent encompassing North African Muslim culture, the jungle regions in Central Africa as well as the Southern African countries through which the Zambesi flows. On the other hand, the sweeping generalizations and misconceptions about Africa and the African coupled with the deliberate use and accumulation of stereotypes and clichés force the reader into a recognition of his or her preconceptions and prejudices and unveil the underlying desire and need for identification with the Other.

And therein lies the problem implicitly acknowledged in Artmann's poem and theorized extensively in postcolonial and globalization studies, namely that whatever can be said about the Other is not simply governed by general ideas or empirical reality but—in Edward Said's words—by a "battery of desires, repressions, investments, and projections."[17] The stereotypical signification in the poem is curiously mixed, an articulation of multiple beliefs: The African is both Christian and yet a heathen, he is both civilized (resting on the divan) and yet a savage (running around naked); he is the embodiment of rampant sexuality (producing children endlessly) and yet as innocent as a child. In each of these examples "what is being dramatized is a separation—between races, cultures, histories, *within* histories—, a separation between *before* and *after* that repeats obsessively the mythical moments of disjunction."[18] The process of discussing, analyzing, representing, envisioning or imagining the Other, in this case Africa or the African, is thus multifaceted. Certainly until Said's groundbreaking study on "Orientalism," it was one of cultural hegemony in the sense that the "idea of European identity" was considered as superior "in comparison with all the non-European peoples and cultures."[19] It is, however, precisely this notion that is questioned and ultimately undermined in Artmann's poem: By "citing" and repeating the myths that exist about the third world, and thus essentializing Africa and the African as Pletsch indicates, it becomes unquestionably clear that whatever Africa might be has nothing to do with its representation, but everything to do with the one/s who create/s the image. In that sense Africa becomes an idea that serves as the surface of projection for the suppressed desires of the European. Read in this manner, Artmann does not portray Africa but the "idea of Africa" that reflects an interest in the exotic, in the Other, and thus the hidden and "dark" side of the Western imagination.

It is perhaps not coincidental that European writers have referred to Africa as the "dark continent." Even before Joseph Conrad's novel (*Heart of Darkness*, 1899) named the idea, traveling to Africa was perceived as a journey into the "heart of darkness." The myth of Africa as a dark continent is underwritten by a number of well-known polarities best encapsulated in the notions of the civilized, rational, scientific, and cold North as opposed to the "primitive," instinctual, and hence irrational, warm South. Psychoanalytically this dichotomy is expressed in the conscious and the unconscious. Artmann alludes to all these preconceptions in his poem when starting the poem by portraying Africa on the verge of sleep (the unconscious) and ending it by referring to its perpetual warmth as opposed to the cold forest (the conscious) that is associated with the Western world. Though climatically Africa may be a continent where warmth, sunshine, and light prevail, the idea of Africa is far removed from Western notions of enlightenment. Rather, Africa represents a mythical and mystical territory that fascinates because of its promises and dangers and its infinite challenges in terms of an exploration of the unknown. It is perhaps for this reason that Freud uses the English term "dark continent" to describe the "Geschlechtsleben des erwachsenen Weibes" in *Die Frage der Laienanalyse*.[20] In the same context Freud states that less is known of the "Geschlechtsleben des kleinen Mädchens" than of "dem des Knaben," but he adds that "das Mädchen den Mangel eines dem männlichen gleichwertigen Geschlechtsgliedes schwer empfindet, sich darum für minderwertig hält."[21] Therefore, in Freud's mind the association between the "dark continent" and Africa on the one hand and female sexuality on the other, both of which he considers as inferior, are all too clear. As shown by Mary Anne Doane[22] and Sara Lennox,[23] Freud's use of both images in the same context relegate psychoanalysis into the realm of ethnology in the sense that psychoanalysis is writing the ethnicity of the "white" psyche.

Feminist critics not only read *Das Buch Franza* as a critical comment and an extension of Freud's theory on female sexuality and on his studies on hysteria,[24] but also in terms of the structural relation of fascism, patriarchy, ethno- and logocentricism. Furthermore, the central role that language plays in the connection between male-female relations and racism is of interest since Bachmann's protagonist describes herself as belonging to a "niedrige[r] Rasse"[25] in relation to her husband, whom she regards as "heutiger als ich" (BF 75). More recent postcolonial studies focus on how Franziska Ranner is influenced and determined by imperialist discourse and accompanying racial fantasies.[26] The text is also read in terms of a cultural dialogue between Europe and Africa[27] and in terms of the relations of colonization and the magical world view of the protagonist.[28] Most of these critics agree that—probably due to Bachmann's inability to finish her work—the protagonist Franza is riddled with contradictions. On the one hand, as Monika Albrecht concludes, Franza identifies with the Other and unquestionably assumes the status of victim, thereby disclaiming and denying her European and hence "white" identity, resulting in her avoidance of the necessity to assume responsibility for her actions.[29] On the other hand, as Sara Lennox argues, Franza is one of many examples of literary characters who project "white" fantasies onto non-European figures, thereby remaining part of the racist structures that they want to escape; although Lennox concedes that Bachmann is probably the only woman post-war author "die die vom Rassendenken unterwanderten Grundlagen mitteleuropäischer Fantasien aufzudecken versucht."[30] It is certainly true that Franza's story, namely her escape from her husband, Leopold Jordan, and her trip to Africa with her brother Martin, can be read as a metaphorical representation of social and interpersonal violence, of exposing the connection between patriarchal structures, and as a catastrophic history in its reference to fascism and individual suffering. In its exposition of neocolonialism *Das Buch Franza* can also be considered as a particularly strong critique of modern Western civilization and its cynical rationality.

However the question remains: What exactly is it that Franza seeks in Africa and what does she find? Why is the African landscape, more particularly the desert, perceived by her as a healing environment? Why does she need Africa as a surface onto which she can project her (European) fantasies? One of the central ideas of Bachmann's narrative is Franza's escape from her husband Jordan, a respected and influential doctor and psychiatrist in Vienna. Franza is Jordan's third wife. When her brother Martin comprehends the scope of the abuse to which Franza was exposed in her marriage and asks his sister why she had not left her husband much earlier, she can only say that she had never imagined what he had planned for her. Only retrospectively does Franza realize that Jordan's previous wives were exposed to similar abuse as she was: The first wife never left her home, while the second gassed herself. Inadvertently Franza overlooked all clues to their and ultimately her fate by entering into a complicity with her husband's beliefs that his previous wives were "dumm, verständnislos, defekt gewesen, nichtswürdige Kreaturen, die sich mit einem Abgang ins Schweigen selbst bestraften für ihr Scheitern an einer höheren Moral, an einer Instanz, einem Maßstab, den ich zu dem meinen machen wollte" (BF 56). On the one hand, Franza asks herself why she freely subjected herself to her husband's abuse and concludes:

Ich muß wohl getrieben gewesen sein, ins letzte Zimmer zu schauen, die Blaubartehe, auf das letzte Zimmer neugierig, auf geheimnisvolle Weise und zu geheimnisvollen Zwecken getötet zu werden und mich zutodzurätseln an der einzigen Figur, die für mich nicht durchschaubar war. (BF 56)

She admits that from her position of inferiority she has an inexplicable and endless fascination with her oppressive husband and an obsession with trying to understand him, based on the belief that once she understands him equality in their relationship could be achieved. On the other hand, Franza realizes that this endeavor was doomed from the start when she poses the question: "Warum bin ich so gehaßt worden? Nein, nicht ich, das andere in mir, alle Erklärungen stellen sich ein" (BF 56). What Franza seems to suggest is that Jordan did not hate her, but the Other in her. Such a constellation raises the question not only of Franza's identity, but of Jordan's identity as well. Is their relationship indeed one that can be described in terms of the binary oppositions of colonizer/colonized, oppressor/oppressed, superior/inferior especially in light of her later projections onto Africa as the Other? Franza seems to think so when she comes to realize that Jordan wanted to "erase" her, to blot out her existence and her identity, and so she flees to the home of her childhood in Galicia. When Martin finds her there, Franza begs him to take her along to his imminent journey to the Sudan and to Egypt.

The third and final chapter of the fragment, tellingly called "Ägyptische Finsternis," tells of Franza's arrival in the desert. Franza perceives the desert as a

> große Heilanstalt, das große unverlaßbare Purgatorium...Alles leer und vorhandener, als was sich für vorhandener ausgibt. Nicht das Nichts, nein, die Wüste hat nichts zu tun mit dem erspekulierten Nichts der Lehrstuhlinhaber. Sie entzieht sich der Bestimmung. "Ist etwas Ausschließliches und duldet nichts Halbes." (BF 90)

Franza perceives the desert as the ultimate refuge as she has finally reached a place that seems beyond the reach of Whites. It is thus only in this context that Franza can seriously ask herself questions pertaining to her own identity. When she leaves the bus while traveling through the desert, an internal struggle for the recovery of her lost identity commences: "Ich oder Ich. Ich und die Wüste. Oder Ich und das andere. Und ausschließlich und nichts Halbes duldend, fingen Ich und Ich an, gegeneinanderzugehen" (BF 92). For the first time since her separation from Jordan her identity as Jordan's victimized wife is not the only one accessible to her. Rather the desert and the African environment provide an alternative way of being in the world. Consequently she identifies with the colonized subject in a much-quoted passage that ends with her highly problematic claim "ich bin eine Papua" (BF 76).[31] Having been deprived by her husband of her laughter, her tenderness, her empathy, her ability to help, her animalism and her radiance (BF 76), she rediscovers fundamental and elementary physical sensations in the desert such as hunger and thirst and thus primeval, not manmade danger. Her ears and eyes are resensitized to and sharpened by the environment. She unearths and knows again her destination in life (BF 98). For Franza the desert represents a place where the knowledge acquired by European culture and implemented by European intellect is useless and therefore finally invalid as becomes clear when she says: "Wer fürchtet hier die von den Weißen katalogisierten Bakterien" (BF 98). Finally she feels that in the desert she can discard her sense of being a victim and so she comes to believe: "ich werde hier zu meinem Recht kommen" (BF 101).

For Franza North Africa, and more specifically the desert, become a space of liberation in that only here she can rediscover herself in the most elementary sense. Since there are no other demands made on her besides those by her own body, she can simply live and thereby finally achieve what she considers her fundamental "right." However, by not acknowledging North Africa and the desert in their own right, but instead identifying them as a space of absences (beyond the reach of Whites), thus devoid of a presence or of meaning, Franza projects her own fantasies ("ich bin eine Papua") onto Africa. In an attempt to save her Self from complete eradication by the Whites she mythologizes Africa in order to find her (independent) identity. The struggle she wages between "Ich" and "das Andere" can be identified as a product of "white" fantasies as they were first related in early travelogues of the Orient and Africa: If the newly discovered cannot be assessed in terms of categories of sameness or difference, they are relegated into the realm of the exotic. Furthermore, the term Whites as it is used in *Das Buch Franza* can be easily read as a metaphor for the history of colonization and the history of patriarchy, both of which have different victims, but the same perpetrator. The contradiction that Franza faces is that she herself is part of the history of Whites und thus part of the imperialist culture that she wants to forget. Her fantasies of the "dark" but pure continent as a place of salvation are severely undermined when she encounters several disturbing experiences. For example, Franza does not know how to interpret the sight of a woman whom a man is holding captive by her hair at the station in Cairo; Franza is also immobilized by shock when a camel is slaughtered at a wedding feast that she attends, and finally by the sight of a severely deformed man at the same feast. Therefore Franza's search for an independent and separate identity that is not "white" remains unresolved.

There is, however, another connotation to the Whites in Bachmann's narrative. "White" is not only used to denote a racial category but is also used in conjunction with the medical profession, namely as a reference to doctors in their white coats whom Franza regards as "diese weißen Teufel" (BF 94), her husband being one of the worst in her opinion. Franza realizes belatedly that Jordan's treatment of her not as a wife but as an interesting case was symptomatic: "Warum ist mir das nie aufgefallen, daß er alle Menschen zerlegte, bis nichts mehr da war, nichts geblieben außer einem Befund, der ihm blieb...er konnte keinen Menschen verlängert sehen, über die Grenze hinaus, die er ihm setzte" (BF 66). Various drafts to the chapter "Jordanische Zeit" exist and for this reason, it is the least complete of the three existing chapters. One can surmise that Bachmann had trouble integrating this chapter into her narrative in a logical and more conclusive manner. Nevertheless, when comparing the various text drafts, one can find references to Franza's assessment of

Jordan as evil. "Ja, er ist böse, auch wenn man heute nicht böse sagen darf, nur krank, aber was ist das für eine Krankheit, unter der die anderen leiden und der Kranke nicht"(BF 182). In a different manuscript version Franza asks her brother:

> Was ist das Böse, was ist es...Was hat ein Jordan zu hassen und vereiteln an einem Menschen. Ich glaube, das ist es! Man vereitelt den anderen, man lähmt ihn, man zwingt ihm sein Gehabe ab, dann seine Gedanken, dann seine Gefühle, dann bringt man ihn um den Rest von Instinkt, von Selbsterhaltungstrieb, dann gibt man ihm einen Tritt, wenn er erledigt ist. (BF 62)

Bachmann's narrative contains numerous examples that refer to the manner in which the total erasure of another human being is achieved. There are many disguises. Jordan's strategy to gain absolute power over Franza is one of "defining" her, according to the latest scientific data available (BF 61). It is the process of analysis and dissection, a tactic that is employed by those "mit blütenweißen Hemden und Professorentiteln, mit den Folterwerkzeugen der Intelligenz" (BF 183). Consequently Franza feels imprisoned in a labyrinth of syndromes, "von der Gesellschaft separiert mit einem Mann..., inmitten der Zivilisation" (BF 184) where her husband has all the weapons but she is defenseless.

Based on this specific constellation, namely that she is relegated to Jordan's case study—"Er bearbeitete mich, er bereitete mich vor, seinen Fall" (BF 185)—one can argue that Bachmann's text is not a mere critique of Western civilization but also a critique of psychoanalysis which is, after all, a Western science. It is perhaps for this reason that Bachmann rejected *Der Fall Franza* as the title of her text because retaining that title would mean to acknowledge Franza as a special case who *can* be analyzed, studied, and categorized. Therefore her "Dekomposition" (BF 116) and her eventual death would have become explainable.

Franza's escape to the desert as the place empty of Whites—"Die Weißen. Hier waren sie endlich nicht mehr...Sie mußte bei keinem Versuch mehr stillhalten. Ein anderer Versuch fing an, und den würde sie an sich selber vornehmen" (BF 95)—can thus be interpreted as her successful flight from her psychiatrist husband Jordan and as the renouncement of psychoanalysis. After she relates her traumatic abortion experience to her brother Martin she proclaims her resolution: "Ich werde nie mehr auf die Knie fallen, vor keinem Menschen, vor keinem Weißen" (BF 95). In the desert Franza finally finds herself, literally and metaphorically, outside Jordan's sphere of influence and power. It is for this reason that her brother Martin believes that she is healing.

Therefore *Das Buch Franza*, or more specifically Franza's journey to Africa should not only be read as a "Reise durch eine Krankheit" (BF 210), but also as a journey of rediscovery, of getting to know the Other in herself which had been systematically destroyed and ultimately eradicated by Jordan. For a brief time the desert becomes a place of cessation for Franza, as it is beyond categorization, definition, and explanation, and thus beyond reason itself. Yet even though she is beyond the reach of Whites she carries her fear of them with her:

> Was willst du in dieser Wüste...Ich werde hier zu meinem Recht kommen. Aber das Alibi der Weißen ist stark...Nichts ist unterblieben, um dich aus dem Weg zu räumen, dich auf den Minen ihrer Intelligenz, die sie mißbrauchen, hochgehen zu lassen, dich ihren Machenschaften dienstbar zu machen.—Die Weißen kommen. Die Weißen gehen an Land. Und wenn sie wieder zurückgeworfen werden, dann werden sie wiederkommen,...sie werden mit ihrem Geist wiederkommen, wenn sie anders nicht mehr kommen können. (BF 109)

Therefore, in terms of the logic established in Bachmann's narrative Franza's fear of the Whites causes her escape from them as well as the internal struggle among her various Selves, namely her being that was shaped by the Whites and her Self that exists beyond Jordan's grasp. In some ways this struggle—which remains unresolved—precipitates her rape by a white man at the foot of the pyramid in Giza towards the end of her journey. The location of the desert in Africa is significant in the sense that it is a construction, a fantasy, an "idea of Africa" that upholds the conceptual division of the world into a scientific first world and an unsophisticated, even primitive third world that, while providing refuge, can easily be pervaded and conquered, literally and through the mind, by Whites. After the rape Franza stops thinking and forcefully knocks "ihren Kopf gegen die Wand in Wien und die Steinquader in Gizeh" (BF 134). Bachmann once commented that Franza's journey is one "die ihr, wenn auch zufällig und durch Analogie, zu ihrer Todesart verhilft" (BF 156). Though Franza dies seemingly as a result of her total destruction by Whites, her death is one of her choosing as she fails to inform her brother of her wounds. In this sense Franza's manner of death is a liberating experience accompanied by the thought: "Ich bin wenigstens in der Wüste gewesen" (BF 135). Her final thought, however, is devoted to the Whites: "Die Weißen, sie sollen. Sie sollen verflucht sein" (BF 136). Upon death her renouncement of Whites and the part of her that links her to them is absolute. In death—like Africa, like the desert—she becomes the Other. She remains, as the narrator comments, an "enigma" (BF 136) despite the Whites' efforts to subdue her.

By putting Franza onto African soil where she is happiest Bachmann creates a utopian vision of the possibility of overcoming the binary opposites of the conscious and unconscious, of finding a way of life that reaches beyond polarities where rationality, magic, and meaning (BF 45) can coexist. Seen from this perspective Bachmann achieved her ideal goal as a writer as she had outlined in the introduction of her *Frankfurter Vorlesungen*, namely to present an idea for which the time is not yet ripe. However, in Bachmann's narrative the creation of Africa as an "idea" (through the desert) also serves as a counterfoil to the "idea of Europe" (through the Whites) thereby establishing an oppositional structure that draws on the ideological essentializations of the three-worlds theory. It regards Europe as scientific and rational with the need for analyses, definitions, and explanations while Africa is "das Andere" and thus linked to feeling and instinct. Bachmann, through her narrative, recreates and even extends a system of knowledge that—at a conceptual level in its construction of the "idea of Africa"—operates through forms of expropriation and incorporation of "das Andere" thereby mimicking the geographical and economic absorption of the third world by the West.

Both H.C. Artmann and Ingeborg Bachmann therefore mythologize Africa and create an "idea of Africa" with the intention to expose and criticize the forms of oppression that resulted from eurocentrism. Artmann manages to escape the pitfalls to which such constructions are prone by resorting to parody when exploring the "idea of Africa." In contrast, Bachmann leaves her novel unfinished: "...ich habe plötzlich begriffen, daß es so nicht geht. Es sind nicht nur die schlechten Stellen und manche Seiten, die mich stören...das Manuskript kommt mir wie eine hilflose Anspielung auf etwas vor, das erst geschrieben werden muß."[32] Presumably Bachmann confronted the realization that the oppositional constellation of colonizer/colonized when transferred to that of man/woman obfuscates power relations and conflates race and gender issues in so far as Africa serves as a surface onto which (European) fantasies are projected. The process of identifying the Self in opposition to the Other is thus essentially eurocentric. Perhaps Bachmann realized that while knowledge as arrogation pivots on the dialectic of same and other, such knowledge is also always centered in a Self that is outward-looking, searching for power over, and control of, what is Other to it.

University of the Witwatersrand, South Africa

Notes

1. See Monika Albrecht, "'Es muß erst geschrieben werden'. Kolonisation und magische Weltsicht in Ingeborg Bachmanns Romanfragment *Das Buch Franza*," '*Über die Zeit schreiben'. Literatur- und kulturwissenschaftliche Essays zu Ingeborg Bachmanns 'Todesarten'-Projekt*, eds. Monika Albrecht and Dirk Göttsche (Würzburg: Königshausen und Neumann, 1998) 59.
2. Carl E. Pletsch, "The Three Worlds, or the Division of Labor, circa 1950–1975," *Comparative Studies in Society and History* 23 (Oct 1981) 567.
3. Pletsch 574.
4. Pletsch argued that the introduction of the term "third world" "expressed the current prejudices of the natives of Western civilization" and that the distinction between traditional and modern "that has generated the third world is hardly more sophisticated than the nineteenth century distinction between the civilized and the uncivilized worlds." Similarly he argued that substitutions like "traditional" for "primitive" as an attempt to clean up the language of government, journalism, or social science—thus apparently employing neutral and scientific terms, when referring to the rest of the world—could hardly be considered anything but euphemistic. See Pletsch 575.

5. See Arif Dirlik, "The Postcolonial Aura: Third World Criticism in the Age of Global Capitalism," *Critical Inquiry* 20 (Winter 1994): 328–344.

6. See Aijaz Ahmad, *In Theory. Classes, Nations, Literatures* (London, New York: Verso, 1992), especially Chapter 8 entitled "Three Worlds Theory: End of a Debate," in which Ahmad argues that, with the collapse of the "second" world, the tendency to think of global divisions in monolithic terms persists—as was the case in the "three worlds" theory—"with the difference only that instead of three worlds there are said now to be only two: white/non-white, industrialized/non-industrialized" (310).

7. Hans Magnus Enzensberger, "Europäische Peripherie," *Kursbuch* 2 (August 1965): 155.

8. Ibid 159.

9. Ingeborg Bachmann, *Werke 4*, eds. Christine Koschel, Inge von Weidenbaum, Clemens Münster (München, Zürich: Piper, 1978) 196.

10. Here used in reference and in contrast to the "idea of Europe," first introduced by Denys Hay in the late 1960s. See Denys Hay, *Europe: The Emergence of an Idea*, 2nd ed. (Edinburgh: Edinburgh UP, 1968).

11. Tzvetan Todorov, *The Conquest of America. The Question of the Other*, trans. from French by Richard Howard (New York: Harper & Row, 1984).

12. Ibid 42.

13. Ibid 42.

14. Michael Taussig, *Mimesis and Alterity. A Particular History of the Senses* (New York, London: Routledge, 1993) 129.

15. Homi K. Bhabha, *The Location of Culture* (London and New York: Routledge, 1994) 67.

16. H.C. Artmann, *Aus meiner Botanisertrommel. Balladen und Naturgedichte.* (Salzburg: Residenz, 1975) 39.

17. Edward W. Said, *Orientalism* (London: Pinguin [1978] 1995) 8.

18. Bhabha 82.

19. Said 7.

20. Sigmund Freud, "Die Frage der Laienanalyse," *Gesammelte Werke* XIV (London: Imago, 1948).

21. Ibid 241.

22. See Mary Ann Doane, *Femmes Fatales. Feminism, Film Theory, Psychoanalysis* (New York, London: Routledge, 1991) 211.

23. See Sara Lennox, "'White Ladies' and 'Dark Continents.' Ingeborg Bachmanns Todesartenprojekt aus postkolonialer Sicht," *'Über die Zeit schreiben'. Literatur- und kulturwissenschaftliche Essays zu Ingeborg Bachmanns 'Todesarten'-Projekt*, eds. Monika Albrecht and Dirk Göttsche (Würzburg: Königshausen und Neumann, 1998) 14.

24. See, for example, Ingeborg Dusar, *Choreographien der Differenz. Ingeborg Bachmanns Prosaband 'Simultan,'* (Köln: Böhlau, 1994) 129 and Edith Bauer, *Drei Mordgeschichten. Intertextuelle Referenzen in Ingeborg Bachmanns 'Malina'* (Frankfurt/M: Peter Lang, 1998) 51–58 and 99–106.

25. Ingeborg Bachmann, *Das Buch Franza. Das 'Todesarten'-Projekt in Einzelausgaben*, eds. Monika Albrecht and Dirk Göttsche (München, Zürich: Piper, 1998) 75. All subsequent quotes will refer to this edition cited in parentheses as BF and page number.

26. See Lennox 13–58.

27. See Moustapha Diallo, "'Die Erfahrung der Variabiliät'. Kritischer Exotismus in Ingeborg Bachmanns Todesarten-Projekt im Kontext des interkulturellen Dialogs zwischen Afrika und Europa," in Albrecht, '*Über die Zeit schreiben'* 33–58.

28. See Albrecht 59–91.

29. Ibid 91.
30. Lennox 15.
31. See Albrecht's analysis of what she calls "der Papua-Irrtum," in Albrecht, '*Über die Zeit schreiben*' 70–83.
32. Bachmann in Albrecht, '*Über die Zeit schreiben*' 61.

PAUL F. DVORAK

Peter Henisch's *Schwarzer Peter*: Formulating Self-Identity on an Austrian Backdrop

"I do not know which of us has written this page."
JORGE LUIS BORGES, *Borges and I*

"In pursuit of another, one encounters oneself."
PETER HENISCH,
Die kleine Figur meines Vaters

Sporting a wiry salt and pepper beard and trademark cap, Peter Henisch (*1943) is conspicuous as one of Austria's and Vienna's most colorful and idiosyncratic characters, a genuine fixture in the city's life. In many respects, one can consider him quintessentially Viennese. Despite his periodic forays into life abroad, the author has remained steadfastly attached to his Viennese roots, physically, emotionally, and literarily. Of late, he has entertained a faithful group of followers with an array of programs, such as the afternoon series devoted to *Schwarzer Peter* (2000),[1] in the year of its publication on the ferry connecting

Vienna's second and third districts across the Donaukanal, and another series based on the revised version of Morrisons Versteck (2001),[2] at the facilities of the ORF during the subsequent summer. Both programs consisted of an amalgamation of the author's engaging readings from his works and of the musical accompaniment inspired by these texts that he and his fellow musicians provided. The overriding impression of Henisch that one gleans from these live encounters hints strongly at the innate bond between the author and the cultural life of his native city. Furthermore, his expansive recent novel *Schwarzer Peter,* set largely in Vienna, provides unequivocal testimony to this bond as he unravels the inner being of his main character through the detailed account of his first-person narrator. In doing so, Henisch demonstrates the precision that Anton Kuh, the famous Viennese feuilletonist, once remarked was the greatest expression of love.[3]

Born in Vienna two years before the end of World War II, Peter Henisch has been present on the Austrian and Viennese literary and cultural scenes since the early 1970s as a writer, journalist, and musician. He is one of the founding members of the journal *Wespennest* and singer and text writer for the musical group "Wiener Fleisch und Blut." The symbiotic relationship between word and music and the interest in live performance referred to above are part and parcel of much of Henisch's work, including his lengthiest novel to date, *Schwarzer Peter*, which has been described as "eine Mischung aus (fiktiver) Autobiographie, Bildungsroman und Satire. Außerdem eine Liebeserklärung an den Blues."[4]

The unifying theme throughout the bulk of Henisch's creative work has been the search for identity and for a sense of rootedness. Linda DeMeritt views Henisch's quest for self-identity as simultaneously bound up with questions of national identity.[5] Burkhard Scherer concurred with this view when he commented on Henisch's recent novel:

> Mit diesem Buch bleibt er (Henisch) einmal mehr seinem Generalthema treu, der Formulierung und Deformation des Individuums und seinen Versuchen, dem zu entgehen. Er dekliniert es hier mit langem Atem, großer Formenvielfalt und vor dem Hintergrund prägender Großereignisse im kollektiven Gedächtnis wie der Unabhängigkeit Österreichs 1955, dem Aufbruch der Studentenbewegung oder dem Prager Frühling und dessen Niederschlagung.[6]

Henisch frequently reworks and expands earlier publications, for example, *Die kleine Figur meines Vaters* (1987) and *Morrisons Versteck. Schwarzer Peter* also can be viewed as a work in progress, since the publication of the novel in 2000 was followed shortly thereafter by *Black Peter's Songbook* (2001) in which the author intermingles word and music as he improvises on themes from the novel.

Henisch's leitmotivic use of "feeling," the appropriated English word, in *Schwarzer Peter* is a prime example of his attempt to explore the essential elements of unpredictable everyday existence in the search for contentment and peace of

mind amidst the turbulence generated by the national and international issues surrounding it. As his life is portrayed from childhood through middle age, the title
character manifests himself in varying aspects of the same basic persona. Among
others, he is shaped into Peter Jarosch, Black Peter, the "Murl," the soccer-playing
"Negerl" and "schwarze Perle," the pop star Paul White, as well as the alcoholic jazz
piano-player who serves as the narrative voice. These incarnations, reincarnations,
and developments reflect the intertwined facets and emotional states as the character is "feeling" his way through life amidst the estrangement of its frequently mundane ordinariness. The external element of Peter's skin color, which Henisch chooses to integrate into the novel only after developing the basic concept of writing a
work about the districts bordering the Donaukanal,[7] becomes emblematic of the
main character's genuine sense of otherness. Peter's "outward" color is not the deci-
sive factor in his differentness. Rather, it is a symptomatic representation of the fact
that he "simply feels different."[8] Supporting the claim that DeMeritt and others
have made about Henisch's writing as a continuous experiment with himself,[9] the
author has characterized *Schwarzer Peter* as "ein Roman vom Anderssein, geboren
aus dem Gefühl des Sich-nicht-ganz-daheim-Fühlens in der Umgebung, in die
man geboren ist...Peter Jarosch...ist 'ein Schwarzer wie du und ich.'"[10] In Henisch's
oeuvre, *Schwarzer Peter* is thus a further example of what Anne Ulmer depicts as
the author's predisposition toward a "literature of experience" rather than an "invented literature."[11]

Henisch's famous first novel *Die kleine Figur meines Vaters*, which initially established the author as a significant voice in Austria after its debut in the mid-
1970s, dealt with the search for identity within the framework of the immediate
postwar period and the generation of Austrian offspring born during the last
years of the Second World War and the immediate postwar period. In seeking to
define their own identities, Henisch and other members of this younger generation of Austrian writers felt compelled to confront directly the dubious roles
their fathers had played during the war and the concurrent series of atrocities
that accompanied it, events that would profoundly affect the Western world during the second half of the twentieth century. In delving into his own father's
tainted past as a war photographer for the Nazis, Henisch demonstrated clearly
the close affinity between autobiography and novel in German-language literature
of the period.[12] Henisch's major contribution to this postwar genre of *Väter-
literatur* is counterbalanced by that of his most recent novel. Framed by Austria's
Second Republic during the last decades of the twentieth century, *Schwarzer
Peter* reverberates with the unresolved issues of racial and ethnic prejudices as reflected in the psyche of very ordinary contemporary Austrians[13] and with the protagonist's personal search for his own absent father. In this regard, the novel provides a
contemporary view of society and can be interpreted at least in part as touching
upon issues related to an increasingly multi-cultural and diverse global society.

Despite the fact that the author claims not to have intended to write a "spektakulären Roman"[14] and that his asserted interest is in his protagonist's life, "das sich neben der sogenannten Normalität entwickelt,"[15] the political and historical backdrop of this novel is plainly significant. Linda DeMeritt notes: "For Henisch . . . the personal possesses political import and ramifications . . . he defines literary engagement as critical examination of societal structures as reflected in the experience of the individual."[16] Contemporary socio-political conditions continue to illuminate inbred cultural behaviors and sub- and semi-conscious attitudes that reflect a closed rather than an open society with a "monolithic societal mindset."[17] Against this modern-day backdrop the individual is forced to shape his or her own personal identity and concomitantly to confirm or question notions of national identity. The author's comments about his novel confirm this fact: "...mir war wichtig, darzustellen, wie sich faschistoides Verhalten gegenüber jedem kristallisiert, der nicht ganz der Norm entspricht, dass das Anderssein sofort Ziel faschistoider Aggression wird."[18] Thus, despite the lack of any straightforward reference to traces of the xenophobic right-wing politics of Jörg Haider and the Freedom Party (FPÖ) in contemporary Austrian life, Henisch's novel overarches the events of modern-day society as the author develops the representative literary character of Black Peter. Henisch's own continuous political and social activism, dating from his participation in the student demonstrations of the 1960s to co-signing recent declarations opposing the FPÖ/ÖVP coalition in February 2000, offers substantive supporting evidence of this fact.[19]

Thus *Schwarzer Peter* is, as Wendelin Schmidt-Dengler describes it, "eine unprätentiös erzählte tour de force durch die österreichische Nachkriegsgeschichte."[20] According to Günter Franzen, Henisch reinvigorates the classical form of the *Bildungsroman* as his main character confronts his own sense of identity in consort with the quotation from Goethe's *Wilhelm Meister*: "Des Menschen größtes Verdienst bleibt wohl, wenn er die Umstände so viel als möglich bestimmt und sich so wenig als möglich von ihnen bestimmen läßt."[21] Black Peter is, in the eyes of his creator, "ein Mensch in seinem Widerspruch."[22]

Henisch tempers the harsh political and social realities of the day by focusing on the development of the individual. The environment that he recreates through his main character contrasts sharply with the violently oppressive and stifling injustices experienced by stereotypical outsiders as, for example, Robert Schneider's (*1961) alienated Iraqi in his polemical dramatic monologue *Dreck* (1993).[23] Black Peter can justifiably lay claim to being Austrian. His name, Peter Jarosch, is "authentically" (Bohemian-)Austrian as a result of having been born to a Viennese mother who raises him in the contemporary milieu of the city's working-class neighborhoods. Black Peter's confrontation with the Austrian establishment is subtle and amorphous as he encounters family and friends, childhood bullies, and adult stares and raised eyebrows from an often closed-minded, skeptical Austrian society. Only the cynically suspicious remarks from police and authorities—who doubt that he is an authentic Austrian despite his proofs to the contrary—demonstrated, for example, by the fact that he speaks perfect *Wienerisch*—seem to associate his experiences more fully with those of the stereotypical outsider.[24]

Because of the greater intensity and immediacy with which Henisch recounts these last episodes of the novel, some readers have been led to associate the injustices of Peter's final return to Austria after a lengthy stay in the United States directly with the sensational Omafuma affair of 1998, which falls almost in the midpoint of the five-year period when Henisch was crafting his novel.[25] Yet this event, despite the relatively more dramatic, violent, emotional tone of the narrator's account of the circumstances surrounding his return to Vienna after a twenty-year hiatus, does not figure directly into Henisch's work, but rather is at best another sounding board against which the representative experiential "feelings" of Black Peter echo. Indeed, Peter is alienated, scoffed at, and detained, as he awaits identification by his estranged daughter, because he lost his passport and all of his money. However, he, unlike Markus Omafuma, the Nigerian citizen who sought asylum in Austria in 1998, is eventually released and able to return to the United States through his daughter's intercession and financial assistance. (Omafuma, on the other hand, was subsequently deported by the Austrian Interior Ministry. He suffocated on a flight from Vienna to Lagos after being brutally treated).[26] Once released and back in the United States, Peter (presumably) continues his life as a piano player in a New Orleans jazz bar. Henisch provides minimal detail in these last, sketchily drawn pages, and the novel concludes uneventfully and inconclusively. Yet it is readily apparent to the reader that Peter Jarosch's struggle for identity will continue as before. The open ending incorporates "the potential for change" that DeMeritt identified with Henisch's earlier work.[27]

It is from this vantage point in New Orleans that Peter has woven his narrative of his fifty years of life up to that point. The intimate details of Vienna, the city of his youth, with its street names, buildings, sounds and smells, and general milieu, are recreated with realistic accuracy throughout his story. Those readers familiar with Vienna beyond the tourist attractions of the Ringstraße and the first district accompany Peter vicariously as he leads them back and forth across the warp and woof of the city. Beyond the fact that these detailed descriptions demonstrate further Henisch's love for his native Vienna, they become an arguing point for his main character's identification with Austria and Vienna. One can defend the position that the relatively few details and little attention devoted by the narrator to Peter's life in New Orleans are indicative of his subconscious preference and predisposition toward the country and the city of his birth.

In young Peter's own fragile family relationships, we see the seeds of future conflicts between the insider and outsider in the symbolism of white and black. For example, his doting grandmother's love for her grandchild expresses itself in her frequent storytelling and occasional reading to him. However, her affection is tinged with elements of ambiguity. Peter recalls the muted disagreement between grandmother and mother over the reading of the children's book *Zehn kleine Negerlein*. It establishes the basic parameter for the conflicts Peter will face later in life. In contrast to the grandmother, Peter's mother is sensitized to the stereotypical image of black people and objects to her mother's choice of books to read to her son. Peter's narrative voice recounts this early childhood event consciously but with the ironic matter-of-factness that the detachment of time and maturity provide: "...meine Mutter hatte gemeint, das sei ein blödes Buch und hatte es weggeworfen" (SP 9). The grandmother's conservatively unreflective nature is further illustrated in her taste for traditional Austrian and Western (classical) music. Furthermore, when teaching Peter to play the piano she concentrates solely on the basic white keys and avoids the sharps associated with the black ones, as Peter recalls later: "Die Großmutter hatte mir einige Kinderlieder beizubringen versucht, dabei hatte sie meine Finger immer nur auf die weißen Tasten gelenkt" (SP 14). In spite of his grandmother's teachings, Peter's natural inclination draws him towards the black keys—even at an early age. During his teenage years, his musical interests develop away from his Western heritage towards jazz where—he believes—his personal musical roots lie.

The conversations between Peter's mother and her sister, Tante Steffi, typify the general attitudes of the Austrian majority towards outsiders. Long after the demise of Austria-Hungary, the "Others"—remnants of the once multi-ethnic Austrian society—continue to be mired in their own brand of prejudicial ethnic and social profiling. For example, Tante Steffi's frequent use of pejorative words like "Gesindel," "Schleichhändler," "Schieber," "Kindervazahra" (SP 21)—once reserved for the traveling gypsies and the door-to-door peddlers—imbue the ethnic and socio-economic subgroups of Peter's childhood environment in Vienna's working-class districts with qualities of lurking danger and a dark unfamiliarity. Moreover, the benign innocence with which Peter is chosen to play the role of King Kaspar on the Catholic feast of the Three Kings (January 6th) is a further reminder of the subtly unconscious tack that these societal prejudices and preconceptions take. Peter's religion teacher views him as the perfect choice for the role of the black king among the three wise men: "...seine Hautfarbe [soll] eingesetzt werden...wie ein Teil einer Verkleidung" (SP 30). This masquerade evokes no great sense of disgust, neither in the mind of the young schoolboy, nor in Henisch's narrative voice. Rather it is indicative of the psychological naiveté and unenlightened ordinariness of the priest. Even the family of Peter's future wife, who is dominated by an otherwise enlightened, open-minded, Marxist-oriented father, displays subtle misgivings towards the Outsider. These incidents of culturally ingrained insensitivity are illustrative of the seemingly innocuous episodes in Peter's life that Henisch's wry sense of humor and ironic tone constantly cause his readers to ponder.

The interspersed segments of the novel that deal with Peter's years in the

United States, primarily in the jazz capital of New Orleans, serve to expand the identity issue beyond the concern with petit-bourgeois Austrian attitudes and prejudices and place it in a "global" context. While Peter does not experience discrimination any more or less than other blacks in the United States (particularly in the South after the Civil Rights demonstrations of the 1960s), he still does not feel at home. From the beginning of the novel the reader is advised that Peter is not entirely black but yet black enough to be considered "different." Yearning to bridge the geographical gap between his native Austria and the American South, he compares himself and his childhood to Mark Twain's Jim and his boyhood friend Puschnig to Tom Sawyer. Yet Peter's English, laden with the accent of his Austrian German and his lack of full familiarity with black history and culture within the United States, reveal Henisch's protagonist as the generic outsider. Despite the fact that Peter blends into the American South by virtue of his dark-skinned physical appearance, he feels "nicht ganz wohl in seiner Haut."[28] Still, Peter hopes to unearth his roots in the US by seeking out his vanished GI father, William Meredith, and immerses himself into his jazz obsession to which he was introduced by his Viennese music teacher, Kronstein. His love for this type of music provides him with a second link to the United States. Jazz has its roots in black America, and ultimately before that in the rhythms of black Africa, a place—the narrator informs the reader—that Peter longs to visit but fails to reach. Thus it is America, the land of his unknown African-American father, whom he has never met, that represents the other venue for his search for identity.

Despite attempts to forget Austria, as his live-in American girlfriend of twenty years chides him to do, an older, mellower Peter remains preoccupied—at least subconsciously through the narrative perspective—with his Austrian homeland. He remains the "Murl," the Moor, who confronts his otherness through the pervasiveness and leitmotivic use of the pejorative innuendoes associated with the word "black." The association of the color "black" with evil and negativity in Western "white" society, e.g., in the phrase "schwarze Seele" (SP 44), is symptomatic of the struggle that Peter faces. Not blatant, not overt, but subtle is the constant confrontation with his own lack of true self-identity predicated upon the factual nature of his existence as the offspring of a white mother and a black father. Henisch's exploration of the theme "Schwarz ist häßlich, weiß ist schön" is deeply rooted in the Austrian and Western cultural history and social psyche: "Dieses Vorurteil sitzt den blaßen Bewohnern nicht nur der alten Stadt Wien tief in den Stammhirnwindungen" (SP 89). In addition, the narrator points out that Mozart set the Moor's story to music in several of his operas. Also the nineteenth century children's book *Der Struwelpeter* includes the lines: "*Es ging spazieren vor dem Tor / ein kohlpechrabenschwarzer Mohr*" (SP 89). Here the Moor, a respectable and learned citizen, punishes the three "white" boys for making fun of him because of his skin color by dipping them into a big pot of black ink.

Peter's dislike for skiing is also predicated on the perceived dichotomy between black and white. It stems from the fact that the winter sport on powdery white snow is the domain of many Austrians (SP 133) and, thus, a reminder of his own status as outsider. In his youth as an up-and-coming player for Austria's National soccer team, Peter invites the comparison to the incomparable Brazilian Pélé and is "affectionately" labeled "Negerl" (SP 164) by his Austrian teammates and admiring fans. The comparison to Pélé, "die schwarze Perle," also leads to rumors that Peter Jarosch might be a Brazilian (SP 136) and not an Austrian after all. However, to the soccer-loving Austrians the black player is quite acceptable and even admirable within the parameters of his carefully defined role.

Peter's search for his roots is symbolized in the aforementioned yearning for Africa, for the American homeland of his father, and for the jazz music of the black experience. In addition, the Black Sea (surprisingly) takes on symbolic meaning. As a small boy, Peter Jarosch enjoys sailing his little toy boat on the canal between the second and third districts. One day it breaks loose from his grasp and floats away. His mother attempts to pacify her son by describing the little boat's circuitous route downstream along the Danube into the Black Sea. This scene at the beginning of the novel introduces the motifs of the journey and the search. It becomes characteristic for the tenor of Henisch's *Bildungsroman* and its protagonist, "dem alles Mögliche passieren kann, eben wie anderen auch."[29]

Henisch's narrative develops the protagonist's character who remains outside the mainstream of both Austrian and American society. Peter's growing up in the second district among Vienna's blue-collar social class reflects his status, as well as that of his mother, a streetcar conductor, who struggles to eke out her own degree of happiness and contentment for herself and her son. Peter neither takes part in the Vienna that reflects the stereotypical "official image" of its greatness, namely the inner city with its monumental *aide memoire* of the Habsburg dynasty, nor does he embrace the Austria internationally known as picturesque vacationland. Peter Jarosch's world in the second district is separated from the inner city by the gray-colored Donaukanal, far removed from the idyllic blue Danube of Johann Strauß waltzes and Austria's touristic image that Peter Turrini satirically called "Hawaianization."[30] Peter's life and experiences are tied—perhaps less directly but nevertheless symbolically—to the life-giving waters of the Danube and the Mississippi. Rivers and river scenes become the venues for his philosophic reflection. Peter speaks of the "Fluß, der zur Philosophie anregt" (SP 17) and affirms: "Für mich war der Donaukanal dieser Fluß. Ihm habe ich viel zu verdanken" (SP 17).

Finally, I will pose the question: Is Peter Jarosch believable as a "black man?" Despite the five years of researching and writing this novel, including a lengthy stay in the United States, Henisch's intent was not to create an "authentic" black character, in particular not within the framework of American readers' expectations. In Austria and in the US, Peter Jarosch is looked upon askance: He drinks his Coke "warm," namely without ice cubes, and prefers sitting outdoors in the oppressively humid heat rather than inside in the air-conditioned space (SP 205). For Henisch, Peter ultimately represents the Other, the counterweight to the overriding influence of dominant society of modern-day Austria and of the United States. Peter is an everyman whose blackness is largely symbolic for the status of minority, just as the black keys on the piano stand in minority relationship to the white keys. Black Peter's isolation in both Austria and the US leaves him the consummate outsider. Nowhere does his symbolic skin fit "just right." Yet he retains his Austrian characteristics because his author cannot escape his own Austrian identity in writing "experiential" literature.

Henisch deals less "politically" and less "polemically" with identity issues than many other contemporary Austrian writers. He displays the ability to convey a sense of lighthearted congeniality. For example, in *Vom Wunsch, Indianer zu werden* (1994), Franz Kafka encounters the writer Karl May on a fictional voyage to the United States. On the other hand, contemporary writers, such as Robert Schneider and Gerhard Roth (*1942), have largely remained mired in the depths of darkness and silence (*Die Archive des Schweigen*, 1991). Viennese Jewish writers, too, deal with identity issues and political questions. Perhaps recently, Doron Rabinovici's (*1961) *Suche nach M* (1997) and Robert Menasse's (*1954) latest novel, *Die Vertreibung aus der Hölle* (2001), have lightened the prevailing somber existential load through the interspersion of humor and irony. Recent publications, such as the essay volumes by Menasse *Erklär mir Österreich* (2000), as well as *Österreich. Berichte aus Quarantanien* (2000) edited by Rabinovici and Isolde Charim, and *Republik der Courage* (2000) edited by Robert Misik and Rabinovici,[33] are highly illustrative of the attempts of many Austrian writers to confront questions of identity and racism on a level that reaches far beyond the relationship between Austrians and (Austrian) Jews. Certainly Henisch's *Schwarzer Peter* fits this category.

In many respects, Peter Jarosch's plight parallels the situations of Austria's contemporary Jewish writers and their protagonists. They share his intimate familiarity with Austrian and German culture and language but are not full participants in Austrian life by virtue of their outsider status as Jews. For Henisch, the insider/outsider theme is not new in *Schwarzer Peter*. His 1987 novel *Die kleine Figur meines Vaters* deals with the Jewish question from the perspective of his father's culpability as a war photographer for the Nazis. The protagonist in *Steins Paranoia* (1998),[32] published on the heels of the Waldheim affair and the subsequent rise in popularity of the FPÖ under Jörg Haider, is also Jewish. Max Stein seeks to become genuinely Austrian, despite the irreconcilable ambivalences the designation implies. Having been born to émigré Jewish parents in Canada, Max lives in Austria, where his reaction to an anti-Semitic remark he hears becomes symptomatic of his inability to resolve his identity crisis. His paranoia in attempting to clarify the matter results not in resolution but in an endless stream of confusing events. Like Peter,

Max remains the outsider, but one who is more readily identifiable within the traditions of modern Austrian literature. He is closely aligned with the familiar characters of authors, Jewish and non-Jewish alike, who confront the demons of Austrian history that have been evident from the waning years of the First Republic right up to the present day. Despite its compactness, *Steins Paranoia*, like *Schwarzer Peter*, evokes direct, realistic images of Vienna through specifics of place and street names. Into this short novel Henisch weaves the contemporary political commentary of the mid-1980s. In the end, unlike Peter, Max chooses not to leave Austria. Nevertheless, he remains uncomfortable in his "Austrian skin."

With *Schwarzer Peter* Henisch enriched Austrian literature once again. His modern-day *Bildungsroman* combines themes loosely, yet effectively, to form what at least one critic called "the Austrian novel of the Second Republic."[34] With a typically Viennese disposition and attitude, Henisch explores the struggles of modern-day life and depicts them with a blend of nostalgia and criticism within the Austrian context. Displaying a characteristic Austrian sensitivity towards the inherent contradictions of human existence, Henisch sketches a world of characters who are neither noble nor heroic, neither inherently evil nor blatantly self-seeking. His characters display understandable faults and shortcomings, yet they proceed through life with a sense of perseverance and obligation, no matter whether their motivations are predetermined by societal norms, traditional prejudices, human frailty and weaknesses, or just plain ignorance. Henisch's characters are alive and real: They breathe the musty, contaminated air of modern-day life in an environment where one's chief goal is to survive, to protect oneself and one's family, and to strive for a modicum of happiness and contentment. Despite their frequent shortcomings and failings, Henisch's protagonists and the societies they live in engender a degree of optimism in the reader. The author's references to the past and to the historical and political events of the postwar period evidence the replaying of history, the multiple variations and varieties of life, its continuity and the never-ending hope that the future will be a happier one. In this regard, *Schwarzer Peter* offers a strong statement on diversity and multi-culturalism in its many forms.

Virginia Commonwealth University

Notes

1. Peter Henisch, *Schwarzer Peter* (Salzburg und Wien: Residenz, 2000). All page references in the article are to this edition and are marked as SP in the text.
2. Peter Henisch, *Morrisons Versteck* (München: Deutscher Taschenbuch, 2001).
3. Quoted in Günter Franzen, *Der Tagesspiegel*. "Wenn sich, wie der Wiener Feuilletonist Anton Kuh einmal schrieb, die größte Liebe in der größten Genauigkeit ausdrückt,

dann hat Peter Henisch eine große Liebeserklärung an seine Stadt geschrieben." "Presse-stimmen zum Schwarzen Peter" http://www.residenzverlag.at/programm/fruehjahr2001/peter2.htm

4. Rainer Elstner, "New Orleans und Laaerberg" http://kultur.orf.at/orfon/kultur

5. Linda DeMeritt, "Identity as Schizophrenia: The Autobiography of Peter Henisch," *The Fiction of the I*, ed. Nicholas J. Meyerhofer (Riverside: Ariadne, 1999) 64.

6. Burkhard Scherer, *FAZ* http://www.residenzverlag.at/programm/fruehjahr2001/peter2.htm

7. Interview with Werner Hörtner, "Ein Mensch in seinem Widerspruch," *Magazin*, Heft 7 (2000): 6.

8. See http://www.new-books-in-german.com/spr2001/book13a.htm

9. DeMeritt 61.

10. From comments for "Ein erlesenes Fest," 19.5.2000. See http://kulturzentrum.minoriten.austro.net/literatur4.htm

11. Anne Close Ulmer, "The Son as Survivor: Peter Henisch's *Die kleine Figur meines Vaters*," *The Germanic Review* 61.2 (1986).

12. See Todd Hanlin, "Professionalism, Patriotism, or Opportunism?—An Austrian Dilemma," *Modern Austrian Prose: Interpretations and Insights*, ed. Paul F. Dvorak (Riverside: Ariadne, 2001): 86–106.

13. The theme of the ordinary person has been consistently explored as modern-day Austrians and Germans continue to try to understand themselves and their nations' roles in the Holocaust. See Christopher Browning's *Ordinary Men* (New York: Harper Collins, 1992) as an example of this phenomenon in relation to the German military.

14. Interview with Hörtner.

15. Interview with Gerald Grassl, http://members.tripod.de/wienpoet/henisch.html

16. DeMeritt 62.

17. Ibid 73.

18. Interview with Grassl.

19. See, for example, "Deklaration, Wien Februar 2000" http://www.kulturgelaende.at/projekte/antirassismus/default.htm

20. Wendelin Schmidt-Dengler *DerFalter* http://www.residenzverlag.at/programm/fruehjahr2001/peter2.htm

21. Günter Franzen, "*Schwarzer Peter*. Von Österreich nach New Orleans: Peter Henisch erzählt," http://archiv.tagesspiegel.de/archiv/16.06.2000/ak-ku-li-ro-14016.html

22. Interview with Hörtner.

23. Schneider's Sad is a tragically displaced person. As an Iraqi living in the West, Sad represents a recognizable cultural anomaly who experiences widespread discrimination in its most radical forms. Conversely, though Black Peter shares the external mark of being dark-skinned, he is fully "Austrian" by virtue of his Austrian mother and his Austrian citizenship, both of which distinguish him from his Arab counterpart.

24. The experiences of Sad, an intelligent and educated individual, for example, contrast diametrically with the great respect and admiration for German language and German culture that he espouses. In his menial job as a rose peddler Sad is forced to subsist in substandard housing and is compelled to suffer constant, overt humiliation at the hands of an indifferent and antagonistic majority as he makes his daily rounds from locale to locale.

25. Interview with Grassl.

26. Within Austria the deadly incident aroused vociferous protests of brutality and racism and demands for the resignation of those responsible. Nevertheless, no charges were ever filed in

Austria, and, in fact, the Austrian government under Chancellor Viktor Klima openly defended the actions of the officials involved. For an account of the case, see Max Rodenberg, "Human rights in Austria: The brutal death of asylum-seeker Markus Omafuma," 28 May 1999, http://wsws.org/articles/1999/may1999/aus-m28_prn.shtml

27. DeMeritt 76. ". . . for Henisch the potential for change lies precisely in the ability to resist the temptation of closure, to walk the periphery."

28. See, for example: "Mein Gott, was sollte ich darauf sagen? Mamma, ich fühl mich nicht wohl in meiner Haut? Oder: Mamma, ich glaub das Leben, das ich führe, ist nicht mein Leben? Zwar hatte ich ungefähr das vorgehabt, aber jetzt hatte ich das Gefühl, daß ich damit fehl am Platz war" (Henisch 386).

29. Interview with Hörtner.

30. See Peter Turrini, *Mein Österreich: Reden, Polemiken, Aufsätze* (Darmstadt: Luchterhand, 1988).

31. Claudio Magris, *Danube* (New York: Farrar Straus Giroux, 1989).

32. Peter Henisch, *Steins Paranoia* (Salzburg und Wien: Residenz, 1988).

33. Robert Menasse *Erklär mir Österreich* (Frankfurt/M.: Suhrkamp, 2000), *Österreich. Berichte aus Quarantanien*, eds. Doron Rabinovici and Isolde Charim (Frankfurt/M.: Suhrkamp, 2000), *Republik der Courage*, eds. Robert Misik and Doron Rabinovici (Berlin: Aufbau Taschenbuch, 2000).

34. Franzen labeled this novel "den Roman der Zweiten Republik." http://www.residenzverlag.at/programm/fruehjahr2001/peter2.htm

CHRISTINA GUENTHER

Identity, History and Space in Josef Haslinger's *Vaterspiel* and Anna Mitgutsch's *Haus der Kindheit*[1]

Josef Haslinger's (*1955) and Anna Mitgutsch's (*1948) latest novels, set at the end of the twentieth century, focus on accountability and political morality in contemporary Austria. Despite the topicality of the two novels, both published in 2000, neither Haslinger's *Vaterspiel*[2] nor Mitgutsch's *Haus der Kindheit*[3] specifically addresses recent political developments, namely, the gains made in the 1999 elections by Jörg Haider's nationalist, right-wing Freedom Party. Instead, Haslinger actually articulates more directly his concerns about Haider and the new coalition government—ÖVP (Austrian People's Party) and Haider's FPÖ (Austrian Freedom Party) formed in February 2000—in his collection of political essays Klasse Burschen (2001).[4] In these political essays he identifies Haider as the "Inbegriff der selbstbewussten rassistischen Intoleranz,"[5] and notes with consternation, as numerous fellow Austrian writers have as well,[6] that the inclusion of Haider's FPÖ in the federal government signals the pervasive acceptance of xenophobic and racist politics in Austria at the end of the twentieth century. In their literary works, however, Haslinger and Mitgutsch trace the much broader sociopolitical developments, spanning the entire postwar era of the Second Republic, which led to the tolerance of a racist political discourse in Austria during the late 1990s. Indeed, *Vaterspiel* and *Haus der Kindheit* explore the continuing impact of National Socialism and the Holocaust on the historical and socio-political consciousness of Austria's postwar generations.

The two novels under discussion suggest that only by fully claiming one's cultural and political heritage can one begin to heal what Haslinger calls "die nie geheilte historische Wunde Österreichs."[7] For both Haslinger and Mitgutsch, the unprocessed, indeed unfamiliar, history of Austro-fascism continues to afflict generations of postwar Austrians with political apathy and a lack of individual accountability, neither of which can serve a mature and progressive democracy. *Vaterspiel* and *Haus der Kindheit* underscore and illustrate the difficult process of claiming and coming to terms with Austria's heritage through the manipulation of spatial metaphors, that is, through the geographical or literal and figurative locations that their protagonists inhabit, define and restructure. Of particular interest in these novels is how, through the invention of a "poetics of geography"—defined by Patricia Yaeger as "a site for investigating the metaphors and narrative strategies that we use to talk about space,"[8]—Haslinger and Mitgutsch reflect on the relation between geography and identity. In other words, their novels examine how space—the way it is described and circumscribed—belongs to the list of categories, i.e., language, history, race, ethnicity, gender, and religion that contribute to the construction of identity. Both novels explore the complex connection between identity and geography by investigating the construction of "home," whether this concept is understood in physical, geographical terms, for instance, as a house in a specific urban or rural setting, or in the more abstract terms of a national or cultural heritage. Furthermore, both authors choose to represent the crisis of *Heimat* by rewriting the parable of the lost son. By highlighting the problematic nature of "home" in their adaptations of the lost-son story, both writers foreground the difficulties of claiming a cultural and political space.

The lost-son motif is contextualized culturally and geographically in Austria, represented as a public and private space of political and historical remembering in the novels. This inherited site of origin is the point of departure from which the protagonists, the symbolic sons of Austria, attempt to map their own identity in cultural and political terms. The quest for a place of belonging leads to the recognition that the concept of a self-evident place of origin or "home" is an illusion in need of being claimed or, in fact, redefined by the protagonists of the two novels.

Each novel offers a different adaptation of the prodigal-son parable, although they have in common their focus on the troubled relationship between father and son. A brief synopsis of the novels demonstrates how each writer recasts this myth of family and the relationship between father and son symbolically in spatial terms. Haslinger's text provides a more traditional psychological variant of the lost-son paradigm, incorporating as it does a modern-day Oedipal myth. In Haslinger's version, however, the father is not privileged above the son. His primary protagonist and first-person narrator is Rupert Kramer, the pot-smoking *Aussteiger* son of a social-democratic politician. Kramer Senior, initially an idealistic socialist, rises in the ranks of the SPÖ to become a cabinet minister but quickly falls prey to greed and corruption and sells out his convictions. Arrogant and self-involved, he is preoccupied with his political career and fails to connect, much less communicate, with his two children. Moreover, as elected government official, serving at one point even as cabinet minister of transportation and roads, the father seems to control and represent Austria, and more specifically the Viennese *Heimat*, from which Rupert feels alienated and which he attempts to evade. Disenchanted early in life by his father's hypocrisy, Rupert rejects his father and the socialist ideals that the latter stands for. Rupert, a computer addict, fulfills the Oedipal fantasy of slaying the father by inventing a computer game in which he can repeatedly and brutally murder his father in virtual reality. He stalks and destroys his father and everything he represents in imaginary and seemingly limitless cyberspace. In the end, the father, an elusive, ostensibly powerful figure to son Rupert, never witnesses his son's late, albeit tentative, emotional and literal return to the family fold. For Haslinger, the lost-son parable is rewritten pessimistically; the rejection, even destruction, of the father symbolizes the son's alienation, his inability to return "home."

Anna Mitgutsch's *Haus der Kindheit* frames the lost-son motif in more explicitly nationalistic terms than Haslinger's *Vaterspiel*. Her protagonist, Max Berman, youngest son of a first-generation Jewish Austrian family who emigrates to New York in the 1920s, exemplifies the lost son of the Austrian "fatherland." Max struggles throughout his life to reclaim the dispossessed family home in postwar Austria, his mother's idealized homeland, in order to return to his geographical origins. Despite his attempts at a reconciliation, Max is rejected by his "motherland." By exploring the tenuous return of Jewish Austrians to their Austrian homeland, Mitgutsch rewrites the psychological conflict of the lost-son parable in political terms—by substituting fatherland for the father.

Despite these differences, in both novels, the lost-son motif provides a literary context in which to explore generational male rivalry and conflict. The generational conflict becomes the vehicle for establishing both sons' irrevocable exile from their home (-land). Conventionally, a parable communicates a pedagogical purpose; in fact, the lost-son story traditionally holds out the promise of reconciliation and change. Time and distance blur the details of past strife; penitence on the part of both father and son and paternal compassion pave the way for reunion and a productive future. However, in writing their versions of the lost-son story, neither Mitgutsch nor Haslinger chooses traditional closure, i.e., an experience-based, carefully crafted and negotiated harmony between generations. Instead, the focus in both novels shifts to the experience of the journey itself as exile or as a self-imposed banishment. The encounter with difference—made possible and also unavoidable through travel—provides the necessary defamiliarizing perspective from which the protagonists can contextualize and even call into question their so-called origin—"home." In both novels, travel signifies the process by which the Austrian *Heimat* becomes *unheimlich*.

In fact, in Josef Haslinger's *Vaterspiel* travel serves as the structuring trope of the novel. At the outset, we encounter Rupert Kramer, the primary protagonist and narrator, steering his car through a deserted snow-blown October landscape. Answering an old flame's plea for help, he is en route to Frankfurt, from where he plans to fly to New York. "Nichts wie weg hier," (V II) he repeats to himself, signaling that he is himself in flight. At the beginning of each of the remaining three sections of the novel, we find Rupert again behind the wheel, always in transit. The *hier* that Rupert is fleeing is Vienna, the city of his *Herkunft,* the site of his failures, and the ground of his invisible existence. The drive functions as the narrated present, the temporal and geographical context from which protagonist Rupert remembers his past and gradually unravels his family and life story for the reader. Instead of serving as a motif for exploring the world and encountering new cultures and experiences, the travel sequences that begin each section throw into relief Rupert's isolation, solipsism, and loss of coordinates by which he might otherwise orient himself. The blinding snow, which hits his windshield like little missiles in space, holds him suspended between authentic and "virtual" reality. Mesmerized by the barrage of snowflakes and still giddy from a night of drinking, Rupert finds himself gazing into a familiar screensaver, the "Starfield Simulation" on a computer screen, and fantasizing a course through an illusory universe in his lonely space-ship. His lack of orientation behind the wheel prefigures his later ethical and moral disorientation in New York.

Two additional narratives of travel and displacement are intertwined with Rupert Kramer's flight from home and family history. Jonas Shtrom's account of anti-Semitic persecution in Lithuania during the Soviet and then Nazi occupations is juxtaposed with the story of Lithuanian Nazi collaborator Algis Munkaitis. All three stories intersect in New York, the apparently neutral site of migration and new beginnings. Holocaust survivor Jonas Shtrom's traumatic story of persecution, subsequent ghettoization and forced exile from Lithuania during the early 1940s serves as an important foil to Rupert's dilemmas. We learn in the second narrative strand of *Vaterspiel* that Jonas is the sole family member to survive the Nazi annihilation of Lithuanian Jews. Jonas' flight is integrated into the novel by means of a series of sobering oral testimonies, official reports, and interviews recorded by German and American authorities in 1959 and 1967 that validate and give depth to the refugee's experiences. The contrasting life stories of the three displaced protagonists—of Shtrom's excruciating experience of Nazi terror and flight, war criminal Munkaitis's escape to and disappearance in the United States, and Rupert's modern-day Austrian family narrative—highlight the banality of Rupert's preoccupation with his own immediate past. In his encounter with Munkaitis, and, by extension, confrontation with an unprocessed Austro-fascist heritage, Rupert, who represents the second postwar generation in Austria, fails the singular ethical test that lies at the heart of the novel.

Haslinger develops a complex spatial image in order to foreground Rupert's ethical dilemma and to symbolize his problematic relation to his own and his nation's past. Rupert is pulled into the plot of building a more comfortable and secure hiding place for his ex-girlfriend's Lithuanian great-uncle, Algis Munkaitis, wanted for the murder of Jewish Lithuanians and in hiding for thirty-two years. Personal ties—even when these have been betrayed—take precedence over moral and legal criteria. Rupert's first instinct is to refuse Mimi's request: "Das bist du deiner Herkunft schuldig. Großvater in Dachau, Enkel hilft seinem Peiniger. Das ist eine zu steile Karriere" (V 472). Aiding and abetting a Nazi war criminal would, after all, undermine his socialist heritage. However, his resolve easily crumbles into political indifference when, seduced by the idea of rekindling the love affair with Mimi, he decides: "Ich bin kein Richter, und der alte Mann geht mich im Grunde nichts an" (V 483). Rupert Kramer's abdication of moral responsibility in exchange for a romantic fling becomes all the more reprehensible in view of Jonas Shtrom's unequivocally incriminating testimony against Algis Munkaitis. Moreover, Rupert becomes quite attached to the aging Munkaitis and even develops a tenuous friendship with him. The act of constructing a haven for war criminal Munkaitis—"Mauern aufstellen. . . Räume unterteilen, eine Wärmedämmung anbringen, gegen Schall isolieren" (V 12)—symbolizes a grotesque enactment of homebuilding for the man who, as documented later, is responsible for the death of Jonas Shtrom's father. The "home" that Rupert is able to build shields the war criminal from his community; this "home" is no alternative to the sterile Austrian home that Rupert has fled. The construction becomes a trope for division and isolation. Ironically, the fact that Rupert not only builds the old war criminal a more comfortable basement shelter to sequester him from justice, but also agrees to empty Munkaitis' chamber pot, suggests Rupert's direct implication in a sordid national socialist history that is not in the past.

The political betrayal, which is the pivotal event in the novel, is not simply the result of Rupert Kramer's physical distance from his own familiar cultural boundaries, for travelers carry their cultural heritage with them. In fact, in Haslinger's *Vaterspiel,* it is precisely Rupert Kramer's Viennese heritage that facilitates his rejection of a public, historically-bound social conscience in New York. Indeed, Haslinger's Vienna, the background for Rupert Kramer's family drama, is no cosmopolitan, multi-ethnic *Weltstadt,* the heterogeneous, historically-layered Vienna of the turn-of-the-century. Instead, with its detailed cartography of a latter-day Vienna, the vivid descriptions of actual streets, parks, buildings, and neighborhoods in *Vaterspiel* lend contextual authenticity to Haslinger's fictional account of generational violence and betrayal. Only now and again does a Viennese landmark, such as the *Wienerschulrat* located opposite the *Nationalrat* on the *Ring,* evoke a fleeting memory of the Russian command post of the early postwar period. In contrast to the Vienna of the older generations, the city seems to lack historical depth for Rupert. Whereas his parents and grandparents recognize in Viennese landmarks traces of its troubled past, Rupert's Vienna of the 1970s and 1980s is a city of divisions: compartmentalized into red social-democratic and black conservative districts. The city, mired in petty partisan politics, represents the collective historical amnesia of its inhabitants. Matti Bunzl's observation in a recent essay on Viennese-Jewish literature that postwar Vienna has been "characterized by the sheer conventionality of *provincialism*—a situation that reproduced the Holocaust's catastrophic logic of cultural homogeneity"[9] seems borne out in *Vaterspiel.* Indeed, Vienna is a cultural and political space that Rupert finds stultifying.

In *Vaterpiel,* coalitions or alliances between the different social segments that make up Viennese society do not represent viable alternatives. Birthplace predetermines political affiliation, which, in turn, determines one's place of employment. Rupert has been raised in what one might call a "mixed" marriage in which the largely hostile relationship between his socialist father and the conservative family of his mother eventually degenerates into family warfare. Moreover, political antagonism is not simply cast in familial terms in the novel. The educational institutions in the various districts also reflect the politics of the constituents, which makes it impossible, for instance, for an SPÖ party member to take on a teaching post in a ÖVP stronghold, or vice versa. The result of such entrenched division is a society that is more than content to remain introverted, ahistorical, and insular.

Rupert Kramer's family life also reflects the socio-historical void. The first family home, a humble apartment in Meidling, a social-democratic stronghold in Vienna, is replaced by the sterile "white house," as Rupert's father rises to the rank of prominent SPÖ politician. At the apex of his career, Kramer Senior moves his family into a modern villa at the edge of the Vienna Woods. For Rupert, "[d]ieses Haus war nicht mein Haus. Es war ein Ausstellungsgelände, eine Ansammlung von Vorführräumen. Zu groß, zu gestelzt. Alles war ausgesucht, nichts war mit uns gewachsen" (V 141). On an intimate level, then, the move, which signifies a break with the family's socialist heritage, also leads to the fragmentation of the nuclear family. There is a complete breakdown in communication as each family member is separated by walls, literally and figuratively, and confined to his or her own new space.

The modern space that replaces the stagnant traditional home is symbolized most strikingly by Rupert's *Eisenraum,* a room entirely outfitted with furnishings and fixtures of gray ironwork that could have served "problemlos als Zelle in einem Hochsicherheitstrakt" (V 144). In order to escape the sterile modernity of his bedroom, Rupert chooses to lose himself in marijuana highs and in cyberspace, a seemingly boundless space in which he can allow his fantasies free reign. Not surprisingly, he develops his *Vatervernichtungsspiel* as a computer game that allows him time and time again to annihilate his father whom he holds responsible for both the family breakup and his own alienation and ensuing "invisible" existence. Although the threat of violence is relegated to the realm of virtual reality, the discourse of annihilation, reminiscent of National Socialism, is nevertheless unmistakable. In *Vaterspiel*, the fragmentation of the family has political consequences, for the father in his career as statesman is impotent and ineffectual. Kramer Senior, like his political peers, is incapable of fathering a generation of politically engaged sons. Finally, Haslinger's satire of postmodern society is accentuated by the fact that the isolated, politically ineffectual son finds a market for his computer fantasies in North America.

Haslinger counters a vital New York as son Rupert's destination with Vienna, the static site of his origin, to represent social antitheses. New York's mosaic of cultures fascinates Rupert: Russian women sit on benches in the sun on Coney Island and chat with one another in their native language, a Puerto Rican poet recites his lines in Spanish and English at an Irish pub, Jewish neighborhoods thrive, and homosexuals feel safe in their communities. New Yorkers seem completely at ease in their multicultural neighborhoods and fond of the skyscrapers, the rivers, the many tunnels and bridges, and even the traffic jams. Moreover, the past seems to flow constantly into the life stream of the contemporary city where Holocaust survivors continue to hunt down (Lithuanian) Nazi collaborators. For Kramer Junior, however, New York represents the quintessential city of the American dream and the entrepreneurial spirit, where—to his amazement—business deals are struck in places as unlikely as the poetry-slam at a local bar. Indeed, inside New York's ultimate consumer culture, Rupert's invocation, "New York wird mich reich und berühmt machen" (V 24) becomes reality when he promptly sell his "Father Game" via the Internet. It is ironic for Rupert that he finds the market for his *Vaterspiel*, the game of paternal destruction that focuses on the desire to break with one's familial origin, within the mesmerizing multi-ethnic world of the big American city.

Armed with the supreme confidence of his financial success, Rupert finally feels ready to confront his father declaring, "Ich habe in der Familie die Macht übernommen" (V 535), and he returns to Austria. The Oedipal fantasy becomes reality when he discovers—shortly before his return—that his father had been unable to face the humiliation of financial ruin and committed suicide. His father's desperate act clearly leaves Rupert in a moral dilemma. Faced with the bankruptcy of his Austrian socialist heritage, Rupert is left only the "small change" of a very private matter, namely the possibility for an affair with Mimi. New York, the city of cultural plurality where their histories (as the histories of many others) converge, affords a space of promise and dazzling choices that often enough puts any moral stance to test. In his own moment of moral aporia, Rupert fails the test and becomes the accomplice to the Lithuanian war criminal. When Rupert Kramer finally returns "home" to Vienna at the end of the novel, he knows that his decision to protect a war criminal from justice made a mockery of his father's antifascist, socialist tradition, and therefore is comparable to his father's pathetic moral corruption and financial ruin.

Rupert's refusal of his father's socialist heritage leads him to realize that his own materialistic and thus ethically suspect motivations link him to his father's conduct in a decidedly unyielding fashion. His return to Vienna constitutes thus a hollow "home"-coming, just as worthless as his "victory" was over his father. Returning to his geographical home only leads Rupert to the recognition that there is no place in his family's community for him. For instance, his father's funeral is attended by people who are strangers to him. Since Rupert's return to Vienna remains undefined and incomplete, Haslinger's lost-son parable can be interpreted in terms of the moral abdication of both the father and the son.

While Haslinger's lost Austrian son journeys from Vienna to New York and into virtual reality while being caught between the rejection of his parents and, paradoxically, the inability to break free of unsettling family traditions, Mitgutsch's lost son firmly claims his familial history only to discover the need to carve out a space for his private Jewish history. Mitgutsch's central character, the son of Jewish Austro-Hungarian immigrants, grows up "in-between" American and an imagined European culture, in perpetual exile from his Austrian *Haus der Kindheit*. Mitgutsch explores cultural hybridity in terms of the juxtaposition of New York and European cultures. Mitgutsch's narrative of Jewish identity in exile comes close to Sander Gilman's notion that the "authentic space for the expression of a Jewish narrative in German"[10] among contemporary Jewish German writers is German-speaking Europe. Gilman suggests that Jewish German-speaking novelists writing in the late 1990s, such as Daniel Ganzfried, Doron Rabinovici, or Benjamin Stein, use "'America' as foil for false consciousness of modern Jewry."[11] Europe, and more specifically Vienna, Berlin, Prague, and Zürich seem to provide a more "authentic space" in which to explore Jewish identity. For Mitgutsch, that "authentic place" of Austria is marked by a latent anti-Semitism. Significantly, it is in the contemporary European/Austrian context, where Jewishness is defined in terms of a threatening Otherness, that Max's Jewish consciousness is heightened. We learn early in *Haus der Kindheit*, however, that during the late 1920s the protagonist, Max Berman, and his parents came to the United States not in order to escape anti-Semitic persecution but to realize the "American dream." His Eastern European father fails to support his family on his doctor's salary and leaves his wife and three sons in order to devote his time to the Zionist cause. For Max Berman's Austro-Hungarian mother, who raises the children by herself, emigration to America proves a disappointing experience, which she conveys most directly to her youngest son Max.

In Mitgutsch's narrative, there is an ironic disjunction between the mother's idealizing nostalgia for her Austrian *Haus der Kindheit* and the narrator's awareness of the geo-political reality facing Jewish Austrians during the 1930s. Max's family in New York is unsuccessful in securing necessary papers for those relatives who remained in Austria. As a consequence, all are murdered by the National Socialists. Nonetheless, Max's mother remains "zeitlebens eine Europäerin," instilling in her youngest son her passion for the "Old World" and bequeathing him her "alten Träume von einem Europa, das schon vor seiner Geburt zerstört worden war, die heile Welt der Erinnerung" (HK 82). Her photograph of the family home in H.— prominently displayed in the various New York apartments that they occupy— symbolizes the "nostalgic memory"[12] of an authentic, civilized "home." For Max it becomes the ideal home that he strives to "retrieve" at some unknown future date. The appreviation "H." thus represents "Haus," "Heim," and "Heimat." Max spends his youth "inhabiting" this remembered, idealized space constructed through the nostalgic memories of his mother. This culturally constructed space seems to lead to Max's later career as a successful interior designer, specializing in restoring houses built at the turn-of-the-century. He finally returns to Austria, where despite numerous obstacles, he reclaims and restores his *Haus der Kindheit*.

In Mitgutsch's novel, America and Austria represent two distinct cultures: New York is identified as the place that exemplifies sophistication and innovation; Europe, and more specifically Austria, is painted as rural and provincial. Furthermore, the two settings stand in contrast to a third place, namely the remembered site, the bucolic Austria of his mother's happy youth. Her European identity, which she conveys to Max, is rooted in an imagined, imperial turn-of-the-century Austria, defined by its ethnic pluralism and long-established Jewish-Austrian tradition. The juxtaposition of inherited memory and first-hand experience leads Max, who considers himself an atheist, to new insights. Once he verbally affirms his Jewishness to the innkeeper in his mother's hometown of H., the local population keeps its distance, thereby demonstrating a curious mixture of "Unterwürfigkeit" and "Überhöflichkeit." Noticing that "they" are uncomfortable and self-conscious around him, Max realizes that Austrian identity in the Second Republic is constructed in opposition to an elided but still threatening Jewish Other. Jewish religious practice in the Austria of the 1970s and 1990s—the decades in which Max lives in his family's "hometown"—clearly threatens the politically sanctioned national amnesia.[13] Thus, when Max attempts to retrieve the family home, which had been forcibly appropriated by the National Socialists, he is confronted by cold and stubborn land registry officials who insist that the registry records reveal no irregularities. Their refrain, "Es wird alles seine Ordnung haben" (HK 70) reenacts, in effect, Austrian fascist collaboration in the 1930s and 1940s. The remembered and idealized H. of Max's childhood is brutally countered by his experiences when he returns to the homeland that no longer has a place for him.

Max resolves to counter the Austrian historiography that has suppressed Jewish

Austrian existence with his own *Chronik der Juden* of H., a personalized historiography that commemorates individual Jewish life stories, *Lebensläufe* and *Einzelschicksale*. This restoration of the "ausgeblendete Geschichte" of Jews, "700 Jahre Mord und Vertreibung in regelmäßiger Wiederholung, als denke man sich in einer endlosen Gegenwart" (HK 196) eventually supersedes the reconstruction of his private home. The language of this text within a text is German, Max's mother tongue, the private language of his childhood and the language of his imagined readers, the potentially interested citizens of H. Here writing serves both as a monument to the lost members of the Jewish community and as a shared metaphorical space for his diasporic community. By filling in the erased space of Jewish existence in H., Max claims a cultural and political space for himself and succeeds in acknowledging his "wound" inflicted by Austria's officially sanctioned historical and cultural amnesia. Max's new *Haus der Kindheit* is one that is forged through writing; the text becomes, in effect, his new "home."

We should note that Max's new *Haus der Kindheit* is not simply cast in terms of a primarily negative, Jewish narrative in which Jews are "forced into a persistent pattern of defensive identification as the Third Reich's genuine victims."[25] Indeed, Jewish ethnic identity in Mitgutsch's Austria is heterogenous, and the two main characters, the atheist Max and his spiritual friend Spitzer, the leader of the Jewish community in H., demonstrate this most directly through their close friendship. Moreover, in the Austria of *Haus der Kindheit* Jewishness is explored as a site for transformation. The three main female characters demonstrate that Jewish ethnicity can be seen as a process in flux. Neither Diana/Dina, the daughter of a Jewish father who marries into a prominent local family with a fascist past, nor Helene, Spitzer's daughter who grew up as a Catholic, can lay claim to Jewish identity according to Jewish law. Yet both women develop a strong interest in Jewish religious and cultural practices and thus acquire a "personalized," if tentative, Jewish connection. Thirdly, through Nadja, Max' female counterpart in the novel, Mitgutsch problematizes most successfully the racial-biological model that defines Jewishness in terms of heredity. Spitzer tells the story of how Nadja, at the age of thirteen, visited him in his office one day and expected to be admitted into the Jewish congregation. However, according to Jewish law ("Halachisch"), she was unable to prove her Jewishness. Nonetheless—and despite her professed atheism—Nadja adopted her personal cultural identity by following Jewish rituals and practices, attending ceremonies and celebrating Jewish holy days within the small Jewish community. "[W]ichtig ist," Nadja declares, "dass du selber weißt, du bist Jüdin" (HK 116). Nadja is Jewish out of personal conviction, and her "Jewishness" is eventually accepted by the Jewish community.

Thus, interestingly, it is through her secondary characters that Mitgutsch explores the possibilities and limits of an "un-fixed" Jewish identity, one that is not necessarily determined by heredity. Nadja, of non-Jewish origin, yet convinced of her Jewishness nonetheless, dies mysteriously while on assignment as a photographer in the Ukraine. The ritual accompanying her burial in her Austrian home-town seems to hint, at least symbolically, at her inclusion in the Jewish communi-ty even if the fact remains that she is buried in the Catholic cemetery and that no lasting marker of her self-proclaimed Jewishness will endure.

In *Haus der Kindheit* the limits of the individualistic project determined to break with the racial-biological model of identity are shown to be tenuous. Nadja's redefinition and unsuccessful appropriation of Jewish identity stands in stark con-trast to Max's project. He undertakes to write a *Chronik der Juden von H.*, a com-memorative prose work designed to construct a monument to the lost members of the Jewish community, which, at the same time, could function as the anchor for the surviving members of his contemporary Jewish community. Max's choice to re-linquish his Austrian "home" in favor of New York at the end of his life becomes possible through his decision to "textualize" his cultural identity. In Mitgutsch's lost-son parable, the protagonist is no longer displaced, having reclaimed and re-stored his family home and history in Austria. He is free to return to New York to establish his own space of belonging.

In rewriting the story of the lost son, then, Haslinger and Mitgutsch show how the "lost" generations of postwar Austria must chart a course out of the inherited fragmentation, isolation, and resulting solipsism by moving from insular personal retreat into the public arena using history as their compass. The geography of iden-tity in Haslinger's and Mitgutsch's novels problematizes the simplistic notion of a return home. Both texts make visible the constructedness of a geographically defi-ned home. While Haslinger's Rupert "flees" his home in order to break out of his "invisible" existence there and become noticed, the escape does not free him from his paternal paradigm. The construction of a new "home" is a "dead-end" activity because it takes place in an historical vacuum. Mitgutsch's Max, by contrast, is not trapped by his desire to find his physical "home." Through writing his *Chronicle of the Jews in H.* he succeeds in recreating a public articulation, a metaphorical or tex-tual home that is actually transportable and thus holds the promise of forging a new "home" in new physical contexts.

Bowling Green State University

Notes

1. I would like to thank Nancy Michael, Jackie Vansant, the editors of this volume, and espe-cially Beatrice Guenther for their helpful editorial suggestions.

2. Josef Haslinger, *Das Vaterspiel* (Frankfurt/M.: S. Fischer, 2000). All quotations from this text are marked with V and the page number.

3. Anna Mitgutsch, *Haus der Kindheit* (München: Luchterhand, 2000). All quotations from this text are marked with HK and the page number.

4. Josef Haslinger, *Klasse Burschen Essays* (Frankfurt/M.: S. Fischer, 2001).

5. Ibid 54.

6. See *Republik der Courage. Wider die Verhaiderung*, Robert Misik and Doron Rabinovici, Hg. (Berlin: Aufbau, 2000) and *Österreich: Berichte aus Quarantanien*, Isolde Charim and Doron Rabinovici, Hg. (Frankfurt/M.: Suhrkamp, 2000) for additional responses by concerned and engaged writers and scholars to Haider's political gains in the 1999 election and the formation of the black-blue coalition in February, 2000.

7. Haslinger, *Klasse Burschen* 7.

8. Patricia Yaeger, "Introduction: Narrating Space," *The Geography of Identity*, ed. Patricia Yaeger (Ann Arbor: U of Michigan P, 1996) 5.

9. Matti Bunzl, "Political Inscription, Artistic Reflection: A Recontextualization of Contemporary Viennese Jewish Literature," *German Quarterly* 73 (Spring 2000): 163–70, here 163.

10. Sander Gilman, "America and the Newest Jewish Writing in Germany," *German Quarterly* 73 (Spring 2000): 151–62, here 159.

11. Ibid 156.

12. "Andean Waltz," in *Hotel Bolivia. The Culture of Memory in a Refuge from Nazism* (New York: Hill and Wang, 1998) 141–160. Leo Spitzer describes "nostalgic memory" in terms of "a 'retrospective mirage' constructed through hindsight" which "serves an important comparative and, by implication, animating purpose. It sets up the *positive* from within the 'world of yesterday' as a model for creative inspiration and possible emulation within the 'world of the here and now'"(146).

13. Significantly, the crucial 1980s and the Waldheim affair are elided in the novel. Max is busy in New York at this time, and his house is still occupied by Austrian renters protected by the so-called *Mieterschutzgesetz*.

14. Bunzl 165.

MARY WAUCHOPE

Identity and Perception in the Film *38: Vienna Before the Fall*

"Happy is he who can forget–typically Austrian."
PETER HENISCH, *Steins Paranoia*

38: Vienna Before the Fall[1] is the film adaptation of the novel *Auch das war Wien* written in 1938–39 by Friedrich Torberg (1908–1979) while the writer lived in exile. It was published posthumously in 1984. The Austrian Wolfgang Glück (*1929) directed the film which was released in 1986. Novel and film take place in Vienna during 1937 and early 1938, during the rise of Austro-fascism and Austria's Anschluss to the Third Reich. Both portray the 1930s as a period of decline when the "old world," cosmopolitan Vienna, a remnant of the fin de siècle atmosphere with its coffeehouse culture and modern intellectual life, finally comes to an end. Therefore, both novel and film are imbued with a nostalgic sense of loss. In the center of both is the love story between the non-Jewish Austrian actress, Carola, and Martin, a Jewish writer.

The nostalgic appeal of the Austrian Empire and its legacy of a rich cultural history play a major role in *38: Vienna Before the Fall*. Wide-angle shots capture Vienna in a soft haze where the two landmarks, the Riesenrad in the Prater and the

Stefansdom in the city's center, stand out. Other settings are deliberately chosen to show baroque buildings, elegant hotels along the inner city Ringstraße, traditional coffeehouses, and meticulously-groomed parks and gardens; they attest to Vienna's affluent past as the capital of the Habsburg Empire. Carola and Martin frequent these places, e.g., they often meet among the brilliantly colored rosebushes in the Volksgarten in front of Empress Elisabeth's statue. Other scenes take place in the world of the arts and of intellectual life; they are set in theaters, cabaret clubs, film studios, and the office of a prominent newspaper editor. Glück makes a conserted effort to capture tranquil images, such as the silently-falling snow as children happily giggle and chatter with each other while climbing a tree; and warm, inviting yellow light shines from shop windows as Martin walks through the scenes. Nostalgic reference is also made to Vienna as the world-renowned capital of music, i.e., when Martin attempts to rent an apartment in a particular building because Mozart used to walk past it three times a day.

Martin's and Carola's cultural and national identities are rooted in the image of Austria's imperial grandness and its legacy as a center for the world of the arts and culture. For instance, Carola's favorite novel is Joseph Roth's *Radetzkymarsch* with its theme of the tragic "Untergang des alten Österreich." However, their confidence in the continuity and consistency of their Austria is rudely disrupted by the Anschluss to Nazi-Germany in 1938. The "old" Vienna and its seemingly undisturbed attitudes that reflect the sentimental views of pre-Anschluss Austria are replaced by the new Nazi-Vienna of the Ostmark. Glück juxtaposes the nostalgically-idyllic world of "old" Austria, its perceived innocence, and the *Gemütlichkeit* of the Viennese institution of the coffeehouse to the takeover by the Nazis, the Anschluss, and the national-socialist post-Anschluss Vienna. In other words, Martin steadfastly holds on to the Austria that he calls home, while the Nazis are "invading" his country. For instance, the audience watches Martin as he strolls leisurely and self-assured past a group of children who are cheerfully playing when suddenly a horde of Nazi soldiers struts briskly through the background. This image is jarring: Martin's and Carola's idyllic "old" world is being penetrated by the increasingly visible National Socialists.

The post-Anschluss Vienna of 1938 is subsequently transformed by long red flags displaying their oversized swastika signs. They hang monstrously from many buildings along the Ringstraße in the Viennese Altstadt. Also, in shop windows appear ominous signs that announce "Nur Arier," only Arians can shop here. One day, as Martin enjoys some leisure time in his *Stamm*-coffeehouse, in his "old world sanctuary," he is forced to hide from Nazis who are searching for "illegal" Jews; Martin is no longer allowed to drink his cup of coffee and read his newspaper there. These scenes in the film emphasize visually a stark difference between Austria's *Ständestaat* era with its lingering nostalgia for the fin-de-siècle atmosphere and the fascist *Ostmark*-Austria of the Third Reich after 1938.

Martin and Carola not only lose their homeland of Austria to the Third Reich but also must cope with the painful destruction of their national and cultural identity. The Austro-fascist and anti-Semitic tendencies that become more and more recognizable in Vienna simply contrast with the characters' expectations for Viennese society and culture. Glück presents the Jewish Martin and Carola, who is not Jewish, as two young people who are oblivious to the dangers of the rising fascism. For this reason, *38: Vienna Before the Fall* relies heavily on metaphors of "blindness" to illustrate the protagonists' ignorance of the Nazis' raucous forays in public and their retreat into the world of theater and illusion. Martin and Carola display a profound inability to grasp the dangers of the Nazis' rising power and anti-Semitism in Vienna.

Martin particularly cannot believe that "his" Vienna—known for its "embracing atmosphere" and "high culture,"[2]—would succumb to the fanatical fascist ideals of National Socialism. The description of "Austrianness" by Martin's publisher Sovary is equally incompatible with the visible rise of German nationalism and anti-Semitic aggression in Vienna. He perceives the multi-ethnic population of Vienna and Austria of 1937 as a remnant of the cosmopolitan *Vielvölkerstaat* of the Habsburg Empire: "Wir zwei–die Pekarek und ich–sie aus Prag und ich aus Budapest-hier in Wien zusammengewirkt–mit jüdischem Firmament. Das ergibt für mich den kompletten Begriff des Österreichischen." On the other hand, Martin's friend Toni expresses his dismay about Martin's ignorance: "...jetzt, wo der Faschismus schon hier vor der Tür steht oder schon da ist, da machst du die Augen zu." On another occasion, when Martin, the Jew, is refused entry into the film studio where Carola works, he cannot believe what is happening to him and exclaims in disbelief: "Wir sind hier in Österreich! Hier werden keine Nazimethoden eingeführt."

In Wolfgang Glück's film, the world of the arts, the Viennese theater scene to which Martin and Carola belong, encourages its people to disregard the seriousness of the political situation. Hence neither Martin nor Carola is able to comprehend the disturbing realities of the impending Anschluss. Rather they choose to live in "their" world of make-believe, in the world of theater. Even Martin's publisher Sovary, when asking him to write a play, suggests that it must be an "Unterhaltungsstück." Theater has to entertain and allow its audience to escape reality: "...amüsant muß es sein...nichts von den schlechten Zeiten" should be discernible. Glück's film not only underscores the characters' lack of awareness of their personal danger but also enlightens its audience about the absence of resistance against the rising power of the National Socialists in 1937-Austria because so many people refused to confront political issues. For instance, in a cabaret scene that illustrates the attitude Glück wants to convey, a performer sings a Viennese-style folk song about "der kleine Österreicher" who just wants "his" peace. Since the fateful Treaty of Versailles in 1919, "der kleine Österreicher" understands himself as the underdog who has little chance of success among those who are much bigger and stronger:

"Ich will als kleiner Österreicher nichts wie mei' Ruh' und schau als kleiner Österreicher immer nur den Großen zu."[3] "Der kleine Österreicher" of the Ständestaat era has been relegated to mere bystander and observer of world politics. His comment, "Es kommt halt d'rauf an, was ein jeder gern mag,"[4] demonstrates his nonchalant attitude toward the threat that Hitler's National Socialists might pose to Austria. Thomas Kramer and Martin Prucha state that "[Glück] hat...die Atmosphäre des damaligen zwischen Selbstaufgabe, trotziger Auflehnung und politischer Ohnmacht stehenden Österreich...stimmig wiedergegeben."[5]

The film portrays, quite disturbingly, the severe "blindness" and ignorance of many Viennese—especially of many Jews whose families were fully assimilated into Austria's society—of the impending dangers to their personal freedom and eventually their lives due to Austria's political shift to the extreme right, the rise of Austro-Fascism, and finally the Anschluss in March 1938. For instance, Martin devotes all his attention to his love for Carola and thus remains oblivious to the enormity of the political events until it is too late to save himself. Glück's choice of "Hoffmann" for the protagonist's last name is, therefore, particularly fitting: Martin is beset with blind hope.

Carola, on the other hand, slowly begins to comprehend the enormity of the impending dangers for both of them. She initially exclaims, "Ich kümmere mich nicht um Politik," when Martin discusses the possible difficulties they might face. She initially puts her faith in the arts rather than in politics. However, soon thereafter Carola begins to recognize the risks in avoiding the harsh reality that surrounds her and Martin. Carola's last name is "Hell" which means bright; the young woman becomes ever more enlightened throughout the story. She grows increasingly aware of the irresponsible frivolity of her world of theater and film and begins to resent the fact that theater and film in Vienna recklessly evade the threatening political and ethical issues but instead offer escapist entertainment for the masses. When Carola watches a few scenes from a movie, a musical that she has just finished filming—the images are displayed on the screen without the accompanying soundtrack—the actress suddenly comes to realize what the film actually tries to communicate; and she exclaims: "Man sollte Muster immer ohne Ton sehen...Da sieht man alles viel besser. Alles was fehlt. Nichts ausgesagt von der Figur, Verhältnissen, Atmosphäre. Sie zielen vorbei an allem, was wahr und wichtig ist." Later, Carola rehearses a play that she considers a political piece. She insists that the material needs to be presented as such, but her appeal is rejected by the director with the words: "Politik interessiert mich nicht." He voices the same attitude that she had displayed at an earlier, more innocent time. Shortly before the *Anschluss* Carola begs Martin to leave Austria with her because her fear for him and their unborn child becomes unbearable. When the two of them finally attempt to undertake their flight, they find out that the borders are closed for Martin, the Jew; he is no longer able to board the train into exile. Martin is brutally assaulted at the train station and his passport confiscated. Nevertheless, he stubbornly rejects the horrifying reality. He unwaveringly looks forward to joining Carola abroad. The last scene of the film shows Martin walking peacefully in the middle of a street—still unwilling to accept the obvious signs of his impending doom—when the Gestapo stops him and then leads him away.

Martin represents the many Austrians—especially the assimilated Jews, but also those non-Jewish Austrians—who did not heed the warning signs during the *Ständestaat* era in the mid to late 1930s. He is a representative of those who naïvely closed their eyes to the growing fascist tendencies and sadly were caught by surprise when thousands of Austrians lined the streets to cheer the German Nazi army marching into the country during the night of the *Anschluss* on March 12, 1938. Martin's identity is that of an Austrian and a Viennese with nostalgic feelings for the bygone era of the fin de siècle when multi-culturalism and multi-lingualism flourished in the capital city. Therefore his self-identification as a Jew is ambiguous. Early in the film Martin tells Carola, "Sag deiner Mutter, ich bin kein Jude," since he was baptized a Christian as a child. The scene in which he, the assimilated Jew, lights the Christmas tree calls attention to the irony of Martin's cultural heritage. However, when after the *Anschluss* the discrimination and assaults against Jews increase drastically, Martin insists on identifying himself as a Viennese Jew. He does so, for instance, at the train station, even though his friend Toni has warned him that Jews were no longer allowed to board the trains to Czechoslovakia. Consequently, he is separated from Carola and their unborn child. Carola goes into exile, but Martin must remain behind.

Unlike the protagonist in Torberg's novel *Auch das war Wien*, Martin in the film *38: Vienna Before the Fall* does not confront the issue of his cultural and religious identity; he does not consider his identity as both a Jew and an Austrian contradictory before the Anschluss in 1938. Film director Wolfgang Glück tells us, "Er bleibt verstrickt in seine Widersprüche."[6] Martin exhibits more concern for his loss of homeland than for the threat to himself as a Jew. Therefore, he refuses to acknowledge the impending Anschluss and the demise of his homeland and stubbornly holds on to his notion of the "old" Austria. He identifies more strongly with like-minded fellow Austrians than with his own Jewish heritage. Glück states: "Ich wollte gern, daß Martin trotz seiner Realitätsblindheit im Lauf des Films liebenswert wird—schon durch sein schlimmes Schicksal als Hitler-Opfer."[7]

Even though the victimization of Jewish Austrians plays an important role, the film emphasizes victimization on the whole. While it presents strongly anti-Semitic Austrian characters, such as Martin's landlord and his housekeeper's son, who both reject Austrian patriotism and strongly support German National Socialism (i.e., The landlord demands to be called *Hausmeister*, the German term, rather than the familiar Viennese *Hauswart*), it also gives voice to non-Jewish Austrians who feel that they, too, are victimized in one way or another by the civil-war-like atmosphere during Austria's Ständestaat era. For example, Martin's landlady informs him that she can relate to his pain and anguish as a victim as well. She claims to know what it means to suffer from persecution: Her husband, a member of the Socialist Party, was persecuted in 1934 and currently sits in prison. The film presents both Jewish and non-Jewish characters suffering terribly in the years 1937 and early 1938. The final scenes show Martin being taken away by the Gestapo; his Jewish publisher Sovary commits suicide; his non-Jewish friend Toni disappears mysteriously; Carola can save her life and that of her unborn child but only by escaping abroad.

In addition to portraying personal victimization, Glück sets out to demonstrate the victimization of Austria itself. The demise of the country and the resulting loss of identity are illustrated in the film when the name "Austria" is being obliterated as the National Socialists take over. For instance, a close-up of a newspaper article about the impending Anschluss focuses attention on the ominous headline "Finis Austriae." Also, days before the referendum on whether Austrians wish to unite with Germany or remain an independent country (scheduled for March 15th, 1938 but never held due to the Anschluss during the night of March 11 to 12), flyers containing the words "freies Österreich" are being confiscated by the Nazis. Later, after the Anschluss, Jewish Austrians are shown as they are forced to wash the word "Österreich" from sidewalks. Another scene plays in the office of Martin's friend Toni, a prominent journalist for one of Vienna's prestigious newspapers that strongly opposes the rise of National Socialism in Austria. It is the last liberal bastion where the journalists hope to circumvent Nazi censorship by writing "between the lines." The audience can detect a large poster featuring Kurt Schuschnigg, Austria's anti-Nazi chancellor, and the word "Österreich" on the office wall. Shortly after the Anschluss, the newspaper is shut down and Toni is arrested. Austria and everything that can function as a reminder of the state as an independent country is being eradicated.

Like the novel from which it was adapted, Wolfgang Glück's film *38: Vienna Before the Fall* augments its story with an atmosphere of nostalgia, depicted for example in the New Year's Eve scene (which does not exist in the book). The scene begins with the announcement that the year 1938 is only a few minutes away. At the stroke of midnight (and the deep gongs of the St. Stephen's *Bummerin* bell), everyone happily dances to a Viennese waltz, joyfully drinks champagne, and attempts to tell each other's future. However, the audience who knows about the terrible consequences of 1938 for those Austrians who opposed the Nazis views the scene with trepidation. The stark contrast between the "old" that is passing and the "new" that is to come is also obvious in a later scene: Martin leaves the street where a crowd is chanting, "Ein Volk, ein Reich, ein Führer," and enters the elegant lobby of the grand hotel with soothing classical music playing in the background in order to enjoy a glass of cognac. Glück once explained that Martin's attitude mirrors the mindset of Friedrich Torberg when he authored *Auch das war Wien*.[8] Like Torberg, Martin holds fast to the idealized images of his homeland; he clings to unreasonable expectations and exhibits blind confidence in his future inside the Austria of yesteryear. For example, after reading that Schuschnigg had reaffirmed his commitment to a free and independent Austria, Martin is convinced that the Austrians will vote against the Anschluss. Although his view of Austria as a tolerant multilingual and multi-ethnic country clashes with that of Schuschnigg who perceives the post-WWI Austria essentially as the other German-speaking country, he turns a blind eye to the reality of his situation. Martin happily tells his friend Toni that going into exile won't be necessary after all: "Na, Toni, es wäre schon schrecklich gewesen, Wiener Musik nur mehr in Broadway zu hören," and, referring to Carola, he declares: "...und sie wird die Julia auf Englisch nicht spielen." The Jewish publisher Sovary exclaims that he too, has postponed his travel plans, at least until after the election. Carola attributes Martin's strong emotional attachment to his home of Vienna and Austria to the need of the wandering Jew: "Ihr ewig vertriebenen Nomaden. Ihr wollt immer Nester bauen."

The blasé attitude towards Austria's dangerous political situation that Martin, his publisher Sovary, and others display is ridiculed by the sarcastic cabaret song about the "kleine Österreicher:"

> Doch wenn's uns zu bunt wird, dann wird's uns zu bunt. Dann halten wir Reden und nicht mehr den Mund. Dann zeigt selbst der Schuschnigg das, was in ihm steckt. Dann wird in Berlin mit Erstaunen entdeckt, es setzt der kleine Österreicher endlich sich zur Wehr. Dann sagt der kleine Österreicher, weiter nicht als bis hierher![9]

The song's text clearly illustrates the dangerous naïveté and utter foolishness of many of the film's characters. The characters' immense tragedy becomes visible when Sovary chooses to commit suicide instead of making a last minute attempt to flee Vienna, when Toni is arrested and never seen again. When Martin finally resigns himself to emigrating from Austria, it is too late; he can no longer board the train. For a time, Martin seems relatively immune to the violence around him. He walks about unharmed while seeking information on Carola's whereabouts. Yet, in the end the Gestapo stop him, ask for his passport, and when he informs them that it had been confiscated, they lead him away.

The music of *38: Vienna Before the Fall* also enhances the "before/old and after/new" contrast of the images. It accentuates and supports the imagery of the opposing time periods. For instance, a band playing the *Radetzkymarsch* that conjures up memories of the glory of the Habsburg era competes with a group singing a Nazi song. In another scene, the radio plays a Viennese waltz on New Year's Eve that once again reminds the listener of the grand Vienna of the nineteenth century. That Johann Strauß' music is played on New Year's Eve is not at all peculiar; however, the scene evokes an eerie feeling because the cheerful waltz rings in the year

1938 that will bring the end to Austria. In addition, many scenes central to the love story between Martin and Carola are set to a sentimental and somewhat melancholy instrumental piece. For example, the soothing music can be heard when they stand in front of the "old world" backdrop of the *Volksgarten*. The same melodies also play during other nostalgia-laden scenes that recall the idealized Austria of the past. This music initially supports the scene where Martin walks past a group of carefree children who are playing innocently. However, it soon is contrasted with the drumming sound of marching footsteps as fascist troops pass by. The noise of their marching boots drowns out the sound of the children playing. Wolfgang Glück's choice of sound for the film's final scene also demonstrates how the director draws attention to the "before and after" contrast. First, the audience hears lulling and comforting music—the same that accompanied scenes of love and nostalgia—as Martin walks down the middle of the street, still hopeful that he will be able to join Carola in exile, and still ignoring the immediate danger to his own life. Then suddenly, Martin is captured, and the relentless beating rhythm of drums grows louder and louder until it develops into the pounding footsteps of the marching Gestapo who lead Martin away to his certain death. Glück succeeds in skillfully arranging diegetic and nondiegetic sound so that it clearly underscores the contrast of the "old" and "new" Vienna, the "old" and "new" Austria.

38: Vienna Before the Fall presents the change in Austria after the Anschluss as extreme, depicting the complete eradication of Austria (and therefore of the symbols of Austrian national and cultural identity) by the National Socialists and the Anschluss. However, it does not illustrate the causal effects of pre-Anschluss politics and their post-World War II continuities. While the love story between Carola and Martin takes center stage, the issues of the loss of civil rights under fascism and the persecution of those who rejected Nazism seem relegated to the background. The film focuses instead on the demise of Austria and the Austrian identity as the most serious consequence of the Anschluss. The film therefore risks reinforcing the image of an idealized pre-Anschluss Austria, and it does not challenge the general perception long held by most Austrians, namely that they all were victims of the Anschluss; they all had lost their country. The film also supports the view equally popularized by the Allies and by Austrian politicians and the cultural intelligentsia between 1945 and 1955 that the Austrian population was an unsuspecting victim of the takeover by the German Nazis. The historian Anton Pelinka has argued that the synthesis of the Anschluss and the founding of Austria's Second Republic in postwar thought "blocked and still blocks the open view, the frank analysis of the historical reality of March 1938," by creating "an amalgam between the role of victim and the role of accomplice, between military occupation and voluntary annexation."[10]

The "blindness" of the pre-Anschluss Austria struck the director Wolfgang Glück as quite similar to the "selective amnesia" that he witnessed during the

Waldheim campaign in the mid-1980s. He explained: "Ich mußte...[den Film] machen, weil ich heute ein ähnliches Phänomen wie damals finde. Man macht die
Augen zu vor dem, was offensichtlich kommt."[11] Therefore, Glück's film is meant
to challenge his Austrian contemporaries to reconsider their nation's collective memory of the Anschluss and the facts of Austro-fascism. The cabaret song "Der kleine
Österreicher" reflects not only the image of the pre-Anschluss Austrian, but it also refers to the Austrian of the postwar Second Republic. The Moscow Declara-
tion of 1943 had pronounced Austria the first free country to fall victim to Hitler's
aggression. After the fall of the Third Reich, Austria was immediately free to rein-
vent itself as a democratic nation with a national identity distinctly different from
that of Germany. The myth of Austria's victim-status and the myth of the liberation from an aggressive regime was vital for the creation of the new national identity.[12] Austrians of the Second Republic learned to be proud of their small neutral
country which—during the decades of the 1970s and 1980s—functioned as a
bridge between East and West.

Furthermore, the vocalist of the cabaret song "Das Lied des kleinen Österrei-
chers," Gerhard Bronner, may exemplify the seemingly uninterrupted continuity
of the idealized "old world" Austria in the Second Republic. The Viennese cabaret,
a predominantly Jewish tradition, has a rich history of presenting parodies and ca-
ricatures of current political issues and socio-cultural attitudes at the Simpl Kaba-
rett in Vienna's inner city. Bronner, a Viennese Jew, had to emigrate to Palestine in
1938 and returned to his native city as early as 1948 (just as Friedrich Torberg came
back to Vienna in 1951). Thereafter, he was a long-time member of the Simpl's ensemble together with Karl Farkas and Kurt Waldbrunn. Bronner's role in the film
may be interpreted as that of an Austrian citizen for whom the Third Reich years
were a horrifying, yet only a temporary, interruption.

When Wolfgang Glück's *38: Vienna Before the Fall* was released in 1986, it contributed greatly to the public debate of the Austro-fascist years and the involvement in the Third Reich and the Holocaust. Already in 1978, for the fortieth anniversary of the Anschluss, a number of publications on Austria under National
Socialism were released. Also several conferences and exhibits on this period of
Austria's history took place in the early 1980s. However, it was during the mid to
late 1980s that a number of highly controversial events took place which forced
these issues to come out into the open. In 1985, Defense Minister Frischenschlager
personally welcomed the convicted Nazi war criminal Reder back into the country
after serving his sentence in Italy. The Council of Europe in Strasbourg formally
protested the Austrian government's action and called for Frischenschlager's resignation. The Waldheim affair also increased the international scorn for Austria and
its dubious handling of its fascist past. Austria came under intense pressure to examine critically its interpretations of the events during the 1930s and World War II
and to accept responsibility for its participation in the persecution of Jews and

other minorities before and after the Anschluss. Adding weight to the fervent accusations was the disclosure that Austrian museums had not returned Nazi-confiscated
artwork to their original owners, many of them Austrian Jews living in the US.
Finally, a completely unrelated and unfortunate wine scandal that broke in 1987
also contributed to the badly tarnished image of postwar Austria. Hella Pick repor-
ted that this latest incident was internationally seen "as characteristic of Austrian
efforts to hide its weaknesses and to present itself to the world as more honourable
than its blemished past justified."[13] The festivities of the thirty-year anniversary of
the signing of the Austrian State Treaty were therefore overshadowed by events that
stood in sharp contrast to the widely-held perception of Austria as a neutral and
therefore tolerant country and its population as innocent victims of Germany's
Third Reich.[14] Austria's diligently cultivated image of "a supranational mediator
between nationalities, as polylingual, adaptable, art-loving, and deeply immersed
in the traditions of the Habsburg Empire"[15] became internationally recognized as
deeply flawed.

Amid accusations that Austria had never officially accepted responsibility for
its National Socialist past, several Austrian films of the mid-1980s, notably *Der
Bockerer* (Antel 1981), *Eine blaßblaue Frauenschrift* (Corti 1984), *Wohin und Zurück*
(Corti 1985–86), and *Heidenlöcher* (Paulus 1986), contributed to efforts to bring
discussion of the Anschluss into the public forum and to challenge its postwar interpretation. Yet none of these films received the worldwide attention that Wolfgang Glück's *38: Vienna Before the Fall* enjoyed. Glück skillfully directed his film
with an eye on international distribution; the film was nominated for the Oscar for
Best Foreign Film in 1986. It was hailed abroad—where it was shown at film festi-
vals and distributed on video and laser disc—as a belated attempt by Austrian filmmakers to come to terms with Austria's role in the Anschluss.[16]

The film's portrayal of the victimization of Austrians appealed to a large number of viewers. Unfortunately, it is precisely this perspective that also allowed for an
unbalanced presentation of Austrian history. The film downplays the causal relationship between the pre-Anschluss Austria and the Ostmark of the Third Reich
by starkly contrasting the idealized "old" and the crass "new," the Austria before
and after March 1938. Glück's handling of the issues regarding emigration and exile
and the loss of the "old Austria," depicted as the basis for the national and cultural
identity of both Jews and non-Jews, contributes to the perception that all Austrians
were victims of one kind or another. The audience, therefore, is drawn towards the
naïve but likeable Martin and the other Austrian victims; it is inclined to identify
with them rather than grasp the fact that many Austrians were bystanders and also
Nazi perpetrators.

38: Vienna Before the Fall therefore falls short of truly challenging the audience
to reassess Austria's responsibility for the Anschluss and the ensuing Holocaust. On
the one hand, the film exposes the cultural myths which may have prevented both

Jewish and non-Jewish Austrians from seeing the realities of the encroaching Austro-fascism. On the other hand, it reinforces those myths by downplaying the involvement of many Austrians in the atrocities against Jews and other minorities and by highlighting Austria as a *gemütliche*, yet cosmopolitan, *Kulturnation*. Thus Glück's film projects the cultivated image of post-World War II Austria of *Opferna-tion*, *Kulturnation*, and tourist attraction where "stimmige Interieurs...wechseln mit touristisch erstklassigen Außensichten."[17] Yet, these are precisely the collective myths—with which the national and cultural identity of Austria's Second Repub-lic was constructed—which came under heavy attack during the 1990s.

San Diego State University

Notes

1. The film's distributor, Satel Film, lists the title as *Achtunddreißig* or *'38*. It is also registered as *38—Heim ins Reich*. In addition, several sources list the film as *38: Auch das war Wien*.
2. Peter Stack, "Lovers in Prewar Vienna: Beautiful Look at a Tragic Time," *San Francisco Chronicle* (2 September 1988): E-1.
3. An incomplete text of the song is cited in: Thomas Kramer and Martin Prucha, *Film im Laufe der Zeit: 100 Jahre Kino in Deutschland, Österreich und der Schweiz* (Vienna: Ueber-reuter, 1994) 85.
4. Ibid.
5. Kramer and Prucha 84.
6. Kurt Kahl, "Unruhe vor dem Sturm," *Kurier* (Wien, 4. März 1988): 37.
7. Ibid.
8. Kramer and Prucha 84.
9. Ibid.
10. Anton Pelinka, "Perception of the *Anschluß* after 1945," *Austria 1938–1988: Anschluß and Fif-ty Years,* William E. Wright, ed. (Riverside: Ariadne Press, 1995) 236.
11. Peter Pisa, *"Vom Totschweigen ist's nur ein Schritt zum Totschlagen,"* Kurier *(Wien, 10. Febru-ar 1987): 11.*
12. Margarete Lamb-Faffelberger, "Beyond *The Sound of Music*: The Quest of Cultural Identi-ty in Modern Austria," *German Quarterly* 76.3 (2003): 289–99.
13. Hella Pick, *Guilty Victim: Austria from the Holocaust to Haider* (London and New York: I.B. Tauris, 2000) 158.
14. See Melanie Sully "The Political Effects of the *Anschluß,*" *Austria 1938–1988: Anschluß and Fifty Years,* ed. William E. Wright (Riverside: Ariadne Press, 1995) 245 ff.
15. Peter Thaler, *The Ambivalence of Identity: The Austrian Experience of Nation-Building in a Modern Society* (West Lafayette, Indiana: Purdue UP, 2001) 167.
16. The film has received numerous reviews ranging from Billy Wilder's Oscar night "Salut-schüsse für diesen bewundernswerten Film" to its classification in the *BFI Companion to German Cinema* as "anti-fascist kitsch." Thomas Elsaesser and Michael Wedel, eds. *The BFI Companion to German Cinema* (London: BFI, 1999) 125. Leon Askin, the Austrian-born member of the Oscar jury said: "Wie bedeutsam, wie wichtig ist dieser Film für Österreich. Gerade heutzutage ist Österreich angegriffen, viel zu oft ins Zwielicht der Halbwahrheit

getaucht worden. Vielleicht kann dieser Film bezeugen und die Welt überzeugen, daß es viele Österreicher gibt, die die Vergangenheit ohne Beschönigung und ohne Entschuldigung bezwungen haben." Kurt Kahl, "Unruhe vor dem Sturm," *Kurier* (Wien, 4. März 1988): 37. "Für ihn [Glück] ist das Filmen auch eine Möglichkeit zur Vergangenheitsbewältigung, wie der Streifen *38—Auch das war Wien* zeigt." *ORF Programm* (Wien, 23–28. Mai 1992): 33.

17. Ulrich Weinzierl, "Die private Chronik von Österreichs Fall," *Frankfurter Allgemeine Zeitung* (23. Februar 1987): 27.

JÖRG THUNECKE

"Ein liebenswerter Untermensch?" Erich Hackls Erzählung *Abschied von Sidonie*

Zwar bezeichnete Erich Hackl (*1954) seine 1989 veröffentlichte Prosage-schichte *Abschied von Sidonie*[1] im Untertitel als Erzählung, nichts desto-trotz ist alles andere als klar, ob—und wie weit—gängige literarische Be-griffe auf diese Geschichte anwendbar sind; denn der Autor und sein Werk—Chronist und Chronik—erinnern eher an Truman Capotes *In Cold Blood* (1966), bzw. mit Hinblick auf den historischen Hintergrund an Thomas Keneallys *Schind-ler's Ark* (1982),[2] als an die vom Autor selber und in der Kritik wiederholt erwähn-ten Parallelen zu den Novellen Heinrich von Kleists. Neu ist dieser "Protokollstil" allerdings in Hackls Werk nicht. Denn bereits in seinem 1987 erschienenen Erst-lingswerk *Auroras Anlaß* war der Schriftsteller ähnlich verfahren, weshalb es auch konsequenterweise im Anhang zu dieser "Erzählung" ausdrücklich hieß:

> Dem Autor fällt es im nachhinein schwer, das Geflecht von Fakten und Mutmaßungen zu ordnen und zu entwirren. Der Anstand erfordert es aber, wenigstens die wichtigsten Dokumente zu nennen, ohne deren Kenntnis die vorliegende Erzählung nicht hätte ge-schrieben werden können: Hildegarts Artikel, die zwischen Mai 1929 und Juni 1933 in der Tagespresse (vor allem *El Socialista* und *La Tierra*) veröffentlicht wurden, ihre insge-samt dreizehn Bücher und Broschüren, der Inhalt der Gespräche, die Eduardo de

Guzmán mit Aurora Rodríguez nach der Tat im Gefängnis führte und die er in seinem Buch *Mi hija Hildegart* (1977) wiedergab, sowie die Prozeßberichte in den Madrider Zeitungen *El Sol, Heraldo de Madrid* und *La Tierra* vom Mai 1934.[3]

Und auch im Klappentext des Buches findet man eine diesbezügliche Verlautbarung, wonach *Auroras Anlaß* angeblich der Versuch Hackls war, ausgehend von einem historisch belegten Mordfall, der 1933 in Spanien großes Aufsehen erregte, das Leben von Aurora Rodríguez (1890–1955) mittels "ein[er] konzentrierte[n],...distanzierten Erzählweise" zu erschließen und "ein sprödes, aber atemberaubendes und spannendes Stück Prosa zum Thema Emanzipation und zur spanischen Geschichte [zu schreiben]," wofür Vorbedingung "Recherchen vor Ort" waren. Allerdings wurde von Verlagsseite ebenfalls—beschwichtigend—behauptet, dass die Form der Darstellung deshalb "nicht der Reportage verpflichtet [sei];" denn vielmehr schien dem Autor "eine Erzählweise angemessen, die, um Distanz bemüht, den Leser allein lässt mit dieser rätselhaften Geschichte vom 'Zwiespalt der Vernunft.'"

Tatsache ist somit, dass der Autor in *Abschied von Sidonie*, aber auch in den meisten seiner vor und nach 1989 entstandenen Prosawerken (so etwa auch in *Sara und Simón* (1995), einer "Erzählung," die in Uruguay spielt und von der es ebenfalls im Klapptext heißt, dass es sich um einen "genau recherchierten Fall" handle), im großen Stile Quellenforschung betrieben hat,[4] die hauptsächlich in der Aufarbeitung relevanter Zeitdokumente sowie einschlägiger Interviews bestand.[5] Untersuchungen sind oft verbatim in die Geschichte eingeflossen und haben der eigenen kreativen Gestaltung weniger Raum gelassen, als wünschenswert gewesen wäre.[6] Insbesondere hätte man sich in einer derartigen "Erzählung," mehr "fiction" und weniger "faction" ersehnt.[7] Oder um es anders auszudrücken: An Stelle des kalten, rein sachlichen, über weite Bereiche "unpoetischen" Stils[8] hätte man gerne eine metaphernreichere, "echte Sprache,"[9] vorgefunden, derer Hackl ja durchaus fähig ist. Dies zeigt etwa der Hinweis in *Abschied von Sidonie* auf präfaschistische Tendenzen in Österreich im Bilde der Ackerscholle im Frühjahr 1934, wo es bereits "bräunlich" durch die dünne, weiße Schneedecke schimmert (A 32–33)[10] und die bildliche Vorwegnahme von Sidonies Ende im Krematorium von Auschwitz, wo es heißt, ihr schönes Haar sei zu viel schade "zum Verheizen" (A 69).

Die Problematik einer derartigen "faktionalen" literarischen Vorgangsweise wurde bereits einige Jahre vor dem Erscheinen von *Abschied von Sidonie* (1989) an anderer Stelle, nämlich im Zusammenhang mit der Kontroverse um die "Booker Prize" Verleihung—dem wichtigsten britischen Literaturpreis—an Thomas Keneally für seinen "Roman" *Schindler's Ark* (1982) ausführlich diskutiert. Im Kontext dieser Diskussionen sei insbesondere auf die Ausführungen des australischen Kritikers Richard Johnstone verwiesen, der in einem Beitrag der Zeitschrift *Quadrant* aus dem Jahre 1985 betitelt "The Rise of Faction" den Kern der von mir hier kritisierten Erzählhaltung Hackls unter die Lupe nimmt.[11] Vor noch einem Vierteljahrhundert, so klagt der Verfasser dort, waren "fiction" und "non-fiction" "straightforward terms:"

How after all could you have a fictional non-fiction, a non-fictional fiction? It did not make sense. And yet that is what increasingly over the last twenty years we have got—a broad but identifiable genre that works by attempting to hold the two in some kind of balance, that presents itself now as one thing, now as the other. It derives part of its strength from being seen as fictional—literary, invented—and part from being seen, paradoxically, as fact.[12]

Daran anschließend versucht sich der Kritiker an einer Erklärung dieses Paradoxes: "It is a phenomenon," schreibt er, "which has been widely recognised, and for which a variety of explanations have been advanced. To many, for example, the rise of fact-based literature is symptomatic of a contemporary loss of faith."[13] Um dann fortzufahren:

Facts, the truth what really happened—the quality that fact-based writing seems to of-fer—have the effect...of keeping the unknown at bay by concentrating solely on what can be ascertained. The problem with this argument is that contemporary factual litera-ture, far from offering us a comforting and manageable version of reality, is much more likely to emphasise, by subject or by method or by both, the inherent strangeness and un-believability of what is described. The facts are more likely to disrupt than to console.[14]

Sodann kommt Johnstone auf den Punkt zu sprechen, der auch meinem Argu-ment zugrunde liegt, nämlich mangelnde Kreativität:

Anything can happen. That has become the new orthodoxy; that no imagined act of ec-centricity or barbarity, no literary absurdity, no devastating irony, or dazzling flight of fancy, has not been anticipated and indeed exceeded by events in the real world. Life, according to this view, has outrun literature. The source of fiction is not inside the wri-ter's head but somewhere out there...There are those of course who resist this new or-thodoxy, for whom it speaks not so much of the fictional nature of contemporary reali-ty as of basic failure of the creative imagination...We have lost whatever it was—genius or vision or simple compassion—that could transform reality into something both illu-minating and inspiring, in short, a work of art.[15]

Dieser Verlust an literarischer Kreativität trifft genau den Kern meiner eigenen Kri-tik an Erich Hackls Erzählung *Abschied von Sidonie*. Um dies weiter zu untermau-ern sei an dieser Stelle auch noch kurz auf einen diesbezüglichen Beitrag von Andre-as Isenschmid in *Die Zeit* zum hundertsten Jahr des Erscheinens von Thomas Manns Roman *Buddenbrooks* hingewiesen, worin ebenfalls betont wird, dass es stets am Erzähler, an jener vom Autor strikt zu trennenden Stimme, läge, "wenn er statt in der wirklichen Welt in der Welt seiner Erfindung zu sprechen anhebt."[16] Hackls eigene Ausführungen zur Entstehung der Erzählung beweisen übrigens, dass sich der Autor dieser Problematik durchaus bewusst war, ihrer jedoch nicht Herr gewor-den ist: "Irgendwann stockte meine Arbeit," berichtete er ein Jahrzehnt später:

Ich hatte das Gefühl, der doppelten Aufgabe nicht gerecht zu werden: zum einen eine li-terarische Komposition zu schaffen, die sich die Freiheit nimmt, die Wahrheit jenseits der Fakten zu ergründen; zum andern den überlieferten Informationen möglichst treu zu bleiben. Die ästhetischen Notwendigkeiten schienen sich jedoch nicht immer dem dokumentarischen Wissen zu fügen oder umgekehrt. Ich wollte beides haben—eine Erzählung, die universelle Gültigkeit erlangt, eine authentische Geschichte, die verbindlich wird für den Ort, die Region, das Land.[17]

Es ist daher erstaunlich, dass diesem 128 Seiten-langen Büchlein seitens der Kritik ein dermaßen hohes Lob zuteil geworden ist,[18] das seine Berechtigung eigentlich nur mit Hinblick auf die Handlung hat, d.h. auf die Schilderung eines Einzelfalls der Verfolgung der Zigeuner Österreichs während der Ständestaat-Zeit und der teilweisen Vernichtung der Zigeuner durch den Nationalsozialismus nach dem Anschluss im Frühjahr 1938, kaum jedoch hinsichtlich der sprachlichen Gestaltung.[19]

Die Geschichte Österreichs während des Ständestaates (1934–1938), die einen Großteil des historischen Hintergrunds von Hackls "Erzählung" ausmacht, ist inzwischen dermaßen gut erforscht und soweit Allgemeingut geworden,[20] dass—ausgenommen einige punktuelle Hinweise auf spezifische, die Zigeuner betreffende Erlasse—man es sich sparen kann, auf Einzelheiten einzugehen; und Ähnliches gilt auch für die ersten fünf Jahre des Dritten Reiches (1933–1938) bis zum Anschluss Österreichs. Weniger bekannt, ja großteils unbekannt, sind hingegen die historischen Einzelheiten zur Zigeuner-Verfolgung im Deutschen Reich (und in der Ostmark ab März 1938), wie zahlreiche weit verbreitete Fehlurteile beweisen, so etwa dass fast alle deutschen und österreichischen Zigeuner im Gypsy-Holocaust umgekommen seien. Sie sollen aus diesem Grunde hier kurz skizziert werden, insbesondere da Hackls Ansinnen und Leistung meines Erachtens lediglich vor dem Hintergrund dieser geschichtlichen Details verständlich wird und gewürdigt werden kann. Eins steht nämlich fest: Es ist und bleibt das Verdienst des Autors, wesentlich dazu beigetragen zu haben, dass "das Netz des Schweigens" (A 120), nicht nur hinsichtlich Sidonies Schicksal, sondern hinsichtlich dem der Zigeuner generell, letztendlich zerrissen wurde.[21]

Abschied von Sidonie ist heutzutage Pflichtlektüre an vielen in- und ausländischen Schulen; die englische Übersetzung *Farewell Sidonia* liegt seit 1991 vor. Zudem gibt es seit einiger Zeit nicht nur den Materialienband zur "Erzählung," sondern sogar ein von Rosemarie Fischer und Günter Krapp herausgegebenes Schülerarbeits- und Lehrerhandbuch. Diese Tatsachen also beweisen, dass es Hackl gelungen ist, die Beschäftigung mit der Verfolgung der Zigeuner im Dritten Reich über die engeren Grenzen der oberösterreichischen Provinz, ja Österreichs insgesamt, hinaus zu katapultieren, mit dem Resultat—wie die Sekundärliteratur beweist—, dass das Thema inzwischen zu einem internationalen Forschungsgegenstand geworden ist.[22]

Zigeuner im Deutschen Reich und in der Republik Österreich wurden sowohl aus rassischen Gründen als auch aufgrund ihrer angeblich asozialen Einstellung verfolgt. Vor 1933 bzw. 1938 widerfuhren Zigeunern in den genannten Ländern jedoch keine schlimmeren Anfeindungen als jene, denen sie schon Jahrhunderte lang ausgesetzt gewesen waren. All das sollte sich aber mit der Machtübernahme Hitlers in Deutschland bzw. nach dem Anschluss Österreichs ändern. Vor 1935 gab es allerdings selbst im Dritten Reich noch keine gezielten Maßnahmen zur Bekämpfung des angeblichen Zigeuner-Unwesens, wahrscheinlich weil man zu sehr mit den Juden beschäftigt war. So überrascht zum Beispiel, dass selbst in den am 15. September 1935 auf dem Nürnberger Reichsparteitag erlassenen "Reichsbürgergesetz" und "Gesetz zum Schutze des deutschen Blutes und der deutschen Ehre," sowie dessen "1. Ausführungsverordnung" vom 14. November 1935, Zigeuner keine Erwähnung fanden. Lediglich im Vorfeld der Olympischen Spiele von 1936 in Berlin beschäftigte sich am 6. Juni 1936 erstmals ein Runderlass des Reichsinnenministeriums mit der Bekämpfung der sogenannten "Zigeunerplage," indem zu diesem Zeitpunkt, angesichts zahlreicher ausländischer Besucher in Deutschland, scheinbar der Versuch unternommen werden sollte, die deutschen Zigeuner sesshaft zu machen. (Die Einrichtung der "Internationalen Zentralstelle zur Bekämpfung des sogenannten Zigeunerunwesens" 1936 in Wien war eine österreichische Initiative).

Ab 1937 haben die nationalsozialistischen Behörden, allen voran das Reichssicherheitshauptamt und das ihm untergeordnete Reichsbundeskriminalamt, sich dann jedoch mit ständig verschärften Maßnahmen der Zigeuner-Frage zugewandt, wofür ein frühes Beispiel der "Grundlegende Erlass über die vorbeugende Verbrecherbekämpfung" vom 14. Dezember 1937 war, der sich u.a. gezielt gegen "Asoziale," sprich Zigeuner, richtete, die aufgrund dieser Verfügung jederzeit in Vorbeuge- bzw. Schutzhaft—meist in KZs—genommen werden konnten. Dies führte im deutschen Reich im Juni 1938 (in der Ostmark einen Monat später) zu ersten Massenverhaftungen. Hatten sich staatliche Maßnahmen bis zu diesem Zeitpunkt hauptsächlich gegen Asoziale gerichtet, bedeutete der sogenannte "Zigeuner-Grunderlaß" vom 8. Dezember 1938 einen radikalen Einschnitt, da die Zigeuner-Frage nunmehr "aus dem Wesen der Rasse heraus" in Angriff genommen werden sollte: Heydrichs "1. Ausführungsverordnung" zum Erlass vom 1. März 1939 macht dies überdeutlich. Die veränderte Einschätzung des Zigeuner-Problems beruhte dabei wohl insbesondere auf den inzwischen publik gewordenen Erkenntnissen der 1937 eingerichteten "Rassenhygienischen und Bevölkerungsbiologischen Forschungsstelle" (im Reichsgesundheitsministerium) unter der Leitung von Dr. Robert Ritter, die bis 1940 ca. 40.000 Zigeuner und 19.000 Zigeunermischlinge (sowie 11.000 in Österreich und dem Sudetenland) erkenntnisdienstlich erfasste.

Eine weitere Verschärfung der Situation für die Zigeuner war der sogenannte "Festsetzungserlaß" vom 17. Oktober 1939, im Vorfeld einer geplanten Umsiedlung der Zigeuner aus dem Deutschen Reich ins Generalgouvernement—ein Plan, der allerdings kurz vor dem Westfeldzug lediglich west- und nordwestdeutsche Zigeuner betraf, die im Mai 1940 ins Ghetto von Lodz deportiert und später in Chelmno vergast wurden; die Umsiedlung von 6.000 burgenländischen Zigeunern im Lager Lackenbach dagegen unterblieb zu diesem Zeitpunkt.

Aufgrund Heinrich Himmlers (notorischen) "Auschwitz-Erlasses" vom 13. Oktober 1942 wurde dann "reinrassigen" Zigeunern, insbesondere Sintis und Lalleris, paradoxerweise eine gewisse Freizügigkeit gewährt. Die Auswahl dieser "bevorzugten" Zigeuner, wodurch sie—aufgrund eines weiteren Himmler-Befehls vom 16. Dezember 1942—von der Einweisung in Konzentrationslager verschont blieben, wurde Sippenältesten überlassen und am 11. Januar 1943 abgeschlossen. Die Erklärung für die Eile findet sich in den Ausführungsbestimmungen des "Auschwitz Erlasses" vom 29. Januar 1943, die vorsahen—was auch effektiv eintraf—, dass alle übrigen deutschen Zigeuner (d.h. alle Roma!) ab März 1943 ins KZ Auschwitz-Birkenau überstellt werden sollten. Von besonderem Interesse an den letzterwähnten Ausführungsbestimmungen ist dabei im Kontext von Hackls "Erzählung" der §4, wo es u.a. hieß:

> Familien sind möglichst geschlossen, einschließlich aller wirtschaftlich nicht selbständigen Kinder, in das Lager einzuweisen. Soweit Kinder in Fürsorgeerziehung oder anderweitig untergebracht sind, ist ihre Vereinigung mit der Sippe möglichst schon vor der Festnahme zu veranlassen.

Mit anderen Worten: In Fürsorge oder bei Pflegeeltern befindliche Kinder, wie Sidonie Adlersburg (geb. 1933), hätten damals sehr wohl in ihren Heimen bzw. bei den sie versorgenden Familien bleiben können, wenn nur an eine vorübergehende Überführung in ein KZ gedacht worden wäre. In Wirklichkeit war jedoch von vornherein an eine permanente Einweisung—obwohl keine Ausrottung!—dieser angeblich nicht-reinrassigen Zigeuner ins KZ Auschwitz-Birkenau (Familienlager BIIe) geplant. Allerdings fielen bereits im Frühjahr 1943 Tausende einer Typhus-Epidemie zum Opfer (u.a. auch Sidonie Adlersburg), und der Rest (bis auf eine kleine Anzahl, die man als Arbeitskräfte im Mai 1944 in andere Lager schaffte) wurde aufgrund räumlicher Zwänge Anfang August 1944 kurzerhand vergast, da die Einweisung von einer halben Million ungarischer Juden unmittelbar bevor stand.[23]

Von Sidonie Adlersburg—das ist, auch nach wiederholter Lektüre, das überraschende Fazit der Hackl'schen "Erzählung"—erfährt der Leser relativ wenig! Denn die erzählerische Gewichtung des vom Autor aufgehäuften Materials ist schlichtweg eine andere als der Titel des Buches andeutet. Insgesamt tritt die Protagonistin nämlich nur knapp ein Dutzend Mal in Erscheinung und selbst dann meist nur sehr kurz (!), wohingegen den Pflegeeltern, insbesondere dem Pflegevater als zeitgeschichtlichen Repräsentanten, praktisch die Hälfte des Büchleins gewidmet ist. Mit anderen Worten: Hackl machte aus der Not, dass er trotz aller Recherchen eigentlich nur recht wenig über das Kind Sidonie hatte in Erfahrung bringen können, eine Tugend und konzentrierte sich auf das, was sich anhand des Lebens- und Leidensweges von Hans und Josefa Breirather verhältnismäßig leicht nachzeichnen ließ. Den Leser als jemanden, der mit den historischen Einzelheiten des Zeitabschnitts 1933–1945 (einmal abgesehen von Lokaldetails) vertraut ist, interessiert das jedoch verhältnismäßig wenig!

Die erste Beschreibung Sidonies als Baby—anläßlich Josefa Breirathers Abholung des Kindes im Steyrer Krankenhaus—ist lediglich fünf Zeilen lang, dafür jedoch bedeutsam. Denn bereits hier wird die immer wieder betonte "Fremdheit" des Mädchen hervorgehoben (A 8), ihre Andersartigkeit, die sich bald als erzählerisches Prinzip des Autors herauskristallisiert. Dass es sich bei dem Findelkind um eine Zigeunerin handelt, wird bereits auf Seite zwei des Buches hervorgehoben und relativ früh auch, welche gesellschaftlichen Konsequenzen das hatte. Dazu dient Erich Hackl zunächst der Schlossermeister Derflinger, welcher—entgegen der Quellenvorlage—seine Frau Amalia unter Hinweis auf die "Zigeunerplage," die er sich nicht innerhalb der eigenen vier Wände heranzüchten wolle, zwang das Pflegekind den Behörden zurückzugeben (A 14). Äußerlichkeiten dominieren auch spätere Bilder, die der Erzähler von Sidonie zeichnet: "Rabenschwarz" war das Baby (A 21) und krank (A 27), was eine Konsultation beim Gemeindearzt Schönauer nötig machte. Diesen Anlass nutzt der Autor—nach Derflingers Reaktion—erneut, um die in der oberösterreichischen Provinz vorherrschenden rassistischen Vorurteile anzuprangern: "Wieso kommen Sie denn mit der Schwarzen zu mir," beschwerte sich der Doktor: "Gehört ja gar nicht her" (A 29–30). Und gleiches hört man auch vom Bürgermeister, der "bedauernd" meint, es wäre doch eigentlich schade, dass Sidonie "so schwarz" sei (A 75). Selbst bei Sidonies Spielgefährten gibt es für das Mädchen kein Entkommen vor solch rassistischen Attacken. So heißt es etwa: "...wenn sie [die Kinder/JT] aneinandergerieten,...taten sich die anderen leicht, ein Schimpfwort zu finden: Zigeunerin. Zigeunerkind. Bist ja eh nur eine Zigeunerin. Oder wenn die Buben sie weghaben wollten: Putz dich, Schwarze" (A 50). Sidonie selber versuchte zwar auf kindliche Art das Problem zu verdrängen, indem sie sich einredete, sie sei nur deshalb so braun, "weil sie sich so oft in der Sonne aufhalte" (A 56). Aber damit war es natürlich nicht getan, was auch den Pflegeeltern einleuchtete, insbesondere nach dem Anschluss im Frühjahr 1938; denn welche Bedrohung der Nationalsozialismus für Juden und andere Minderheiten darstellte, war jedem halbwegs informierten Andersdenkenden in der Ostmark seit längerem klar. Hans Breirathers Sorge: "Die Sidi, ich hab solche Angst um sie" (A 57), sollte sich dann auch nur zu bald bewahrheiten, als nämlich zugezogene "Volksgenossen," Nazis aus dem Sudetenland, in der Gestalt des Ehepaars Krobath, unverblümt zu erkennen gaben, was sie von der Anwesenheit eines Zigeunerkindes unter dem gleichen Dache hielten: "Heinz," sagte die Frau zu ihrem Mann, "ich glaube wir sind unter die Neger gefallen" (A 59). Und ähnliches widerfuhr Sidonie sogar auf offener Straße. In Linz nach ihrer Firmung staunte ein

Junge das vermeintliche "Negerkind" an und wurde dafür von seinem Vater zurechtgewiesen: "Bei uns gibt's keine Neger. Dank unserem Führer" (A 79). Selbst in der Schule, während einer der wenigen Szenen, wo Sidonie im Mittelpunkt von Hackls "Erzählung" steht, setzten sich derartige rassistische Angriffe fort, ohne dass die Lehrerin den Mitschülern Einhalt geboten hätte:

> "Das stimmt nicht, was die Sidonie [in einem Aufsatz/JT] geschrieben hat. Weil das nämlich nicht ihre richtigen Eltern seien," behauptet ein Mitschüler. "O ja, rief Sidonie, das sind schon meine Eltern! Sie schaute Schönauer [die Lehrerin/JT] hilfesuchend an, die Frau sah ratlos in die Klasse. Die Sidi ist nur angenommen, sagte ein Mädchen, und ein anderes: Gelogen! Und wieder der Bub: Nichtgelogen. Eine Zigeunerin ist sie, das sieht ja ein Blinder!" (A 74)

Dieser Vorfall bewegte Sidonie am Ende der Unterrichtsstunde zu dem pathetischen Versuch, ihre Haut mit einem Schwamm hell zu waschen (A 74).

Zu diesem Zeitpunkt—der Chronist macht einen Sprung ins Jahr 1942—war allerdings bereits der sogenannte "Festsetzungserlaß" vom Oktober 1939 ergangen, welcher bei den Normalbürgern den Eindruck erweckte—und bei Hans und Josefa große Bestürzung hervorrief (A 68)—, die Zigeuner seien vom Boden verschluckt. Nichts desto trotz verstärkte sich der Hass der örtlichen Bevölkerung auf alle Andersrassigen auch weiterhin; denn das ehemals rote Letten hatte sich inzwischen zum braunen Letten gemausert (A 59), wo es für ein Zigeunerkind, zumal eines mit so dunkler Hautfarbe wie Sidonie, keinen Platz mehr gab: "Ein liebenswerter Untermensch," war daher auch das gängige Urteil der Mitbewohner, "das fehlt uns noch" (A 75), ein Ausdruck übrigens, der 1938 von Dr. Robert Ritter (Rassenhygieniker) in einer offiziellen Verlautbarung des Reichsgesundheitsministeriums auf die Zigeuner gemünzt wurde. Folglich wetterten die meisten Sierninger Bürger denn auch weiterhin gegen alles "Volksfremde," wollten ihren Ort unbedingt "judenfrei" haben und hielten Neger und Zigeuner für "artfremde Schädlinge" (A 75).

Es ist somit kaum verwunderlich, dass auch in Steyr und Sierning im Frühjahr 1943 der oben erwähnte "Auschwitz-Erlaß" strikt implementiert wurde. Und es war angesichts derart ausgeprägter und weit verbreiteter rassistischer Vorurteile nicht zu erwarten, dass irgend ein Behördenvertreter—sei es die Fürsorgerin, der Schulleiter oder der Bürgermeister—es wagen würde, sich schützend vor das Zigeunermädchen zu stellen, als der seit Monaten gefürchtete Brief mit der Aufforderung, Sidonie bis spätestens 30. März 1943 der inzwischen ermittelten leiblichen Mutter im Lager Hopfgarten/Tirol zu übergeben (A 90), den Breirathers Anfang März 1943 (A 81) zugestellt wurde. Zwar sind die Kaltherzigkeit der Fürsorgerin Grimm, sowie die "Gutachten" von Schuldirektor Frick (A 92), Bürgermeister Eder (A 93), Oberinspektor Schiffler (A 93) und der Vorsteherin des Fürsorgeamtes, einer gewissen Frau Korn (A 91), menschliche Armutszeugnisse, die der Autor sehr zutreffend auf die Formel "Bestialität des Anstands" (A 93) gebracht hat, jedoch sollte man solch erschreckende menschliche Abgründe auch nicht überbewerten. Denn schließlich handelte es sich bei dem Befehl, Zigeunerkinder wie Sidonie ihren natürlichen Eltern zuzuführen, um eine Anordnung von allerhöchster Stelle, nämlich von Himmler persönlich (A 88). Aufgrund der Tatsache, dass Sidonie offiziell den Romas zugeordnet wurde (A 91), war es den untergeordneten Behörden quasi unmöglich, eine Sonderregelung zu treffen, wie auch das vom Autor auszugsweise zitierte Schreiben der Kripo Innsbruck vom 5. März 1943 belegt:

> Ich bitte um kurze Beschreibung des Kindes, wie es sich im allgemeinen aufführt und wie die Ziehmutter, die Schule und erforderlichenfalls andere vertrauenswürdige Personen dieses im allgemeinen, besonders in charakterlicher Hinsicht beurteilen und ob das Kind der Ziehmutter zugetan ist und umgekehrt. Für eine eindeutige Begutachtung des dortigen Jugendamtes besonders nach der Richtung, ob die Rücküberstellung des Kindes an dessen Mutter am Platze ist bzw. gewünscht wird, oder ob und mit welcher Begründung etwa die ausnahmsweise Belassung desselben bei der genannten Pflegemutter beantragt wird, wäre ich dankbar. Hierzu wäre allerdings zu erwägen, ob im Falle der Belassung der Sidonie bei der Pflegemutter nicht zu befürchten steht, dass bei demselben später die zigeunerischen Untugenden und Instinkte zutage treten, da es als Zigeunermischling, wenn nicht als Vollzigeuner (und zwar als Rom Zigeuner) anzusehen sein dürft...Ich ersuche um ausnahmsweise vordringliche Behandlung, da schon in nächster Zeit diesbezügliche Verfügungen getroffen werden müssen. Ich bitte um Rückerledigung bis 20.3.1943. Zur Überstellung des Kindes an dessen Mutter nach Hopfgarten, Landkreis Kitzbühel, würden sogleich Weisungen folgen...[24]

Hackl überbewertet daher, meines Erachtens, die potentielle Möglichkeit eines Ausnahmefalles;[25] und seine hypothetischen Erwägungen hinsichtlich eines alternativen, positiven Ausganges der Geschichte haben etwas Naives, das den zeitgeschichtlichen Gegebenheiten des Dritten Reiches konträr läuft, wie der Erzähler selbst am Ende eingestehen muss. Denn im Kontext des NS-Willkürstaates hätte ein solches Ende "märchenhafte" Züge, wäre realitätsfremd und stünde im Gegensatz zu den historischen Fakten, auf die sich der Autor ansonsten immer so gerne beruft (wie schon Jurek Becker dies auf ähnliche Weise in seinem Roman *Jakob der Lügner* [1969] mittels einer doppelten Schlussfassung demonstriert hatte).[26] "So darf die Geschichte nicht enden," gibt Hackls Erzähler, der zeitweilig fester auf dem Boden der Realitäten zu stehen scheint als der Autor selber, denn auch kleinlaut zu verstehen. Sein Fazit: "Zu lebensfremd, dieses Ende" (A 128). Und dieses Urteil träfe selbst dann zu, würde man von der im Dritten Reich weit verbreiteten Feigheit, menschlichen Schwäche, sowie dem rückgratlosen Gehorsam absehen! Wunder gab es in dieser faschistischen Diktatur eben nur sehr selten:

> Und doch besteht einer...darauf, dass sich auch das nicht zu Erwartende zugetragen hat, nicht in Letten, sondern 160 Kilometer weiter südlich, in der Steiermark, in einer Ortschaft namens Pölfing-Brunn; das Kind hieß nicht Sidonie, sondern Margit und lebt heute noch, eine Frau von 55 Jahren... (A 128)

Offensichtlich—und bis zu einem gewissen Grade verständlich—wurde der Autor also Opfer von Wunschvorstellungen, obwohl es besser gewesen wäre, er hätte seinem Motto: "...auch wer sich zum Lamm macht, wird von den Wölfen gejagt" (A 125) mehr Gehör verliehen. Und besser wäre es sicher auch gewesen, er hätte seine Rolle als auktorialer Erzähler zu keinem Zeitpunkt preisgegeben, was ihm ja seitens der Kritik wiederholt zum Vorwurf gemacht worden ist.[27] Denn obwohl man die Qualen des Chronisten angesichts Sidonies Leiden durchaus nachvollziehen kann, ist es trotzdem vom erzählerischen Standpunkt aus ein Unding, dass der Autor plötzlich hinter dem Narrator hervortritt und "seine ohnmächtige Wut" hinausschreit (A 100), statt sich weiterhin hinter Fakten und Mutmaßungen zu verbergen (A 100). Und ebenfalls falsch scheint mir, dass Hackl die Details des vermeintlichen Todes von Sidonie beschönigt. Denn angesichts der Berichte von Zeitzeugen aus dem Zigeunerlager BIIe in Auschwitz-Birkenau ist das Mädchen mit hoher Wahrscheinlichkeit an Fleckentyphus gestorben—wie ja die Mitinsassin Helene Gruber aus Wien nach dem Kriege ausgesagt hat[24]—und nicht aufgrund von "Kränkung," wie Sidonies Bruder Joschi dem Autor und den Lesern nachträglich weismachen möchte (A 121).[29]

Sowohl der alternative Schluss von Hackls Erzählung als auch die Schilderung von Sidonies angeblichem Tode lassen eine Tendenz erkennen, die—abgesehen von der oben monierten Erzählhaltung—der Geschichte eine Ausrichtung, eine Gewichtung gibt, die ihr unangemessen ist. Denn auf der einen Seite geht Hackl im negativen Sinne über einige ihm bekannte historische Quellen hinaus und verteufelt ohnehin böse Menschen noch mehr; auf der anderen Seite beschönigt er gewisse historische Fakten, untergewichtet, ändert und schwächt sie ab, hält außerdem seine eigenen Emotionen nicht unter Kontrolle und mischt sich in den Handlungsablauf ein. Dies führt zu dem Ergebnis, dass sich am Ende der "Erzählung" eine sentimentale Stimmung breit macht, dass hier, statt unergötzlicher, brutaler Fakten—sprich: Todesursache Fleckentyphus[30]—, der Eindruck entsteht, man wolle dem Leser eine wesentlich mildere, bekömmlichere, aber auch ambivalentere Variante vom Tode des Zigeunermädchens Sidonie glaubhaft machen: nämlich Ableben durch "Kränkung" (A 121)! Fazit: Man merkt die Absicht und ist verstimmt, was gerade bei der Schilderung eines solch erschütternden Menschenschicksals nicht hätte der Fall sein sollen!

Westdeutsche Akademie für Kommunikation, Köln

Endnoten

1. Erich Hackl, *Abschied von Sidonie. Erzählung* (Zürich: Diogenes, 1989). Zitate im obigen Text beziehen sich auf diese Ausgabe und sind in Klammer mit A und den Seitenangaben markiert.

2. Seit Spielbergs Film fälschlicherweise bekannt als *Schindler's List*.
3. Erich Hackl, *Auroras Anlaß. Erzählung* (Zürich: Diogenes, 1987) 144. Ähnlich wie in *Abschied von Sidonie* wird auch in diesem Werk an Dutzenden von Stellen aus Quellen verbatim zitiert, wozu man etwa folgende, teils sehr lange Passagen konsultieren möge: 14-15, 19, 34-35, 53-54, 56, 104, 113-14, 119-21, 129, 136-37, 143.
4. Vgl. dazu spätere Erzählwerke Erich Hackls, so etwa *König Wamba* (1991), *Sara und Simón* (1995), sowie neuerdings—und sehr symptomatisch für den generellen Trend in Hackls Schaffen—*Die Hochzeit von Auschwitz. Eine Begebenheit* (Zürich: Diogenes, 2002).
5. Vgl. hierzu den Abdruck des Fürsorgeakts von Sidonie Adlersburg bei Ursula Baumhauer, *Abschied von Sidonie. Materialien zu einem Buch und seiner Geschichte* (Zürich: Diogenes, 2000) 113-206, hier 186-87; sowie Erich Hackl, "'Was für ein Herzweh. Auch heute noch.' Protokoll eines Gesprächs mit Josefa Breirather in ihrer Wohnung in Letten, am 12. August 1987," Baumhauer 207-28.
6. Vgl. dazu die verschiedenen Beiträge in Baumhauer 207-28.; sowie *Erich Hackl: Abschied von Sidonie. Unterrichtsbausteine—Materialien*, Hg. Rosemarie Fischer und Günter Krapp (Rot a. d. Rot: Krapp & Gutknecht Verlag, 1998); *Erich Hackl: Abschied von Sidonie. Schülerarbeiten*, Hg. Rosemarie Fischer und Günter Krapp (Rot a. d. Rot: Krapp & Gutknecht Verlag, 1998).
7. Da es zumindest für den zweiten Begriff ("faction") kein adäquates literarisches Äquivalent im Deutschen gibt, wurden hier generell die englische Ausdrücke verwendet.
8. Vgl. dazu folgende Rezensionen: Franz Josef Görtz, "Abschied von Sidonie," *Frankfurter Allgemeine Zeitung* 82 (8. April 1989): 27; Frank Schirrmacher, "Lautlos und ohne Tränen," *Frankfurter Allgemeine Zeitung* 149 (1. Juli 1989); Andreas Berents, "Abschied von Sidonie," *rezensionen* 6.8 (1989): 60; Christiane Schott, "Sidonies Erbe," *Deutsches Allgemeines Sonntagsblatt* 19 (10. Mai 1991): 27.
9. So der aus Südtirol stammende österreichische Dichter Gerhard Kofler anlässlich des internationalen Symposiums "Visions and Visionaries in Contemporary Austrian Literature and Film" am Lafayette College, Easton, PA im Oktober 2001.
10. Gauß' diesbzgl. Behauptung, eine derartige Metapher sei zufällig und hätte "nichts mit einer faschistischen Politik [zu tun]," ist schlichtweg absurd. Siehe Karl-Markus Gauß, "Über Geduld und Ungeduld, Erzählen und Erklären, Stil und Moral" zitiert in Baumhauer 273.
11. Richard Johnstone, "The Rise of Faction," *Quadrant* (April 1985): 76-78.
12. Ebd. 76.
13. Ebd. 76.
14. Ebd. 76.
15. Ebd. 76.
16. Andreas Isenschmid, "Die Geburt des Erzählens," *Die Zeit* 44 (25. Oktober 2001): 51.
17. Erich Hackl, "Sehend gemacht. Eine Bilanz," siehe Baumhauer 12-13. Vgl. auch Gerhart Pickeroth, "Der nichtverhinderte Tod eines Zigeunermädchens," *Deutsche Volkszeitung* (13. Oktober 1989): 22, wo es heißt: "Der Autor macht keinen Hehl aus den Brüchen, die zwischen Material und Erzähler bestehen. In einer Erzählung aus dem Faschismus darf das geschichtliche Material nicht ästhetisch beherrschbar erscheinen, die erzählerische Phantasie sich nicht bruchlos ins Material versenken."
18. Vgl. folgende Rezensionen: Karl Woisetschläger, "Erich Hackls Heimatkunde: *Abschied von Sidonie*," *Die Presse* 12419 (Wien, 29./30. Juli 1989): IX; Jens Rohm, "Ehrliche Erinnerung wider Verdrängung und Vergessen," *Unsere Zeit* 189 (16. August 1989): 12; Reinhard Tschapke, "Wer trägt die Schuld am Tode des Zigeunermädchens?" *Die Welt* 204 (2. September 1989): 21; "Report vom Sterben," *Der Spiegel* 36 (4. September 1989): 236; Jürgen P. Wall-

mann, "Tödliche Vorurteile um Zigeunerkind," *Rheinische Post* 217 (16. September 1989); Peter Mohr, "Eine Bitte um Eltern," *Volksblatt* (24. September 1989); Peter Mohr, "Erich Hackl: Abschied von Sidonie," *Neue deutsche Hefte* 36.202 (1989): 312–13; Wolfgang Platzeck, "Leidensweg eines Kindes," *Westdeutsche Allgemeine Zeitung* 23 (13. Oktober 1989); Jürgen P. Wallmann, "Als das schwarze Luder weg musste," *Schwäbische Zeitung* (6. Oktober 1989); Christian Seiler, "Wie aufregend sich doch Aktendeutsch liest. Einfach deshalb, weil es wahr ist," *Die Weltwoche* 41 (12. Oktober 1989): 97; Jürgen P. Wallmann, "Erich Hackl: *Abschied von Sidonie*. Erzählung," *Literarische Kritik* 239/240 (November/Dezember 1989): 468–69. An diesem überschwenglichen, oft fehlgerichteten Lob des Gros der Rezensenten ändert auch Gauß' dezidiertere Einschätzung nichts, Hackls Erzählen zeichne sich dadurch aus, dass es "frei von Kommentar, Erklärung, Deutung" sei und dass der Autor, indem er "ausmalende Vollständigkeit" vermeide, "rigorose Aussparung" zum Prinzip erhebt. Siehe Gauß 272.

19. Vgl. Ulrich Kluge, *Der österreichische Ständestaat 1934–1938* (München: Oldenbourg, 1984).

20. Vgl. *Österreich 1919–1938. Geschichte der Ersten Republik.* 2 Bde., Erika Weinzierl und Kurt Skalik, Hg. (Graz: Styria, 1983); Ernst Hanisch, *Der lange Schatten des Staates. Österreichische Gesellschaftsgeschichte im 20. Jahrhundert* (Wien: Ueberreuther, 1994).

21. Carmel Gaffney, "Keneally's Faction: *Schindler's Ark*" (*Quadrant*, Juli 1985: 75–77). Gaffneys erweist in seiner Replik auf Richard Johnstones Artikel "The Rise of Faction" Thomas Keneally zumindest in einem Punkt Gerechtigkeit, die—trotz allen Mängeln—gleichermaßen auch mit Einschränkungen auf Erich Hackls Werk Anwendung finden könnte. Es heißt da: "It seems to me to matter little whether an author uses fact or fiction, so long as he possesses the power to use his material with imagination and integrity."

22. Es sei hier u.a. hingewiesen auf die Arbeiten von Hans-Joachim Döring, *Die Zigeuner im NS-Staat* (Hamburg: Kriminalistik, 1964); Selma Steinmetz, *Österreichs Zigeuner im NS-Staat* (Wien: Europa, 1966); Donald Kenrick/Grattan Puxon, *The Destiny of Europe's Gypsies* (London: Chatto-Heinemann/Sussex UP, 1972); *In Auschwitz vergast, bis heute verfolgt. Zur Situation der Roma (Zigeuner) in Deutschland und Europa*, Tilman Zülch, Hg. (Reinbek: Rowohlt, 1979); Joachim S. Hohmann, *Geschichte der Zigeunerverfolgung in Deutschland* (Frankfurt/M.: Campus, 1981); Donald Kenrick/Grattan Puxon, *Sinti und Roma—die Vernichtung eines Volkes im NS-Staat* (Göttingen: Gesellschaft für bedrohte Völker, 1981); Bernhard Streck, "Zigeuner in Auschwitz. Chronik des Lagers BIIe," *Kumpania und Kontrolle. Moderne Behinderungen zigeunerischen Lebens*, Mark Münzel/Bernhard Streck, Hg. (Gießen: Focus, 1981): 69–128; Erika Thurner, *Nationalsozialismus und Zigeuner in Österreich* (Wien: Geyer Edition, 1983); Alexander Ramati, *And the Violins Stopped Playing. A Story of the Gypsy Holocaust* (Sevenoaks: The Leisure Circle, 1985); Ulrich König, *Sinti und Roma unter dem Nationalsozialismus. Verfolgung und Widerstand* (Bochum: Brockmeyer, 1989); Sybil Milton, "Antechamber to Birkenau: The *Zigeunerlager* after 1933," *Die Normalität des Verbrechens. Festschrift für Wolfgang Scheffler*, Helge Grabitz et al., Hg. (Berlin: Edition Hentrich, 1994) 241–59; Michael Zimmermann, "Die Deportation der Sinti und Roma nach Auschwitz-Birkenau," *Los Cyganów w KL Auschwitz-Birkenau/Das Schicksal der Sinti und Roma im KL Auschwitz-Birkenau*, Jan Parcer, Hg. (Oswiecim: Stowarzyszenie Romów w Polsce, 1994) 45–83; Kazimierz Smolen, "Das Schicksal der Sinti und Roma im KL Auschwitz-Birkenau," Parcer, Hg.: 129–75; *Der nationalsozialistische Völkermord an den Sinti und Roma*, Romani Rose, Hg. (Heidelberg: Dokumentations- u. Kulturzentrum Deutscher Sinti u. Roma, 1995); Donald Kenrick/Grattan Puxon, *Gypsies under the Swastika* (Hatfield: Hertfordshire UP, 1995); Betty Alt/Silvia Folts, *Weeping Violins. The Gypsy Tragedy in Europe* (Kirksville, Mo: Thomas Jefferson UP, 1996); Michael Zimmermann,

Rassenutopie und Genozid. Die nationalsozialistische "Lösung der Zigeunerfrage" (Hamburg: Christians, 1996); Erika Thurner, *National Socialism and Gypsies in Austria* (Tuscaloosa: Alabama UP, 1998); *In the Shadow of the Swastika*, Hg. Donald Kenrick (Hatfield: Hertfordshire UP, 1999); Guenter Lewy, *The Nazi Persecution of the Gypsies* (Oxford: Oxford UP, 2000).

23. Vgl. Randolph L. Braham, *The Politics of Genocide. The Holocaust in Hungary* vol. 2 (New York: Columbia UP, 1981): 664–90 hier insbes. 674–76; s. dazu neuerdings auch Christian Gerlach/Götz Oly, *Das letzte Kapitel. Der Mord an den ungarischen Juden* (Stuttgart: DVA, 2002) 249–343, hier insbes. 274–98.

24. Vgl. hierzu den Fürsorgeakt von Sidonie Adlersburg, abgedruckt bei Baumhauer 113–206, hier 186–87.

25. Vgl. dazu allerdings Michail Krausnick, *Auf Wiedersehen im Himmel. Die Geschichte der Angela Reinhardt* (München: Elefanten, 2001).

26. Vgl. dazu Jurek Becker, *Jakob der Lügner* (Neuwied: Luchterhand, 1970) 265–70.

27. Vgl. dazu u. a. folgende Rezensionen: Kyra Stromberg, "An Kränkung sterben," *Süddeutsche Zeitung* 166 (22./23. Juli 1989): 148; Jürgen P. Wallmann, "Denkmal für ein Zigeunerkind," *Tagesspiegel* 359 (3. September 1989): XV; Stephan Reinhardt, "Vorauseilender Gehorsam," *Frankfurter Rundschau* 247 (24. Oktober 1989): 10; Frank Schirrmacher, "Lautlos und ohne Tränen," *Frankfurter Allgemeine Zeitung* 149 (1. Juli 1989);

28. Vgl. Baumhauer 204.

29. Vgl. dazu Erich Hackl: "'Sie starb an Kränkung.' Protokoll eines Gesprächs mit Joschi Adlersburg im Café Alt-Ottakring, am 22. November 1988," in Baumhauer 229–33, hier 232.

30. Vgl. dazu Baumhauer 204.

WYNFRID KRIEGLEDER

Soma Morgensterns Buch
Die Blutsäule (1946–52)
Ein früher Versuch,
den Holocaust literarisch
zu bewältigen

S oma Morgenstern (1890–1976), der Autor des hier zu analysierenden Buchs *Die Blutsäule. Zeichen und Wunder am Sereth*, ist wahrscheinlich nach wie vor ein eher unbekannter Autor, auch wenn in den letzten fünf Jahren eine gewisse Morgenstern-Renaissance zu beobachten war. Denn 1994 begann Ingolf Schulte, Morgensterns Gesamtwerk in Einzelbänden neu herauszugeben; im November 2001 wurde diese Ausgabe abgeschlossen. Und im März 2001 fand in Auburn, Alabama ein "International Soma Morgenstern Symposium" statt, bei dem sich erstmals eine internationale Gruppe von Literaturwissenschaftlern des vergessenen Exilautors annahm. Dennoch dürften einige einleitende Bemerkungen zu Morgensterns Biographie und zur Entstehung der *Blutsäule* angebracht sein, ehe eine generelle Charakterisierung des Buchs, die Beschreibung auffälliger Textmerkmale sowie eine kritische Bewertung versucht werden soll.

Soma Morgenstern ist 1890 in der Habsburger Monarchie, in Ostgalizien, als Sohn einer frommen und in der deutschen Kulturtradition verankerten jüdischen

Familie geboren worden.[1] Er studierte in Wien, wo er nach dem Ersten Weltkrieg als Kulturjournalist, vor allem für die *Frankfurter Zeitung*, arbeitete; zu seinen Freunden zählten neben anderen der Komponist Alban Berg und der Schriftsteller Joseph Roth. 1935, also bereits nach der Machtübernahme durch die Nationalsozialisten, konnte im Berliner Erich Reiss Verlag noch sein erstes Buch, *Der Sohn des verlorenen Sohns*, erscheinen, der erste Band einer geplanten Trilogie über das jüdische Leben in Ostgalizien mit dem Gesamttitel *Funken im Abgrund*. Nach dem Anschluss Österreichs, 1938, ging Morgenstern ins Pariser Exil, wo er Kontakt mit Joseph Roth hatte. Beim Ausbruch des Zweiten Weltkriegs wurde er durch die französische Regierung interniert; bald darauf übernahm die deutsche Wehrmacht das Lager mitsamt den Insassen. 1941 gelang es Morgenstern, über Casablanca nach New York zu flüchten. Hier blieb er bis zu seinem Tod 1976, weder von österreichischer Seite zur Heimkehr aufgefordert noch selbst willens, nach Wien zurückzukehren.

Die in den 1930er Jahren begonnene Trilogie *Funken im Abgrund* konnte Morgenstern zwar im amerikanischen Exil beenden; die beiden Folgebände erschienen aber 1947 bzw. 1950 lediglich in englischer Übersetzung an entlegener Stelle, nämlich bei der Jewish Publication Society in Philadelphia. Für den dritten Teil der Trilogie, in der englischen Übersetzung *The Testament of the Lost Son*, erhielt Morgenstern den "National Jewish Book Award," eine durchaus prestigeträchtige Auszeichnung: Spätere Preisträger waren u. a. Lion Feuchtwanger, Bernard Malamud, Leon Uris, Philip Roth und Isaac B. Singer. In der deutschen Originalversion ist die Trilogie aber erst zugänglich, seit sie Ingolf Schulte 1996 in seiner Morgenstern-Edition herausgebracht hat; eine preiswerte Taschenbuch-Ausgabe lieferte der Aufbau-Verlag 1999. (Eine gekürzte Version des dritten Bandes, die 1963 bei Kiepenheuer und Witsch erschien, war der Reputation des Autors nicht sonderlich zuträglich gewesen.)

In seinem New Yorker Exil erfuhr Morgenstern nach 1945 immer mehr Einzelheiten über den Massenmord der Nationalsozialisten an den Juden, dem auch mehrere Mitglieder seiner Familie zum Opfer gefallen waren. 1974/75, also mit langem zeitlichen Abstand, erzählte er in einem "Motivenbericht" zur *Blutsäule*,[2] dass er geradezu obsessiv allen "ihm erreichbaren, schriftlichen, mündlichen, bildlich und namentlich filmbildlichen Zeugnissen des ungeheuersten Verbrechens der Weltgeschichte"[3] nachging, da er die Verpflichtung fühlte, darüber zu schreiben. Denn "ein jüdischer Schriftsteller, der sich von diesem ungeheuren Geschehen abwendet und seinem Beruf weiter nachgehe wie bisher," verdiene es nicht, "die Mörder überlebt zu haben."[4] Das Resultat dieser Beschäftigung mit dem Verbrechen war allerdings eine mehrere Jahre andauernde Schreiblähmung; eine erste, 150 Seiten umfassende Version, in der er versuchte, die "kalte Stummheit des Ekels... mit dem Feuer des Zornes auszubrennen,"[5] vernichtete er wieder. Erst ein Besuch Israels im Sommer 1950, so erinnerte sich Morgenstern Jahre später, habe ihm in einem Akt der Erleuchtung jenes zentrale Symbol der *Blutsäule* geschenkt—"Eine festgebaute Kiste, gezimmert aus weißem Holz, und darin eine Figur wie aus Wachs,"[6]—mit dessen Hilfe er eine ästhetische Lösung fand. Ende 1952 schloss er das Werk ab.[7] 1955 konnte es endlich erscheinen, wiederum nicht in der deutschen Originalversion, sondern in einer Übersetzung; als englischen Titel wählte Morgenstern *The Third Pillar*. Eine "wenig sorgsame" deutsche Ausgabe[8] erschien 1964 im Wiener Hans Deutsch Verlag, eine von Heinz von Cramer hergestellte Hörspielfassung wurde 1963 und 1965 als Gemeinschaftsproduktion des Südwestfunks Baden-Baden sowie des Norddeutschen Rundfunks gesendet, und eine Übersetzung ins Hebräische erfolgte posthum 1976. Ingolf Schultes textkritische Edition erschien erst 1997. Im Oktober 2000 inszenierte Conny Hannes Meyer in Baden bei Wien eine dramatisierte Version des Buchs.

Die Blutsäule ist, wie erwähnt, ein Text, in dem Soma Morgenstern die Erfahrung des Holocaust, der Shoa, des Massenmordes zu verarbeiten suchte. Ich verwende absichtlich die generischen Begriffe "Text" und "Buch," denn eine Gattungsbestimmung der *Blutsäule* ist schwierig.[9] Morgenstern selbst spricht in seinem "Motivenbericht" davon, er habe das Buch nolens volens in der deutschen Sprache als der einzigen, die ihm als Schriftsteller zur Verfügung stand, geschrieben; er habe darüber hinaus angestrebt, "ein Buch zu schreiben, wie es einer vermöchte, der in seinem ganzen Leben nichts anderes gelesen hätte als die Bibel."[10] Wir werden bei der genaueren Textanalyse zwar feststellen, dass diese Jahre später formulierte Erläuterung der Komplexität des Textes nicht völlig gerecht wird; der Verweis auf die sprachliche Gestaltung zeigt aber, dass wir von einem "Roman," so umfassend und einschließend diese Gattungsbezeichnung auch verwendet werden mag, nur schwer sprechen können. In seinem "Motivenbericht" nennt Morgenstern die *Blutsäule* übrigens ein "Totenbuch."[11] Tatsache ist jedenfalls, dass wir es mit einem Erzähltext zu tun haben; Kirsten Krick-Aigner hat von einem "liturgical narrative" gesprochen und auf Elemente verwiesen, die an eine Legende, ein Märchen oder einen mythischen Text erinnern.[12]

Das aus 24 Kapiteln bestehende Buch setzt ein "im dritten Monat des fünften Kriegsjahres" (B 19),[13] also 1944, in einer ungenannt bleibenden "kleinen Grenzstadt an dem Flusse Sereth," in die Morgenstern-Kenner ein Porträt Tarnopols vermuten–jener heute in der Ukraine liegenden Stadt, in der Soma Morgenstern 1904 bis 1912 das Gymnasium besucht hat. Drei Zöllner finden unter dem von der geflüchteten deutschen Wehrmacht zurückgelassenen Gerät eine "Kiste von weißem Holz," "fünf Ellen lang, zwei Ellen breit, eineinhalb Ellen hoch,"[14] in der sie Lebensmittel vermuten. Sie bringen die Kiste in Sicherheit, in die verlassene und geschändete jüdische Synagoge. Dort taucht eine kleine Gruppe von jüdischen Überlebenden auf, die die letzten Jahre in einem unterirdischen Gang verbracht hat; es erscheint auch eine von der Wehrmacht abgeschnittene Gruppe von deutschen Soldaten, die SS-Staffel Nr. 27. Bald begeben sich merkwürdige Dinge. Die

Kiste lässt sich weder öffnen noch wegtragen, und wer sich ihr frevelhaft nähert, wird zurückgeschleudert. Ein wunderbarer, mit überirdischen Kräften ausgestatteter "Bote" namens Gabriel erläutert, die Kiste sei ein "Schrein;" er entwaffnet die SS-ler und ruft die überlebenden Juden auf, über die Mörder zu Gericht zu sitzen. Der "Erzählende Richter" holt nun aus zu einer Erzählung, die im Jahr 1929 einsetzt—"vier Jahre vor dem Jahr, das die Schänder der Schöpfung in ihrem Gerede das Jahr der Machtergreifung nennen" (B 60): Der fromme Tora-Schreiber Zacharia Hakohen nimmt mehrfache Warnungen über ein kommendes großes Unglück für die Juden nicht ernst. Seine nicht mehr junge Ehefrau Scheva bekommt aufgrund einer Prophezeiung Zwillinge, Nehemia und Jochanaan. Das idyllische Leben der Kinder endet—und der "Anklagende Richter" übernimmt die Erzählung—, als zum Jom Kippur-Fest 1941 die deutsche Wehrmacht eindringt und die SS-Staffel 27 in der Synagoge ein Massaker veranstaltet, bei dem neben vielen anderen auch der 12-jährige Jochanaan und seine kleine Freundin Rahel ermordet werden. Während dieses Massakers passiert ein seltsames Wunder: Als Jochanaan voll Abscheu dem SS-Mann, der die kleine Rachel mit seinem Bajonett aufgespießt hat, "Mörder du! Ein Blitz wird dich verbrennen!" ins Antlitz schreit, spuckt jemand—"man weiß bis auf den heutigen Tag nicht wer"—diesem zwischen die Augen, worauf das Gesicht des Mörders verbrennt. Durch das Eingreifen des geheimnisvollen fremden Juden Mechzio, einer Gestalt, die schon in Morgensterns Trilogie *Funken im Abgrund* eine mysteriöse Rolle gespielt hat, können sich einige der Opfer durch einen unterirdischen Gang in die Wälder retten. Dann kommt es zu einem weiteren wunderbaren Phänomen. Die SS wandelt die Synagoge in ein Bordell um und bemalt die Wände mit einem Spottbild: einem Porträt des ermordeten Jochanaan in der Pose des Gekreuzigten. Als aber ein hoher deutscher Offizier die Entfernung des blasphemischen Bildes befiehlt, lässt es sich nicht mehr weglöschen. Das mysteriöse Geschehen spricht sich herum und die "Legende von den Zeichen und Wundern am Sereth" geht bald von Mund zu Mund.

An dieser Stelle, im siebzehnten Kapitel, wechselt der anklagende Richter den Ton und schiebt eine groteske Passage ein: ein Gespräch zwischen dreien der "obersten Machthaber...des Reiches," zu denen das Gerücht von den jüdischen Wundergeschichten gedrungen ist. Der "Marschall des Reiches, den sie 'der Fettwanst' nannten," der "Reichsführer, den sie 'der Schreihals' nannten" und der "Reichslügenspinner,...den sie den 'Klumpfuß' nannten" (B 113) beratschlagen, wie man das Entstehen weiterer solcher Legenden verhindern und "den Glanz des Martyriums" der Getöteten auslöschen könne (B 117). Der "Klumpfuß" setzt sich mit seinem Plan durch: "Wir haben den Juden das Leben zur Schande gemacht; wir müssen auch ihren Tod schänden." Die Leichen der Getöteten sollen daher zu Seife verarbeitet werden. Denn dass "sein Bruder, sein Sohn, sein Vater mit Giftgas vertilgt wurde, mag der Jude mit Ach und Weh in die Welt hinausschreien. Dass wir aus seiner Großmutter Seife gemacht haben, wird sich kein Jude rühmen wollen" (B 118). Zu "Ehren des Zu-Tode-Gespuckten" soll die erste Kiste mit—im Jargon der Nazis—"Figurenseife" "an die SS Nr. 27" (B 124) geschickt werden. Nach einem langen Irrweg, der durch die wechselnden Kriegsschauplätze bedingt ist, holt die Kiste endlich die Truppe ein und kommt an ihrem Bestimmungsort an. Damit hat auch die Erzählung des Richters die Gegenwart erreicht.

Das Gerichtsverfahren geht weiter. Der Richter holt aus zu einer großen Anklagerede gegen die Kindermörder, gegen die "Todesfabriken," in die die Kinder "in Eisenbahnwagen, die zur Beförderung von Vieh bestimmt sind" verschickt wurden, und gegen all jene, die nicht dagegen eingeschritten sind: "Und es fand sich in diesem ganzen Erdteil keine weltliche und auch keine geistliche Macht gewillt, einen Arm oder einen Schrei zu erheben und diesen Kindertodeszügen Halt zu gebieten" (B 122). An dieser Stelle lässt nun der Ankläger endlich den geheimnisvollen Schrein öffnen, der die Inschrift trägt: "GARANTIERT ECHTE FIGURENSEIFE FÜR DIE HELDEN DER SS NO. 27 MIT DEM DANK DES FÜHRERS. WEIHNACHTEN 1943." Es handelt sich also–gemäß Goebbels' Plan–um eine Ladung Seife, die aus den Leichen Ermordeter hergestellt wurde. In dem Schrein aber findet sich eine lebensgroße wächserne Figur mit den Zügen des ermordeten Jochanaan.

Der Prozess geht zu Ende; die Schuldigen werden von der nun eindringenden Roten Armee zur Hinrichtung geführt. Nehemia, der Überlebende der beiden Zwillinge, bringt die beim Massaker gerettete und während der schrecklichen Zeit versteckte Tora in die Synagoge. Aber anstatt die Tora an ihren Platz zu stellen, setzt er die silberne Torakrone der Figur seines kindlichen Bruders auf und "ertrotzt" von dem Boten Gabriel eine Antwort auf die Sinnfrage, auf die Frage nach dem Massenmord und der "Sendung" der Juden. Der Bote erteilt ihm die Antwort—"ATCHALTA D'GE'ULA!" (B 144–145)—, was der vorsitzende Richter deutet: "Der Anfang der Erlösung...Das heißt: Unsere Leiden waren die Leiden, die nach der Weissagung der Erlösung vorausgehen sollten" (B 146). Die Figur des Jochanaan, in einen Gebetsmantel gehüllt und die Torakrone auf dem Haupt, wird die "Blutsäule," der Wegweiser in das zu gründende Land Israel sein. "*Atchalta d'ge'ula!* Die Erlösung hat angefangen. Kommenden Jahres in Jerusalem!" Nehemia, "wie ein Träumender," spricht nun ein Gebet, in dem er das Wissen um die begonnene Erlösung mit der Aufgabe, die Utopie selbst herzustellen, verbindet: "Wir wissen: Das Diesseits ist kein Warteraum für die Ewigkeit. Denn das Diesseits selbst ist von Ewigkeit." Und:

> Die böse Zeit ist am Ende. Denn angefangen hat die Erlösung. Solange aber...das Übel der Welt noch andauert, laß uns, Schöpfer der Ewigkeiten, laß uns, wo es Bedrücker gibt und Bedrückte, zu den Bedrückten gehören und nicht zu den Bedrückern, zu den Gejagten und nicht zu den Jägern, zu den Geschlagenen und nicht zu den Schlägern. (B 149)

Dem Gebet Jochanaans schließt sich eine Coda aus zwei Kapiteln an. Für den noch im letzten Moment von der SS ermordeten Toraschreiber Zacharia soll das

Totengebet, Kaddisch, gesprochen werden. Da aber nur neun jüdische Männer überlebt haben, wird die vorgeschriebene Zahl von zehn Betern, das "Minjan," nicht erreicht. Als die Witwe unter den anwesenden Rotarmisten einen zehnten Mann zum Minjan sucht, erklärt ihr der "Rote Kommissar:" "Großmutter, unter unseren Soldaten wird sich kaum einer finden, der deinen Aberglauben an Minjan und Kaddisch noch teilt" (B 157). Doch der höchste anwesende Soldat, ein sowjetischer General, springt ein: "Rabbi, ich bin Sohn eines jüdischen Vaters und einer jüdischen Mutter, aber beten kann ich nicht, und ich glaube nicht an Gott." Kaddisch kann trotzdem gesagt werden, und mit einem "'Ja' zu der Größe, der Heiligkeit, der Ewigkeit des Schöpfers, der Schöpfung und der Geschöpfe" (B 163) endet das Buch.

Trotz des schon erwähnten Vorsatzes von Soma Morgenstern, ein Buch aus der Perspektive eines Erzählers zu schreiben, der nur die hebräische Bibel gelesen hat, erweist sich die *Blutsäule* als durchaus mehrstimmig. Das ist schon eine Konsequenz aus der Struktur des Textes, in dem es ja neben dem primären Erzähler mit den beiden Richtern zwei weitere-heterodiegetische-Erzähler gibt und in dem wichtige Passagen unterschiedlichen Personen als Figurenrede in den Mund gelegt werden. Über die verschiedenen Erzähler hinaus sind außerdem auf der sprachlich-stilistischen Ebene unterschiedliche Stimmen zu differenzieren, die sich nicht immer eindeutig den unterschiedlichen Erzählinstanzen zuordnen lassen; auch die einzelnen Erzähler können mehrstimmig sein.

Der primäre Erzähler, der die Geschichte einleitet und abschließt, schlägt einen legendenhaften und archaisierenden Ton an, trotz Morgensterns Versicherung in seinem "Motivenbericht," dass er es vermeiden wollte, "archaische Mittel anzuwenden."[15] Er beginnt seine Erzählung–und damit das Buch–altertümelnd anaphorisch, mit einem viermaligen "Es geschah..." (B 19). Durch die Wortwahl—"Häuptling" (B 37) für den SS-Führer oder "Mordbrenner" (B 25) für die deutschen Soldaten—, durch ungewöhnliche, poetisch klingende Wortgruppen—die näherkommende sowjetische Armee heißt "jenes starke Volk des Ostens, das unter einem roten Stern wiedergeboren wurde" (B 19)—, durch syntaktische Parallelismen und rhetorische Dreiergruppen—"Die Luft im großen Betraum stand still in der Totenstarre von tausend Gebeten, die hier ermordet, von tausend Gesängen, die hier erdrosselt, von tausend Seufzern, die hier erstickt worden waren" (B 25)—erreicht der Erzähler einen Ton, der dem sich entwickelnden wunderbaren Geschehen angemessen ist: Die der alltäglichen Wirklichkeitserfahrung widersprechenden Ereignisse erscheinen nicht aufgesetzt, sondern als organischer Bestandteil dieser Rede, gemäß dem Untertitel "Zeichen und Wunder am Sereth."

Auch der Ton des "Erzählenden Richters" steht in keinem großen Kontrast zur legendenhaften Rede. Zwar ist hier kaum von Wunderbarem die Rede, sondern

ein friedliches Alltagsleben in der jüdischen Gemeinde wird beschworen. Vereinzelt greift der erzählende Richter auf den biblischen Wortschatz zurück–von der
Frau des Toraschreibers heißt es etwa, sie sei "gesegneten Leibes" (B 65). Im We-
sentlichen aber zeichnet er ein Idyll, das er gemütvoll beschreibt und in das er angesichts des kurzen Texts erstaunlich ausführliche Genrebilder wie etwa das "Ba-
cken des Pessachbrotes" (B 72–74) einschließt. Alles in allem erreicht Soma
Morgenstern in der Rede des erzählenden Richters einen Effekt, der auch für große Teile seiner früheren Trilogie *Funken im Abgrund* charakteristisch ist, insbesondere für deren zweiten Teil, *Idyll im Exil*. Damals hatte er ein prekäres und gefähr-
detes ostjüdisches Idyll beschworen, ein Idyll, dessen Untergang er bei der
Konzipierung seiner Romantrilogie befürchtet hatte und um dessen mörderische
Vernichtung er nun, bei der Abfassung der *Blutsäule*, wusste.

Ungeheurer Ekel und Zorn über die Verbrechen der Nazis und das Schweigen
Europas standen, wie Morgenstern in seinem "Motivenbericht" schreibt, am Beginn seiner Arbeit an der *Blutsäule*. Diese Stimme des Zorns findet sich vor allem
in der Rede des anklagenden Richters. Sie kann sich vereinzelt in pathetischen Kla-
gen und Anklagen Luft machen. In erster Linie aber beschränkt sich der Ankläger
auf die faktische Beschreibung der Verbrechen, getreu der Aufforderung des erzählenden Richters: "...möge ihm die Kraft verliehen sein, das Unsagbare der Untaten
hier auszusagen. Auszusagen,...nicht aber auszumalen. Diese Bluttaten zu beschreiben und auszumalen würde nur einem gelingen, der gleichen Geistes wäre mit den
Monstern, die sie begangen haben..." (B 93). Trotzdem erzielt die *Blutsäule* in der
Schilderung des Massakers in der Synagoge die stärksten Effekte; die ohne rhetori-
schen Aufwand erzählte Ermordung der kleinen Rahel durch einen SS-Mann, der
ein "gemütliches Süddeutsch" spricht (B 105) ist eine Szene, die wohl den meisten
Lesern den Magen umdreht.

Der Ankläger—und das Buch—äußern sich zu den Verbrechen aber nicht nur in
einem sachlichen Berichtston, sondern auch in grimmig-sarkastischen Passagen. In
erster Linie ist hier an das in der Kritik nicht unumstrittene[16] siebzehnte Kapitel zu
denken, in dem Hitler, Göring und Goebbels in einer Szene auftreten, die an ein gro-
teskes Puppenspiel erinnert. In den Gesprächen der Nazigrößen wird auch die bittere
Wut Morgensterns über das Verhalten Europas—und der christlichen Kirchen—
spürbar, wenn der anklagende Richter etwa den "Schreihals" Hitler auf die Frage Gö-
rings, was "Rom zu dem umfassenden Kindermord sagen" werde, antworten lässt:

> "Was das geistliche Rom angeht, so habe ich meinen Gesandten beauftragt, Fühler aus-
> zustrecken, und mir Bericht darüber zu erstatten, wie Rom über unserer Lösung der Ju-
> denfrage denkt. Der Bericht ist kurz. Rom ist diskret." Und alle drei brachen in schal-
> lendes Gelächter aus. (B 115)

Im letzten Teil des Buchs wird eine weitere Stimme immer stärker: Der theologische Diskurs, der sich in den Weissagungen des Boten, den Erläuterungen der

Richter und den Gebeten Nehemias äußert. Der Holocaust, die Shoa ist die "Blutsäule," in der Gott seinem Volk nach Israel voranzieht. Diese Auslegung des Geschehens stellt das Telos des Textes dar; in der oben zitierten Antwort des Boten Gabriel, "ATCHALTA D'GE'ULA!," liegt die Botschaft. Es ist ganz offensichtlich die Intention des Buchs, mit der versuchten Einordnung des Massenmordes in die Heilsgeschichte die Sinnfrage endgültig zu beantworten—die theologische Antwort am Ende ist das Ziel, auf das die bibelähnliche Erzählung von Anfang an hinstrebt. Aber diese biblische Erzählung wird, wie gesagt, gebrochen— am deutlichsten durch das groteske siebzehnte Kapitel, das wie ein erratischer Block den biblischen Ton stört. Am industrialisierten Massenmord bricht sich die Heilsgeschichte; das unsagbare Verbrechen, dessen Dimensionen sich letztlich nicht integrieren lassen, kann nur in einer grotesken Mörder-Kasperliade beschworen werden. Die Tendenz des Textes, eine eindeutige Antwort zu geben, wird konterkariert.

Um die in der *Blutsäule* anklingende geschichtsphilosophische und theologische Debatte über die Bedeutung des Massenmords verstehen zu können, muss ein Blick auf Soma Morgensterns Auffassung von der "Sendung der Juden" in Europa geworfen werden. Schon in seiner Trilogie *Funken im Abgrund*, konzipiert noch vor dem Nazi-Terror, vollendet freilich erst nach dem Krieg, findet sich die Auffassung, dass es in Europa für die Juden keine Zukunft gebe. "Ich habe kein Vertrauen zu der Lage der Juden hier,"[17] erklärt dort eine der Figuren, Onkel Welwel. Genau genommen widerspricht dieser Satz der Romanhandlung, in der es um die gelingende Rückkehr eines jungen säkularisierten Juden in die alte religiöse Tradition–und nach Galizien–geht. Aber am Ende steht schon in der Trilogie die Hoffnung auf den Zionismus, auf die Gründung Israels, auf einen Platz, an dem das Idyll nicht im Exil errichtet werden muss, sondern von Dauer sein kann.

Für den Verfasser der *Blutsäule* ist Europa endgültig und vollkommen moralisch bankrott gegangen. Das Buch stellt tatsächlich so etwas wie eine Fortsetzung der Trilogie dar, worauf ja auch Soma Morgenstern selbst verwiesen hat. Was aber in der Trilogie noch Furcht vor der europäischen und Hoffnung auf eine israelische Zukunft war, ist in der *Blutsäule* zur unumstößlichen Erkenntnis gereift. In seinem schon mehrfach zitierten "Motivenbericht" spricht Morgenstern von seiner Schreibblockade, als er merkte, dass die aus Zorn und Ekel verfasste erste Version des Totenbuchs ungenügend war, und vom Warten auf eine Wendung in "gläubiger Geduld…Und da geschah das Wunder der Weltgeschichte: In den United Nations ereignete sich das Auferstehen Israels. Ich fühlte, wie ein großer Trost das Leben wieder lebenswert machte."[18]

Das Wissen um die Existenz Israels ermöglicht es dem im New Yorker Exil lebenden Autor Soma Morgenstern, sein Buch des Gedenkens, der Klage und der Anklage zu beenden, dem Sinnlosen—dem Massenmord—einen höheren Sinn zu verleihen. Dass wir uns hier auf einem höchst prekären Gebiet bewegen, steht wohl außer Zweifel. Denn eine historisch zweifellos richtige kausale Verbindung der Shoa mit der Gründung Israels zieht die Gefahr nach sich, die Shoa als Vorbedingung für die Existenz Israels zu deuten, als ein Böses, aus dem das Gute entsteht, und damit ist dem Bösen—in welcher Weise auch immer—Sinn verliehen. Auch wenn daher in der *Blutsäule* die absolute Bösartigkeit des Massenmords beschworen wird–was sich etwa darin äußert, dass während des Prozesses in der Synagoge sogar ein Abgesandter der Hölle auftritt und sich voll Ekel von den SS-Männern distanziert—: Die ermordeten Kinder sind dennoch die Blutsäule, die den Weg nach Israel weist. Ein kurzes Zitat aus dem Buch *Exodus*, das Morgenstern seinem Erzähltext voranstellt, bestärkt diese Interpretation, da sie das zu berichtende Geschehen heilsgeschichtlich auslegt: "Und der Ewige zog vor ihnen her des Tages mit einer Wolkensäule, sie des Weges zu leiten, und des Nachts mit einer Feuersäule, ihnen zu leuchten, dass sie gehen mochten Tages und Nachts."

Im zweiundzwanzigsten Kapitel greift Nehemia dieses Bibelzitat auf und apostrophiert die Figur seines erschlagenen Bruders: "Wie die Feuersäule bei Nacht, wie die Wolkensäule bei Tag...wird uns diese Blutsäule über alle Wüsteneien in das Heilige Land führen. *Atchalta d'ge'ula!* Die Erlösung hat angefangen. Kommenden Jahres in Jerusalem!"[19] Das Blut von eineinhalb Millionen ermordeten Kindern hat die Prophezeiung des Boten Gabriel ertrotzt.

In welchem Verhältnis steht die konstatierte Mehrstimmigkeit des Textes zur einstimmigen und eindeutigen geschichtsphilosophischen und theologischen Aussage? Zwei Lesestrategien scheinen möglich. Entweder konstruiert der Leser in der Lektüre eine Einstimmigkeit und Geschlossenheit des Buchs—und folgt damit vermutlich der Intention des Autors. Die divergenten Einzelstimmen münden dann in die harmonische und kohärente Botschaft des Boten Gabriel, und der religiöse Leser kann selbst in den unerhörten Verbrechen die Anwesenheit Gottes erkennen. Oder aber der Leser kann diese Geschlossenheit nicht akzeptieren, die verschiedenen Stimmen bleiben unversöhnt nebeneinander und behalten ihr Eigenrecht: Die Trauer über die vernichtete Idylle, die Wut über die Mörder, die Erfindung einer Legende in der Hoffnung, dass der Himmel nicht schweigen möge—all das steht dann unverbunden nebeneinander, ohne sich notwendigerweise zu der *einen* Botschaft zusammenzuballen.

An dieser Stelle und zum Abschluss müsste natürlich der enge Blick auf das Buch von Soma Morgenstern aufgegeben und der größere Kontext thematisiert werden. Die *Blutsäule* wäre einzuordnen in den allgemeinen Holocaust-Diskurs, die Frage wäre zu stellen, wie sich die jüdische Theologie mit der Shoa auseinandersetzt, das strittige Problem "Holocaust und Literatur" wäre zu behandeln. Das soll und kann hier nicht geschehen, teils aus mangelnder Kompetenz des Verfassers, teils, weil die Literatur zu diesen Themen bereits unüberschaubar ist, weil schon sehr viel Kluges gesagt wurde und weil eine Zusammenfassung bekannter Positionen als akademische Pflichterfüllung nicht am Platz ist.

Zwei Hinweise mögen genügen. Erstens: Soma Morgenstern ist mit seiner *Blutsäule* ein Visionär und Pionier insofern, als er die intensive theologische Debatte um die Shoa vorwegnimmt, die erst in den 1960er Jahren einsetzte.[20] Aus seinem "Motivenbericht" wissen wir, dass er 1950 in Israel seinen Freund aus glücklicheren Tagen, den bekannten jüdischen Theologen und Philosophen Abraham Joshua Heschel (1907–1972), besuchte. Mit Heschel hatte er bereits in New York seine Schreibprobleme diskutiert; ihm schickte er als allererstem Leser die vollendete *Blutsäule*. Heschel, der neben Martin Buber "als bedeutender Vermittler chassidischen Geistes" gilt[21] und eine Theologie des in der Geschichte handelnden,[22] mit seinem Volk mit-leidenden Gottes[23] vertritt, ermunterte Soma Morgenstern, als dieser an der theologischen Aussage seines Buchs zweifelte. Bezeichnenderweise beendet Morgenstern seinen "Motivenbericht" mit einem Zitat Heschels, einem Satz, der auch das persönliche Leid des Autors anspricht und es in einen möglichen göttlichen Plan einordnet: "Vielleicht war Ihr Weg von einem Dorf in Ostgalizien nach Wien, nach Berlin, nach Frankfurt zur *Frankfurter Zeitung* nur dazu vorausbestimmt, dass dieses Gericht über die Mörder und der Trost für unser Volk in dieser Sprache erscheinen sollte. Es ist ja doch die Sprache Lessings, Johann Peter Hebels, Herders, die Sprache von Moses Hess und sogar von Theodor Herzl."[24] Es sei also möglich, selbst den Lebensweg des Autors sub specie intentionis Dei zu sehen. Und die visionäre Qualität des Buches ließ sich auch theologisch nutzen: 1972 wurden Passagen aus dem Gebet Nehemias im zweiundzwanzigsten Kapitel sowie aus dem letzten Kapitel in ein "konservativ-jüdisches Gebetbuch für die hohen Feiertage aufgenommen und damit fester Bestandteil der Liturgie am Jom Kippur."[25]

Zweitens: Soma Morgensterns Buch ist ein früher Versuch, sich der Shoa literarisch zu nähern. Morgenstern erkannte, dass die traditionelle, realistische Manier, der noch seine Trilogie verpflichtet ist, diesem Ereignis nicht angemessen war, und er nahm in der Gerichtsprozess-Struktur des Buchs manche spätere literarische Versuche vorweg—am berühmtesten ist wohl Peter Weiss' (1916–1982) "Oratorium" *Die Ermittlung* (1965). Freilich: Die industrielle Massentötung wird in Morgensterns Buch zwar angesprochen, die eigentliche Geschichte der *Blutsäule* aber ist ein ganz konkretes Massaker, das von konkreten, wenn auch banalen Tätern an konkreten Menschen verübt und durch göttlichen Eingriff gesühnt wird. Die *Blutsäule* entgeht damit nicht völlig jener Gefahr, die Jürgen Nieraad generell in Hinblick auf "Auschwitz-Literatur" angesprochen hat, wenn er Interpretationen kritisiert, die "dem Geschehen Erhabenes, Heroisches, Beschwichtigendes, Mythisch-Schicksalshaftes, kurz: einen versöhnlichen Sinn abgewinnen."[26] In eine ähnliche Kerbe schlägt Gert Mattenklotts Erklärung, manche Shoa-Dichtungen seien deshalb durch ein "Bedürfnis nach Sinnschöpfung" charakterisiert, weil die

Autoren "die Kränkung abwehren [wollten], die in der Einsicht liegt, dass es kein Holocaust, kein Opfer, sondern nur Mord war."[27] Allerdings ist es wohl einfacher, vierzig bis fünfzig Jahre nach der Abfassung der Texte zu diesem–durchaus richtigen–Urteil zu kommen, als im Jahre 1950 mit der Erfahrung des Massenmords fertig zu werden. Für jemand wie Soma Morgenstern, ein gläubiger Jude bis zuletzt, war der Versuch einer heilsgeschichtlichen Einordnung des entsetzlichen Geschehens wahrscheinlich die einzige Möglichkeit, einfach "weiter zu leben," um einen Titel Ruth Klügers abzuwandeln. Als Schriftsteller war Morgenstern freilich sensibel genug, sich nicht in einen betulichen Erbauungstext zu flüchten–die Brüche der *Blutsäule* verweigern die eindeutige Interpretation und machen das Buch zu einem faszinierenden und bedrückenden Versuch, auf die Shoa zu antworten.

Universität Wien

Endnoten

1. Zu Soma Morgensterns Leben vgl. Raphaela Kitzmantel, *Soma Morgenstern. Leben und Schreiben im Schatten der Geschichte. Biographie* (Diss. Wien 2001).
2. Soma Morgenstern, "Motivenbericht," *Die Blutsäule. Zeichen und Wunder am Sereth*, Hg. Ingolf Schulte (Lüneburg: zu Klampen, 1997). Die Datierung ermittelte Ingolf Schulte, "Vorwort," Morgenstern, *Blutsäule* 7, Anm. 1. Alle Zitate, die dieser Quelle entnommen sind, werden im Text als B mit Seitenzahl angeführt.
3. Morgenstern, "Motivenbericht" 7.
4. Ebd. 13.
5. Ebd. 9.
6. Ebd. 15.
7. Vgl. das Nachwort von Ingolf Schulte, Morgenstern, *Blutsäule* 190.
8. Ebd. 191.
9. Adolf Hoelzel bemerkt, es könne "kaum die Rede von einem Roman im üblichen Sinn sein," da alles weniger "dem literarischen Bereich" als vielmehr dem "surrealistischen, märchenhaften, hagiologischen Bereich" zuzuordnen sei, und zitiert zustimmend Abraham Joschua Heschels Diktum, der Text sei ein "midrasch," also eine jüdische Sage. Vgl. "Soma Morgenstern," *Deutschsprachige Exilliteratur seit 1933*, eds. John M. Spalek and Joseph Strelka. Teil 1 (Bern: Francke, 1989) 665–689; hier 675. Ingolf Schulte bezeichnet das Buch als "keiner der Prosagattungen ganz zugehörig." Vgl. Nachwort zu Soma Morgenstern, *Joseph Roths Flucht und Ende*, ed. Ingolf Schulte (Lüneburg: zu Klampen 1994) 308. Armin A. Wallas spricht von einem "Prosabuch" http://www.uni-klu.ac.at/users/wwinters/die/2_01/wallas_kp.PDF, 13.9.2001 und Robert G. Weigel von einem "Roman." Vgl. Robert G. Weigel, "Die Tora und der Holocaust: Soma Morgensterns Trilogie-Fortsetzung 'Die Blutsäule'", *Zerfall und Aufbruch. Profile der österreichischen Literatur im 20. Jahrhundert*, ed. Robert G. Weigel (Tübingen, Basel: Francke, =Edition Patmos 4, 2001) 155–169.
10. Morgenstern, "Motivenbericht" 13.
11. Ebd. 7.
12. Kirsten Krick-Aigner, "Literary Imagination and the Holocaust: Soma Morgenstern's 'The

Third Pillar,'" *Soma Morgensterns verlorene Welt. Kritische Beiträge zu seinem Werk*, ed. Robert G.Weigel (Frankfurt/M.,Bern.: Peter Lang, 2002) 76–87, hier 76.

13. Nach dem hebräischen Kalender wäre das also im November oder Dezember 1944, nach dem gregorianischen Kalender im März 1944. Da die Stadt Tarnopol im April 1944 von der Roten Armee befreit wurde, ist zu vermuten, dass sich der Erzähler hier an den gregorianischen Kalender hält, auch wenn das Geschehen in der *Blutsäule* natürlich nur teilweise den historischen Ereignissen entspricht.

14. Diese Beschreibung erinnert natürlich an die Beschreibung der Bundeslade bei ihrer ersten Erwähnung in der Hebräischen Bibel—"eine Lade aus Akazienholz, zweieinhalb Ellen lang, anderthalb Ellen breit und anderthalb Ellen hoch;" Vgl. Exodus 25, 10 zitiert nach der Einheitsübersetzung.

15. Morgenstern, "Motivenbericht" 13.

16. "Wenn Morgenstern mit den drei in die Karikatur verzerrten und dadurch blossgestellten nationalsozialistischen Führungsgestalten abzurechnen versucht, muss seine Sprachvirtuosität allerdings zu kurz greifen: der Ungeheuerlichkeit ihrer Erscheinung kommt keine Satire bei, eine Erfahrung, die schon Karl Kraus machen musste," schreibt etwa Hansres Jacobi, http://www.juden.ch/kultur1.htm, 12. September 2001.

17. Soma Morgenstern, *Idyll im Exil. Zweiter Roman der Trilogie Funken im Abgrund*, ed. Ingolf Schulte (Lüneburg: zu Klampen, 1996) 327.

18. Morgenstern, "Motivenbericht" 10.

19. Ebd. 146.

20. Vgl. die Anthologie *Wolkensäule und Feuerschein. Jüdische Theologie des Holocaust*, ed. Michael Brocke and Herbert Jochum (München: Kaiser, 1982). Robert Weigel (s.o.), der gleichfalls auf Morgensterns Pionierleistung verweist, gibt 155–157 einen kurzen Aufriss der Debatte. Ich möchte im übrigen betonen, dass sich mein kritischer Blick auf die Botschaft der *Blutsäule* weitestgehend mit Weigels Interpretation deckt.

21. Ingolf Schulte im Fußnotenkommentar zum "Motivenbericht" 10.

22. Vgl. Christoph Münz, *Der Welt ein Gedächtnis geben. Geschichtstheologisches Denken im Judentum nach Auschwitz.* (Gütersloh: Chr. Kaiser/ Gütersloher Verlag, 1995) 118.

23. Vgl. Michael Brocke und Herbert Jochum, "Der Holocaust und die Theologie—"Theologie des Holocaust,'" *Wolkensäule und Feuerschein* (Gütersloh: Chr. Kaiser/ Gütersloher, 1993) 268–69.

24. Morgenstern, "Motivenbericht" 16.

25. Schulte, Nachwort 193. Bei dem Gebetbuch handelt es sich laut Schulte um *Mazhor for Rosh Hashanah and Yom Kippur. A Prayer Book for the Days of Awe*, ed. Rabbi Jules Harlow (New York, 1972).

26. Jürgen Nieraad, "Engagement als ästhetische Radikalität. Shoa-Literatur: Zwischen Gelächter und Schweigen," *Poetica* 28 (1996): 418–19.

27. Gert Mattenklott, "Zur Darstellung der Shoa in deutscher Nachkriegsliteratur," *Jüdischer Almanach 1993 des Leo Baeck Instituts* (Frankfurt/M.: Jüdischer Verlag, 1993) 31.

Contributors

ANDREA BANDHAUER, Dr. phil., Comparative Literature, Innsbruck 1985. Lecturer in Germanic Studies, School of European, Asian and Middle Eastern Languages and Studies, University of Sydney, Australia. Research interests and publications: literature and dance at the Jahrhundertwende, e.g., modern dance images in Else Lasker-Schüler's poetry and prose, and modern Austrian literature, e.g., plays by women (Elfriede Jelinek, Marlene Streeruwitz, Margret Kreidl). Currently working on "Autobiographisches Schreiben und Selbstporträt in der modernen Literatur" (working title).

LARISSA CYBENKO, Dr. phil., Researcher at the T. Schewtschenko Institute for Literary Research, Academy of Sciences, and Assistant Professor in the Department of Literature at the First Franko University of Lviv, Ukraine. Dissertation: "Phänomenologische Deutung der Zeit und des Raumes im Roman von Christoph Ransmayr *Die letzte Welt.*" Publications: "Zu Problemen der deutschsprachigen Literatur von Galizien und der Bukowina—K.E. Franzos, Lasker von Sacher-Masoch, Joseph Roth, Rose Auslaender."

LINDA C. DEMERITT, Ph. D., Professor of German language and literature at Allegheny College, where she has been teaching since 1982. Her areas of research include contemporary Austrian literature and culture and the postmodern novel. She has published a German grammar textbook and numerous articles on contemporary authors, including Elisabeth Reichart, Elfriede Jelinek, Peter Henisch, Gert Jonke, and Peter Handke. She has also translated works by Reichart (*La Valse and Foreign*, SUNY Press, 2000) and Renate Welsh (*A House of Cards*, Ariadne Press, 2002).

PAUL F. DVORAK, Ph.D., Professor of German at Virginia Commonwealth University in Richmond, where he is also Chair of the Department of Foreign Languages. He has published books, articles, and translations focusing on turn-of-the-century, postwar, and contemporary German and Austrian literary and cultural topics. Authors he has dealt with include Schnitzler, Kafka, Hermlin, Robert Schneider, Kolleritsch, and Henisch. Most recently he edited the volume *Modern Austrian Prose: Interpretations and Insights* (Ariadne Press, 2001).

GERHARD KOFLER, Honorary Doctorate of Literature (1999), born in Bolzano, Italy in 1949. At the University of Innsbruck and Salzburg, he taught German philology and Romance languages and literature. He lives in Vienna as a writer, literary critic, and is secretary general of the Grazer Autorenversammlung. Kofler writes poetry and essays in Italian and German. Recent publications include: *Il posto esposto / Der ausgesetzte Platz* (Haymon Verlag, 1997), *L'orologica dei versi / Die Uhrwerkslogik der Verse. 133 poesie — 133 Gedichte* (Haymon Verlag, 1999), and *Poesie di mare e terra / Poesie von Meer und Erde. Poems in Italian and German* (Wieser Verlag, 2000).

WYNFRID KRIEGLEDER, Dr. phil., born in 1958 in Austria, studied German and English at the University of Vienna. Visiting Assistant Professor of German, Berea College, Kentucky (1989/90), Fulbright Research Scholar at Duke University, (1997). Main research interest: eighteenth and nineteenth century literature, the image of the USA in German literature.

MARTIN KRUSCHE, born in 1956, author, impresario of www.kultur.at. He is one of the pioneers of Austria's *Netzkultur-Szene*. Home URL: http://www.unplugged.at/martin/.

MARGARETE LAMB-FAFFELBERGER, Ph.D., Associate Professor of German at Lafayette College and Director of the Max Kade Center for German Studies. Her research deals primarily with contemporary Austrian prose, theater, film, and culture studies. She is also working on an extensive research project concerning literature, media, and issues of identity in contemporary Eastern Germany. Selection of books: *Out from the Shadows. A Collection of Articles on Austrian Literature and Film by Women Since 1945* (Ariadne Press, 1997); *Literature, Film, and the Culture Industry in Post-War Austria* (Peter Lang, 2002), and the co-edited volume *Modern Austrian Theater: Text and Performance* (Ariadne Press, 2002). She is the general editor of Peter Lang Publishing's Austrian Culture Series.

ANITA MCCHESNEY, currently a Ph.D. student at Johns Hopkins University. Her research on Handke is part of a larger dissertation project focusing on the development of the poetic notions of reality and fiction in the detective schema in German literature between 1800 and 1970. Other areas of research include Austrian literature of the late twentieth century (including Bernhard, Handke, Gerhard Roth), reading theory, detective literature, and German romanticism.

WILLY RIEMER, Ph.D., Professor for German literature and film studies at the University of Delaware. He has published primarily on Austrian literature and film, including Thomas Bernhard, Marlene Streeruwitz, Broch, Doderer, and Michael Haneke. Riemer edited the volume *After Postmodernism: Austrian Literature and Film in Transition* (Ariadne Press, 2000) and is currently completing a book on Michael Haneke.

PAMELA S. SAUR, Ph.D., Professor of English and German at Lamar University in Beaumont, Texas, where she has taught since 1988. She holds an M.A. and Ph.D. in German from the University of Iowa and an M.Ed. degree in ESL Studies from the University of Massachusetts. Her primary research interest lies in modern Austrian literature. She has published on such authors as Peter Altenberg, Joseph Roth, Herbert Zand, Karl Schoenherr, Barbara Frischmuth, and Gerhard Roth. Her two translations—Herbert Zand, *Legacy of Ashes* (2001) and Barbara Neuwirth, ed. *Escaping Expectations. Stories by Austrian Women Writers* (2002)—were published by Ariadne Press. She also served as editor of *Schatzkammer* and the *Texas Foreign Language Association Bulletin*.

EVELYN SCHLAG, born in 1952 in Waidhofen an der Ybbs, studied German and American literature at the University of Vienna. Schlag's novel *Die Kränkung* is available in English as *Quotations of a Body* (Ariadne Press, 1998). Recent publications include: *Selected Poems* (2004), *Das Lin Laura* (2003), *L'Ordre divin des désirs traduit par Jacques Lajarrige* (2002), *Die göttliche Ordnung der Begierden* (1998), *Unsichtbare Frauen* (1995), and *Touché* (1994).

MARC-OLIVER SCHUSTER, born in 1968, studied Germanics and Philosophy at the University of Salzburg. Currently, he is a Ph.D. Candidate in the German Department at the University of Toronto. His dissertation deals with aesthetics and postmodernity in H.C. Artmann's writings. He has published articles on Austrian poetry, also on Doderer, Nietzsche, and Hanslick. Co-Editor with Wolfgang Huemer of *Writing the Austrian Traditions: Relations between Philosophy and Literature* (forthcoming in University of Alberta Press). Also co-editor of publications on Franz Brentano.

JÖRG THUNECKE, born in 1941, studies of Anglistics and Germanistics in Hamburg, Dublin, and London. Until 1997 Senior Lecturer in German at Nottingham Trent University in England; thereafter lecturer at the Westdeutsche Akademie für Kommunikation (Köln); Research on NS and exile literature as well as on German Realism of the 19th century. Select publications: *Exillyrik von 1933 bis zur Nachkriegszeit* (1998); *Chronist seiner Zeit—Theodor Kramer* (2000); *Hermynia Zur Mühlen: Unsere Töchter, die Nazinen* (2000); *Westbourne Terrace. Erich Fried im Londoner Exil (1938–1945)* (2001); Co-editor and translator of Theodor Kramer's poetry: *Love in London* (1995); numerous articles on 19th as well as 20th century writers such as Gerald Szyszkowitz, George Tabori, and Friedrich Torberg.

CARLOTTA VON MALTZAN, Associate Professor in German in the School of Literature and Language Studies at the University of the Witwatersrand, Johannesburg, South Africa. Her most recent books are *Masochismus und Macht. Eine kritische Untersuchung am Beispiel von Klaus Manns 'Mephisto. Roman einer Karriere'* (2001); *Spaces and Crossings*, co-edited with Rita Wilson (2001) and *Africa and Europe: Myths and Masks* (2003). She is co-editor of *Acta Germanica*, the yearbook for German Studies in Southern Africa.

MARY WAUCHOPE, Ph.D. from UC Berkeley, Associate Professor of German in the Department of European Studies at San Diego State University, where she has taught since 1989. In addition to several articles on topics of Germanic linguistics and German and Austrian film, she has published *The Grammar of the Old High German Modal Particles Thoh, Ia, and Thanne* (Peter Lang, 1991).

KLAUS ZEYRINGER, born in 1953, Professor and Head of the German Department at the Université Catholique de l'Ouest, Angers, France. Select publications: *Die Komik des Karl Valentin* (1984), *Innerlichkeit und Öffentlichkeit. Österreichische Literatur der achtziger Jahre* (1992), *Die Welten des Paul Frischauer. Ein "literarischer Abentuerer" im historischen Kontext* (together with Ursula Prutsch, 1997), *Österreichische Literatur 1945–1998. Einschnitte, Überblicke, Wegmarken* (1999; 2nd edition 2001) and *Österreichische Literatur seit 1945* (2001). Co-editor (together with Moritz Csaky) of the series "Paradigma: Zentraleuropa."

Index

AUSTRIAN CULTURE

The series on Austrian Culture provides critical evaluations, in English or German, of Austrian authors, artists, works, currents, or figures from the Middle Ages to the present. Austria is defined as those parts of the old Habsburg empire that produced notable writings in the German language, including Czechoslovakia (Prague) and the Bukovina (Czernowitz). The series offers a forum for the exploration of the multifarious relationships between literature and other aspects of Austrian culture, such as philosophy, music, art, architecture, and the theater. Dissertations and other monograph-length material as well as scholarly translations or editions of outstanding literary works are welcome.

To order other books in this series, please contact our Customer Service Department:

(800) 770-LANG (within the U.S.)
(212) 647-7706 (outside the U.S.)
(212) 647-7707 FAX

Or browse online by series at:

www.peterlangusa.com